AF525069

B
V
72

Karsten Müller, Luis Engel, Makan Rafiee

Spielertypen
Das Testbuch

Joachim Beyer Verlag

ISBN 978-3-95920-174-2

1. Auflage 2022

Ein Imprint des Schachverlag Ullrich, Zur Wallfahrtskirche 5, 97483 Eltmann

Herausgeber: Robert Ullrich

Inhaltsverzeichnis

Vorwort

Nicht jeder Schachspieler wird ohne weiteres in der Lage sein, den eigenen Spielstil zu charakterisieren und einzuordnen. Bei der Berechnung von Kanditatenzügen werden oft sehr unterschiedliche Ideen erwogen, beispielsweise dynamische, defensive, strategische oder taktische. So ist es nachvollziehbar, dass Spieler dazu neigen, ihrem Stil diese Aspekte zuzuweisen, was es erschweren kann, die vorherrschenden Eigenschaften zu erkennen. Zu diesem Zweck bietet das vorliegende Spielertypen–Testbuch eine Hilfestellung, und nach dem Bearbeiten der Aufgaben mag die Auswertung der Ergebnisse manchen Leser überraschen.

Ging es in dem ersten Werk „Spielertypen" um die Zuordnung des Lesers oder anderer Spieler zu einem der vier prototypischen Spielercharaktere, so werden im vorliegenden Testbuch Fragen nach der Auswahl des bevorzugten Zugs in gegebenen Stellungen gestellt. Mit Hilfe dieser Aufgaben wird deutlich, dass – wie oft im Schach – einzelne Entscheidungen ausschlaggebend sind, aus deren Summe sich die Zugehörigkeit zu einem Spielertypus erkennen lässt.

Im Laufe der Lektüre beziehungsweise der Bearbeitung der Aufgaben stellt sich die Frage, ob die Neigung einzelner Spieler, in gegebenen Spielstellungen nach bestimmten Mustern Entscheidungen zu fällen, nur bestimmbar oder auch veränderlich ist. Sollte Letzteres gegeben sein, gälte es zu erkunden, wie weit es möglich ist, sich sinnvolle neue Rechen– und Entscheidungsmuster anzueignen mit dem Ziel, zumindest gewisse Aspekte eines anderen Spielertyps zu integrieren.

Zu jeder der Aufgaben gehört, unabhängig von den Präferenzen der vier Typen, eine richtige oder beste Lösung. Die Instanz für diese jeweils objektiv richtige Entscheidung mag entweder jenseits der Spielertypencharakteristik liegen oder alle vier Typen in sich vereinen. Jedenfalls wird auch hieraus deutlich, dass es sicherlich hilfreich sein wird, sich mit der Denkweise, der Rechenroutine und den Grundannahmen von Spielern aller vier Typen zu beschäftigen und zu versuchen, auch dem eigenen Typus weniger naheliegende Entscheidungen zu studieren.

Um sich dem Ziel anzunähern, Eigenschaften anderer Spielertypen zu integrieren, ist ohne Frage die Bereitschaft erforderlich, mehr als einmal über den eigenen Schatten zu springen. So wird die Weiterentwicklung der eigenen Spielerpersönlichkeit zu einem universellen Spieler, der alle Spielertypen in sich vereinigt, vielleicht eine Utopie bleiben, allerdings eine, die zu verfolgen sich lohnt.

Allen Leserinnen und Lesern wünsche ich, dass sie die Aufgaben des vorliegenden Werks mit Freude und Gewinn für ihr eigenes Schachspielen bearbeiten.

Vincent Keymer, im September 2022

Einleitung

Als Ergänzung zu unserem Buch 'Spielertypen' legen wir nun ein Werk mit Aufgaben und Testfragen vor, die es dem Leser ermöglichen, sich selbst besser einem Stil zuzuordnen. Als dritten Autor haben wir FM Makan Rafiee hinzugeholt, der die Tests zur Unterscheidung der Spielertypen in Kapitel 6 entworfen hat. Bis auf diese ist das Buch auch ohne Kenntnis unseres ersten Werks aus sich selbst heraus verständlich. Es ist als Testbuch gedacht, obwohl man es auch als Lehrbuch benutzen kann, indem man die Suche nach der Lösung ausklammert und nur den Lösungsteil bearbeitet.

Unsere Darstellung der 'Spielertypen' basiert im Prinzip auf der Einteilung, die Lars Bo Hansen in seinem exzellenten Buch *Foundations of Chess Strategy* (GAMBIT 2005) vornimmt. Zur Geschichte dieses Modells sind folgende Anmerkungen des bekannten dänischen Schachautors GM Jacob Aagaard hochinteressant:

„Das Modell der vier unterschiedlichen Spielertypen, aufgeteilt in die zwei Achsen Denkweise (logisch/intuitiv) und stilistische Präferenz (technisch/dynamisch – oder auch langfristig/kurzfristig, wenn man so will) begegnete mir erstmals in einem Vortrag von Mark Dworetski, den Peter Heine Nielsen und ich (1999 oder 2000) organisiert hatten. An dem Training nahmen viele dänische Spitzenspieler teil, aber ich kann mich nicht erinnern, ob Lars Bo Hansen dabei war. Ich war immer der Ansicht, dass seine Präsentation des Modells auf dem Dworetski-Modell basierte, quasi angereichert mit einer persönlichen Note.

Aber irgendwann wies mich jemand darauf hin, dass dies ein ziemlich verbreitetes Modell in der Wirtschafts-Pädagogik ist. Da Lars Bo Hansen einen beruflichen Hintergrund in diesem Bereich hat, ist es gut möglich, dass es seine eigene Idee ist. Bekanntlich werden viele nützliche Werkzeuge vielerorts und unabhängig voneinander mehrfach erfunden.

Über die Dvoretsky-Version des Modells habe ich im Kapitel *Who are you?* in meinem Buch *Thinking Inside the Box* (Quality Chess 2017) geschrieben. Allerdings ist das nichts im Vergleich zu der Ausführlichkeit, mit der Karsten und Luis diese Idee später behandelt haben. Wie immer schreitet das Wissen voran."

Die Nutzung dieses Modells durch Mark Dworetski wertet es natürlich enorm auf. Allerdings ist es nicht das einzig mögliche und selbstverständlich bringt das sogenannte 'Schubladendenken' generell auch allerlei Gefahren mit sich. Allerdings habe ich das Modell schon bei vielen Seminaren und Trainingsveranstaltungen in Vereinen vorgestellt und war immer erstaunt, wie gut es passte.

Als Spieler gehöre ich dem Typus 'Aktivspieler' an – als Trainer und Autor jedoch dem des 'Theoretikers'. Das Ziel sollte natürlich sein, so universell wie möglich zu werden. Man gewinnt zwar in aller Regel mit seinen Stärken, aber es ist schon sinnvoll, auch an den Schwächen zu arbeiten und die spezifischen Stärken und Schwächen des jeweiligen Gegners mit in die Entscheidungsfindung einzubeziehen. In Stellungen, in denen es nur einen einzigen Zug gibt, sollte man diesen natürlich auch finden, aber die verschiedenen Spielstile sind vor allem in Stellungen von Bedeutung, in denen es eine große Auswahl von Möglichkeiten gibt. Allerdings auch in der Art von Stellungen, welche man aufgrund des eigenen und des gegnerischen Stils möglichst herbeiführen sollte.

Des weiteren kann man einen Stil natürlich auch imitieren und gegen bestimmte Gegner kann das sogar die passende Strategie sein. So haben zum Beispiel Aktivspieler und besonders Hyperaktiv-Spieler bestimmte extrem herausragende Charakteristika, und wenn man sich als Gegner darauf gut einstellen kann, ist das sehr wertvoll. Ein Beispiel ist Kramniks Sieg im WM-Match London 2000 gegen den Aktivspieler Kasparow. Kramnik gelang es, das Spiel stets in die gewünschte Richtung zu lenken, so dass Kasparow erst gar keine Gelegenheit erhielt zu zeigen, was er in Stellungen mit Angriff und Initiative alles drauf hat.

Während der Schwerpunkt in dem Buch *Spielertypen* auf der Aufteilung in die vier Spielstile lag, wollen wir nun die Universalität jedes Spielers hervorheben. Nach der Beschäftigung mit den Aufgaben zu den vier Spielertypen sollte deutlich werden, wie die eigenen Fähigkeiten verteilt sind. Denn natürlich ist jeder Spieler mehr oder weniger universell – der eine womöglich eher in Richtung eines Magnus Carlsen, der andere eher in die des jungen Michail Tal. Und selbst, wenn man in Bezug auf das Modell skeptisch ist, sollten die Beispiele und Aufgaben auf jeden Fall gutes Trainingsmaterial im Hinblick auf die verschiedenen Themen bieten.

Für uns Schachspieler dürfte dieses Spiel wohl unter anderem deshalb so interessant sein, weil es eben diese verschiedenen Zugänge und Stile gibt. Müsste in jeder Stellung immer exakt ein 'bester Zug' gefunden werden, würde das viele doch eher abschrecken, weil es zu sehr an reine Mathematik erinnern würde. In diesem Buch werden Unterscheidungen und Schubladendenken mit gutem Grund überbetont, weil nämlich dieses Herangehen zu klareren Bildern führt. Die Wirklichkeit ist natürlich zum Glück nicht derart ein- bzw. vierdimensional. Dennoch hoffen wir, dass es hilft, das Thema Spielstile auch einmal aus diesem Blickwinkel zu betrachten.

Wir bedanken und bei Vincent Keymer für sein Vorwort, bei Harald Fietz und Bernd Vökler für die von ihnen beigesteuerten Ideen, bei Aditya Mittal, Jonas Lampert, Tom Wölk, Jakob Weihrauch, Karsten Dehning-Busse und Christian Koschetzki für die stichprobenartige Überprüfung einiger Aufgaben sowie bei Robert Ullrich und Thomas Beyer für das ausgezeichnete Layout und die gewohnt vorbildliche Präsentation.

GM Dr. Karsten Müller, GM Luis Engel und FM Makan Rafiee

Hamburg / Berlin im Mai 2022

Zeichenerklärung

AP	Aktivspielerpunkt
RP	Reflektorpunkt
TP	Theoretikerpunkt
PP	Pragmatikerpunkt

+	Schach
#	matt
x	schlägt
!	guter Zug
!!	ausgezeichneter Zug
?	schwacher Zug
??	grober Fehler
!?	beachtenswerter Zug
?!	fragwürdiger Zug
+−	Weiß hat entscheidenden Vorteil
±	Weiß steht besser
⩲	Weiß steht etwas besser
=	die Stellung ist ausgeglichen oder remis
−+	Schwarz hat entscheidenden Vorteil
∓	Schwarz steht besser
⩱	Schwarz steht etwas besser
⌓	besser ist
∞	unklar
Δ	mit der Idee
≅	mit Kompensation für den materiellen Nachteil

CBM	ChessBase Magazin
K.M.	Karsten Müller

Kapitel 1

Aktivspieler

Beispiele für Aktivspieler

Weltmeister: Aljechin, Tal, Spasski, Kasparow, Anand

Sonstige namhafte Spieler: Schirow, Morosewitsch, Topalow, Pillsbury, Anderssen, Bronstein, Larsen, Taimanow, Aronjan, Judit Polgar, Karsten Müller

Hyperaktiv–Spieler: Tal, Neschmetdinow

Ihre Stärken

Aktivspieler bewerten Initiative und Angriffschancen relativ hoch und das Material niedriger. Bei Hyperaktiv–Spielern ist das besonders ausgeprägt. Sie sind oft bereit, sehr große Opfer zu bringen, um Angriffschancen zu bekommen. Typisch dafür ist Tals berühmtes Zitat: „Es gibt korrekte Opfer – und meine." Sie haben oft ein gutes Gespür für Initiative und Dynamik und sind dafür auch bereit, statische Schwächen in Kauf zu nehmen. Dies kann natürlich auch eine Schwäche sein, sorgt aber oft für Unterhaltung auf dem Brett. Eine ihrer Stärken besteht in der Regel in der konkreten Variantenberechnung, die auf intuitiver Abschätzung basiert.

Ihre Schwächen

Sie machen manchmal verpflichtende Bauernzüge, die zwar im Moment gut aussehen, langfristig jedoch weit mehr schaden als nutzen. Sie neigen dazu, eigenen Königsangriff zu überschätzen, während sie den gegnerischen unterschätzen. Sie sind in der Verteidigung deutlich weniger gut und bringen oft intuitive Opfer, die objektiv eigentlich inkorrekt sind.

Mitunter haben sie keine gute Zeiteinteilung und kommen entsprechend oft in Zeitnot, weil sie zu lange nach etwas suchen, das es gar nicht gibt, und zwar besonders dann, wenn ihre intuitive Stellungseinschätzung nicht der objektiven Stellungsbewertung entspricht. Da sie oft gut im Blitz– und Schnellschach sind, können sie eher mit dieser Schwäche leben, aber wirklich förderlich ist sie natürlich nicht. Daher werden Aktivspieler im Laufe der Zeit oft pragmatischer, was man zum Beispiel gut an den Weltmeistern Tal und Kasparow sehen kann.

So ordnet Lars Bo Hansen die Weltmeister Aljechin, Spasski und Kasparow auch den Pragmatikern zu, was natürlich auch ganz in Ordnung ist. Da wir allerdings in diesem Kapitel so viele Partiebeispiele von Kasparow sehr gut verwenden können, fiel uns zumindest *seine* Zuordnung als Aktivspieler leicht. Der Übergang der Stile ist hier allerdings fließend und selbst Michail Tal könnte ab etwa 1966 den Pragmatikern zugeordnet werden.

Ihre Risikobereitschaft

Sie gehen oft Risiken ein und versuchen in aller Regel, auch das 3. Ergebnis (sprich: den eigenen Sieg) im Spiel zu halten. Daher können besonders bei Hyperaktiv-Spielern lange Partieserien ganz ohne Remis vorkommen. Unter Umständen kann dies allerdings auch zum Nachteil ausschlagen. So sind z.B. die beiden legendären 0:6 Niederlagen von Taimanow und Larsen gegen Fischer im Jahr 1971 zu erklären. Beide haben einfach unverdrossen immer weiter auf Gewinn gespielt, statt umzuschalten und ein konsolidierendes Remis zur Schadensbegrenzung anzustreben.

Ihre Trainingsoptionen

Neben dem Vertrauen auf die eigenen Stärken mittels der Arbeit an den Eröffnungen und dem Lösen von Taktikaufgaben kommt auch die Zielsetzung stark in Frage, pragmatischer und universeller zu werden. Außerdem kann sich das Studium der Partien von Reflektoren als nützlich erweisen. Kasparow hat zum Beispiel enorm von seinen WM Kämpfen gegen Karpow profitiert. Wem das zu weit geht, der kann auch Partien aus der späteren Periode von Tal studieren (also ab seinem 'Wandlungsjahr' 1966) oder solche aus dem späteren Schaffen von Kasparow. So kann man nachvollziehen, wie diese es geschafft haben, universell und pragmatisch zu werden, ohne ganz das Feuer ihrer Jugend zu verlieren.

Ihre Gegner

Wenn Aktivspieler aufeinander treffen, so führt dies oft zu spektakulären Duellen, die nicht immer so ausgehen, wie man aufgrund der Elozahlen annehmen möchte. Besonders gefährliche Gegner für Aktivspieler sind starke Reflektoren, wie es sich zum Beispiel in den WM-Kämpfen 'Carlsen - Anand' und im ersten WM-Kampf 'Karpow - Kasparow' gezeigt hat. Denn in solcher Konstellation kommen die Stärken der Aktivspieler nicht zur Geltung, weil die Reflektoren dies mit ihrem guten Gespür für aktive Prophylaxe zu verhindern wissen.

Ihre Eröffnungen

Oft treiben Aktivspieler die Theorie spezieller Varianten voran. Besonders legendär war diesbezüglich Kasparows ChessBase-Datei mit ihren vielen spektakulären Neuerungen und Neubewertungen.

Typische Eröffnungen

Mit Weiß kommen in Frage: 1.e4, scharfe Varianten des offenen Sizilianers, Königsgambit, Evans-Gambit.

Mit Schwarz zum Beispiel die Najdorf-Variante und Königsindisch.

Beachten Sie bitte vorab einen Hinweis auf einen wichtigen Unterschied zu dem Buch *Spielertypen*. In den nun folgenden Beispielen stammen die jeweils gewählten Spielansätze nicht durchweg von Aktivspielern. Entsprechendes gilt auch in den Folgekapiteln zu Theoretikern, Reflektoren und Pragmatikern. Dafür gibt es einen einfachen Grund, schließlich geht es hier nicht darum, den Spielertypus der tatsächlichen Akteure zu bestimmen, sondern den des individuellen Lesers, der seinen ganz persönlichen Lösungsvorschlag erarbeitet.

Intuitive Einschätzung von Angriffschancen

(Lösungen ab Seite 18)

Im Unterschied zu Pragmatikern verlassen sich Aktivspieler bei einem Opfer oft auf eine vornehmlich intuitive Einschätzung.

A01.01

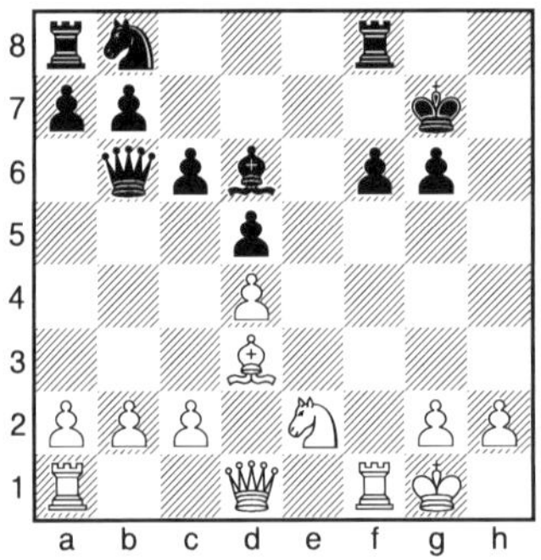

Wie soll Weiß fortsetzen?

A01.02

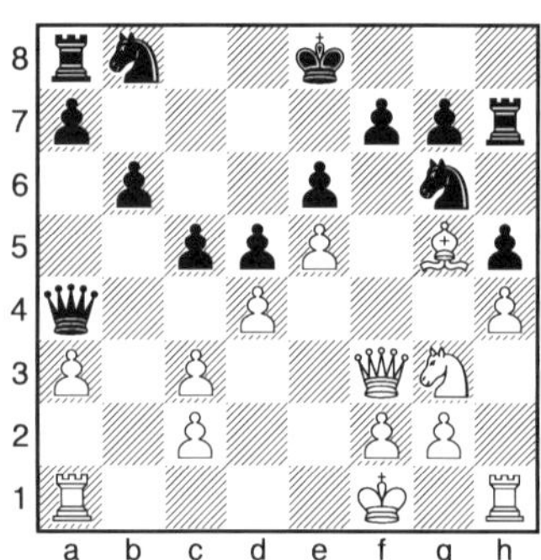

Wie ist ♘f5 einzuschätzen?

A01.03

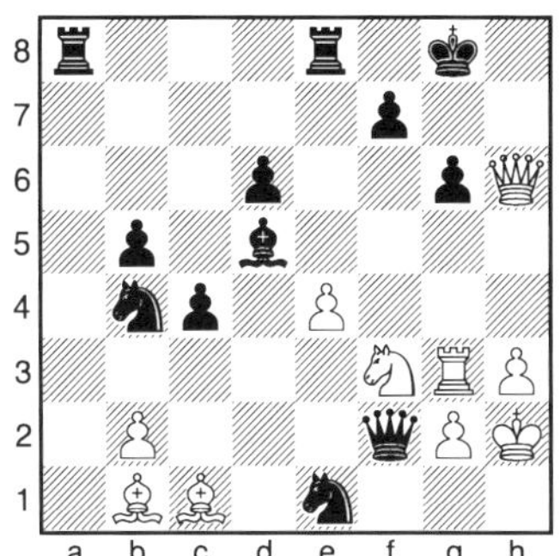

Hat Weiß mehr als Remis?
Wenn ja – wie soll er loslegen?

A01.04

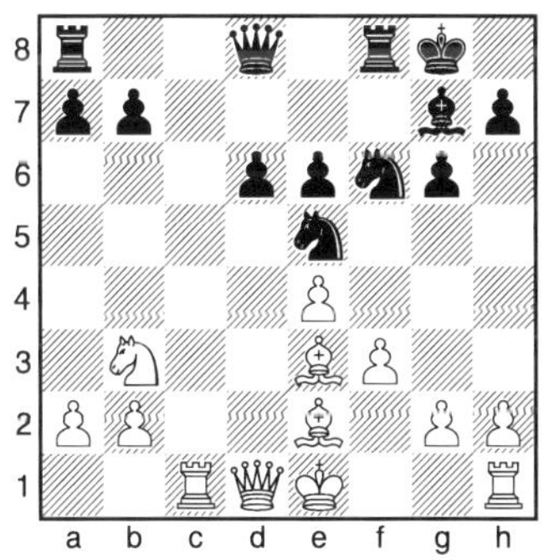

Kann Schwarz seinen Entwicklungsvorsprung ausnutzen?

A01.05

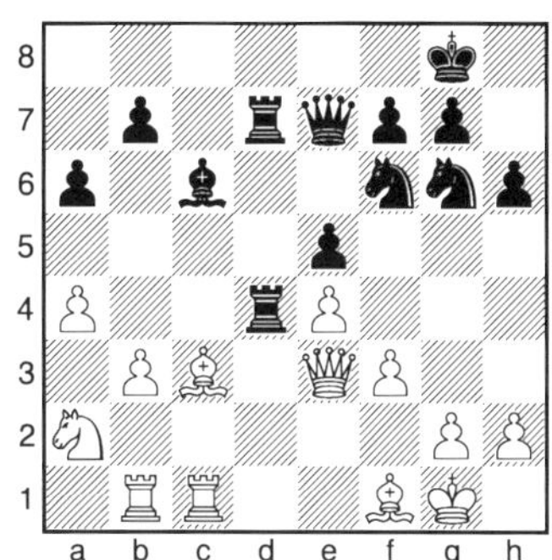

Hat Schwarz ein chancenreiches Opfer?
Wie lautet die kritische Variante?

A01.06

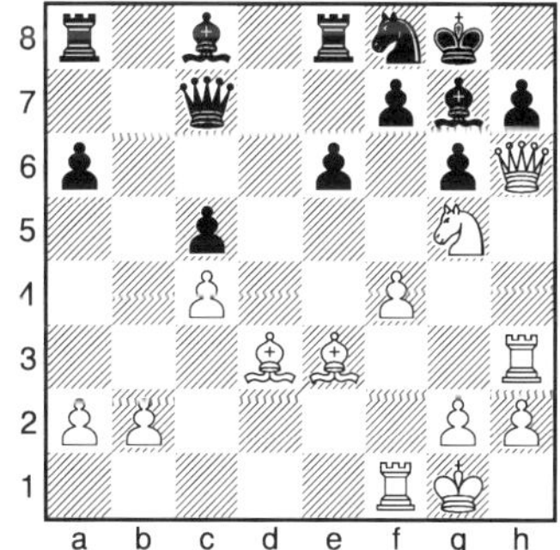

Kann Weiß sofort losschlagen?

Tals Opfer–Philosophie: Es gibt korrekte Opfer und meine.

(Lösungen ab Seite 22)

A02.01

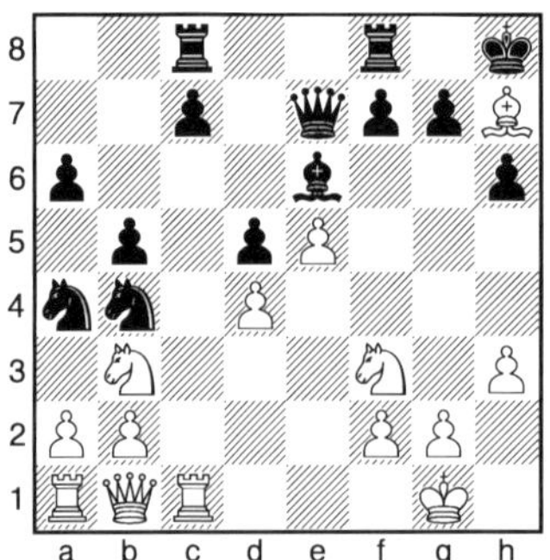

Wäre ♘b3–c5 korrekt?

A02.02

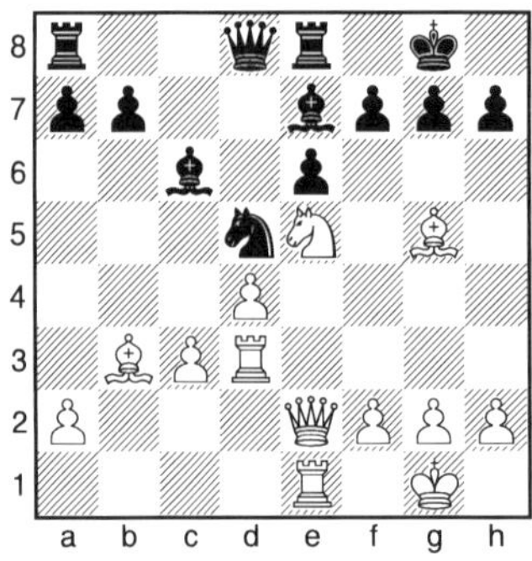

Kann Weiß aus seiner Figurenaktivität Kapital schlagen?

A02.03

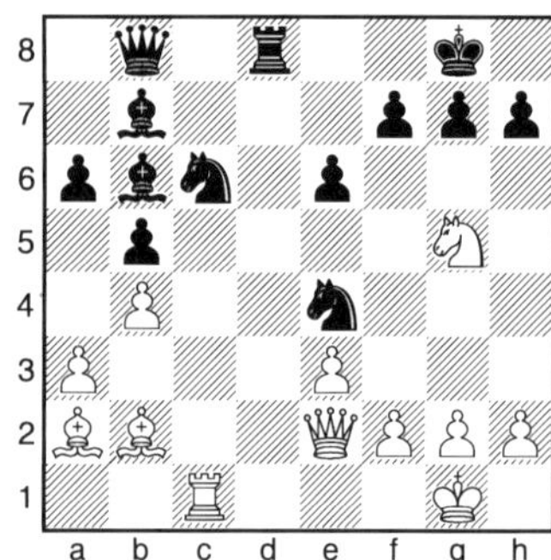

Besser solide ♘xe4 oder mit ♘xf7 auf Königsangriff spielen?

A02.04

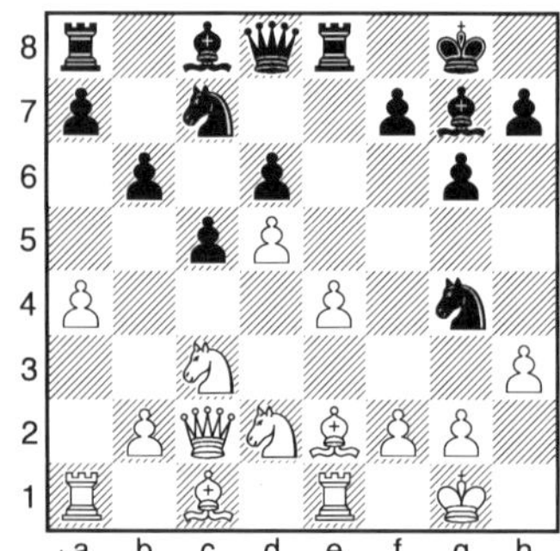

Sollte Schwarz ♘xf2 spielen? Man begründe dies mit einer Variante!

Aktivität im Endspiel

(Lösungen ab Seite 24)

A03.01

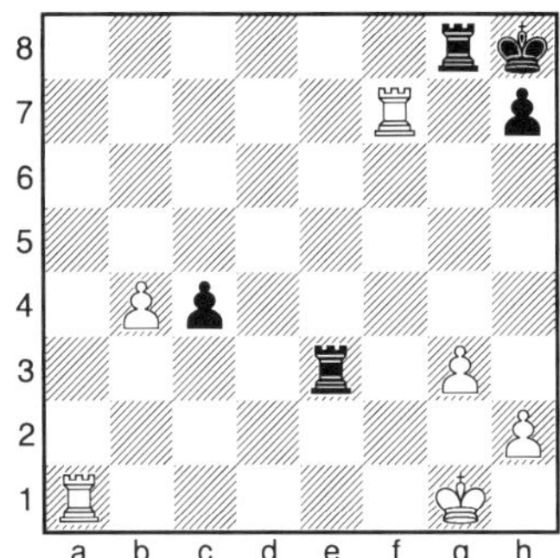

Was kann Schwarz gegen die Turmverdopplung auf der 7. Reihe tun?

A03.02

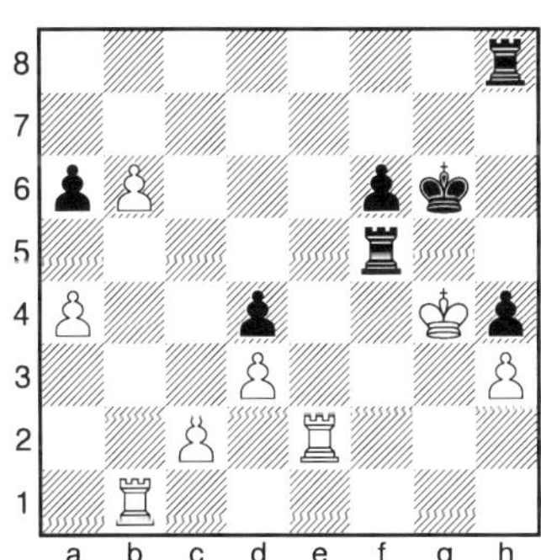

Wie kann Schwarz im Gegenangriff gewinnen?

A03.03

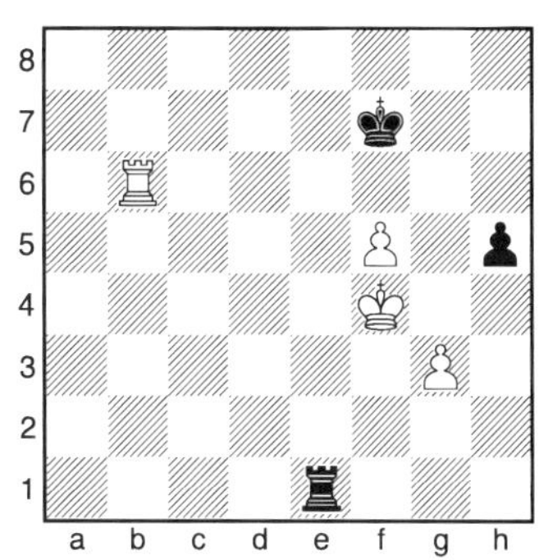

Wie hält Schwarz remis?

Direkter Königsangriff

(Lösungen ab Seite 26)

A04.01

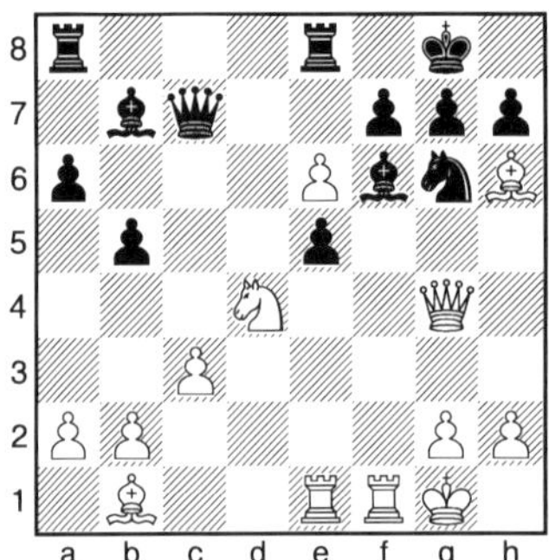

Weiß steht sehr aktiv,
doch wie soll es weitergehen?

A04.03

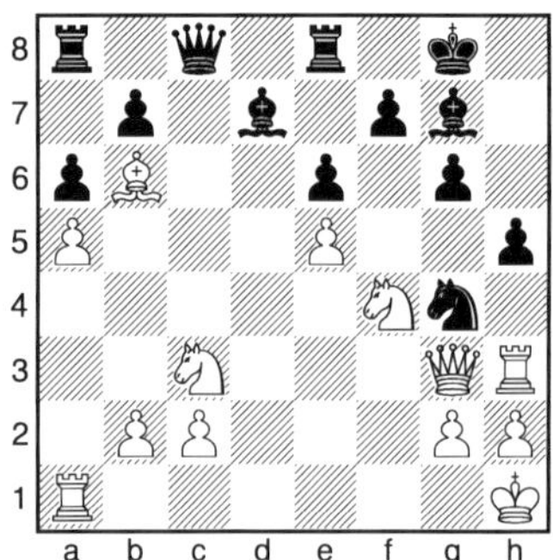

Wie geht Weiß gegen die
schwache Königsstellung vor?

A04.02

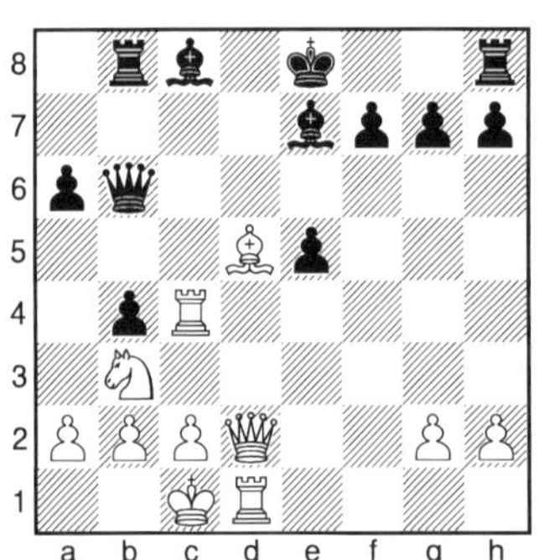

Wie kann Weiß Kompensation
für den Bauern nachweisen?

A04.04

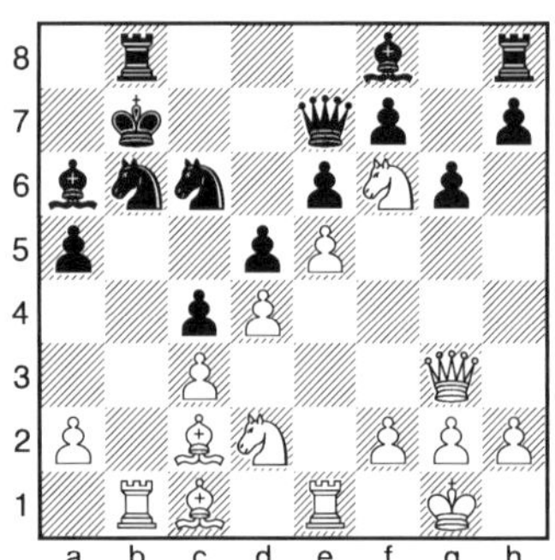

Weiß steht überlegen.
Doch wie soll es weitergehen?

Tief angelegter Königsangriff

(Lösungen ab Seite 27)

A05.01

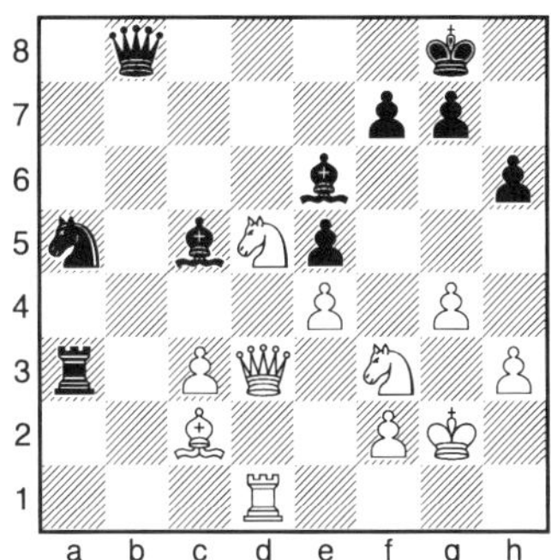

Welchen Plan soll Weiß angesichts seines Mehrbauern verfolgen?

A05.03

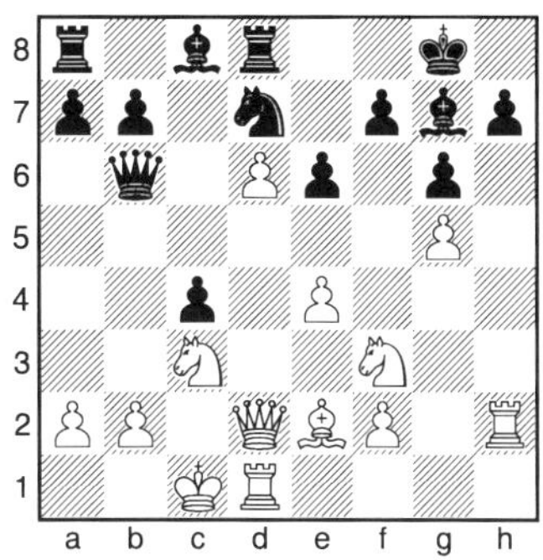

Wie kann Weiß den Angriff in Schwung bringen?

A05.02

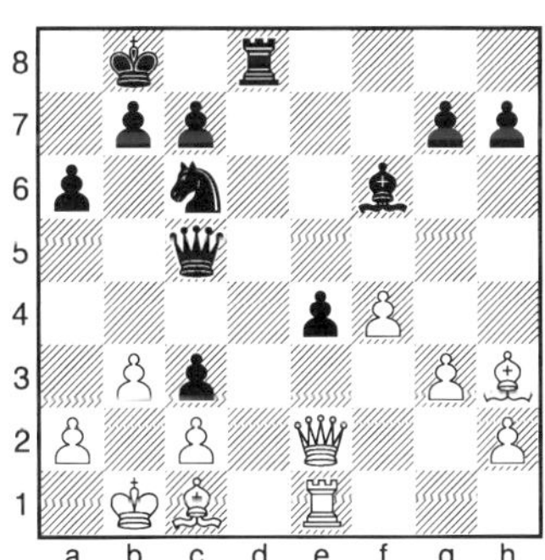

Schwarz steht sehr aktiv. Kann er direkt gewinnen?

Lösungen

A01.01

Karsten Müller (2513)
Wolfgang Uhlmann (2488)
Staatsliga Österreich 2001

Nach **17.♗xg6!** ist Schwarz verloren. Hier reicht als Lösung die intuitive Einschätzung, dass der Angriff durchschlagen muss, weil die schwarzen Figuren dem König viel zu spät zur Hilfe kommen.

Hingegen lässt 17.♔h1? die Chance verstreichen, denn Schwarz kann sich mit 17...♕c7 verteidigen.

17...♔xg6

Nach 17...♖h8!? lautet der klarste Gewinnweg 18.♘f4 ♖h4 19.g3! ♖xf4 20.♕h5! (20.gxf4 ♔xg6 21.♔h1+-) 20...♕xd4+ 21.♔h1 ♖xf1+ 22.♖xf1+-, obwohl auch viele andere Wege nach Rom führen.

18.♘f4+

Die Alternativen 18.♘g3 und 18.♕d3+ ♔f7 19.♘f4 gewinnen ebenso glatt.

18...♗xf4 19.♖xf4

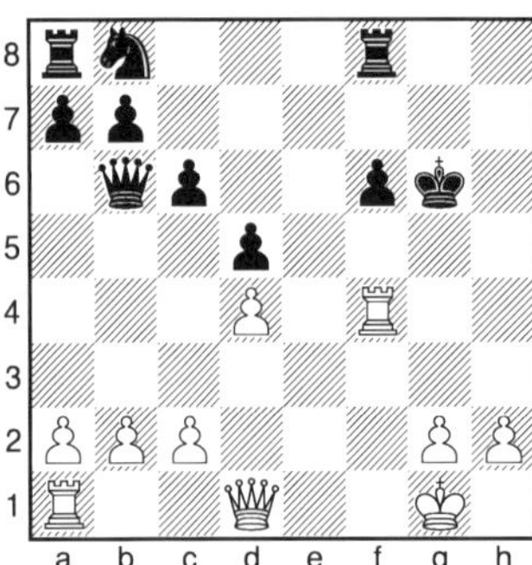

K.M.: Der für Fürstenfeld spielende GM Igor Alexandre Nataf erzählte mir, er habe diese Variante vorbereitet und es gebe für Schwarz nun keine Verteidigung mehr. Allerdings kam ich ihm mit der Anwendung der Neuerung zuvor. Die intuitive Begründung, warum das Opfer aus der Sicht eines Aktivspielers funktionieren sollte, lautet: Die Drohung ♕g4+ ist nicht leicht zu parieren, denn der Springer b8 kann nicht schnell genug eingreifen, während Weiß sofort die Dame und sämtliche Schwerfiguren einsetzen kann.

19...f5

Nach 19...♔f7 20.♕g4! ist ♘d7 verhindert und es gibt keine Verteidigung mehr; z.B. 20...♕b4 21.♖af1 ♕d6 22.♕h5+ ♔e7 23.♕h7+ ♔d8 24.♕xb7+-.

20.♕d3 ♘d7

20...♕d8 21.♖af1 ♕g5 22.♖1f3+-

21.♖af1

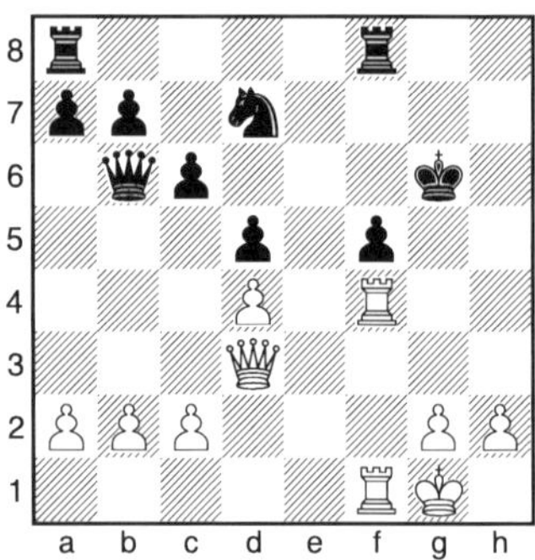

Weiß führt in aller Ruhe die Reserven heran, während Schwarz seiner Königsstellung keinen Halt verschaffen kann.

21...♘f6?!

- 21...♘e5 22.♕g3+ ♘g4 23.h3+-
- 21...♖f6 22.♖xf5 ♔g7 23.♖g5+ ♔f8 24.♖h5+-

22.♕xf5+ ♔g7 23.♕g5+ ♔h8 24.♕h6+ und **1-0** angesichts der möglichen Folge 24...♘h7 25.♖xf8+ ♖xf8 26.♖xf8# bzw. 24...♔g8 25.♕g6+ ♔h8 26.♖h4+ ♘h7

27.♕xh7#.

1 AP für die intuitive Einschätzung, dass das Opfer durchschlägt.

A01.02

Alexei Schirow (2737)

Suat Atalik (2570)

EU-Meisterschaft

Plovdiv 2003

15.♘f5!!

„Ein schönes Opfer, Schirow hätte kaum bis zum Ende kalkulieren können und musste sich zumindest teilweise auf seine Intuition und Fantasie verlassen. Beides ließ ihn nicht im Stich – Weiß bekommt einen sehr starken, möglicherweise sogar entscheidenden Angriff. Zumindest kann ich auch nach der Analyse keine plausible Verteidigung finden, in der Partie ist die Aufgabe des Verteidigers viel schwieriger.“ (Stohl in CBM 98)

Das gierige 15.♘xh5? ♘c6 spielt Schwarz in die Karten. Er steht nun sogar klar besser, weil all seine Figuren im Unterschied zu den weißen bestens platziert sind.

15...♕c4+?!

Schwarz konnte sich zwar zäher verteidigen, aber es gab bereits keine Rettung mehr.

- Nach 15...♔f8 16.♘d6 ♕d7 17.c4!+– wird Schwarz die Öffnung der Stellung kaum überleben.

- Und auch nach 15...exf5 16.♕xd5 ♘c6 17.e6!+– schlägt der Angriff glatt durch.

16.♔g1 exf5 17.♕xf5 ♘d7 18.e6 ♘f6 19.♖e1 ♕xc3

19...♘f8 20.♗xf6 gxf6 21.e7 ♘g6 22.♖h3+–

20.exf7+ ♔xf7 21.♕e6+ ♔f8 22.♖h3!

Die letzte Reserve fährt heran.

22...♕xd4 23.♖f3 ♘xh4 24.♖f4 ♕c3 25.♗xh4 ♖h6 26.♖e5 ♕d2 27.♗xf6 1-0

2 AP für 15.♘f5!

A01.03

Viswanathan Anand (2788)

Michael Adams (2719)

Saint Louis 2005

27.♘h4!

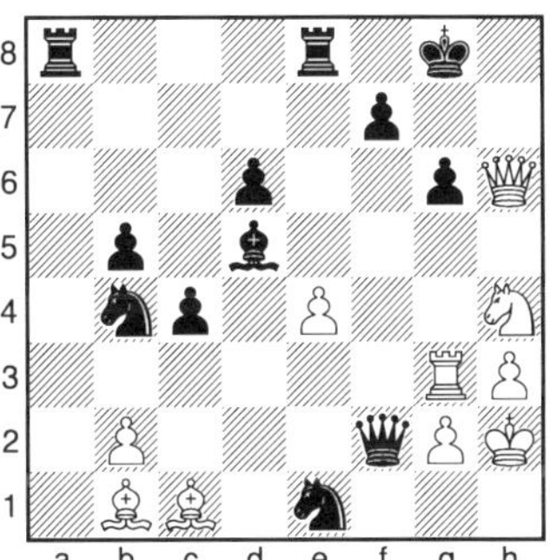

Mit dieser entscheidenden Angriffsverstärkung sorgt Weiß dafür, dass der Springer auf dem Brett bleibt, wonach es gegen die Doppeldrohung ♘xg6 und ♘f5 keine Verteidigung gibt. Es ist jedoch nicht leicht, sich angesichts der Vielzahl von Kandidatenzügen und Varianten zurechtzufinden.

1) 27.♘g5? wird mit 27...♘c6 (27...♘bd3!?∞) und der Folge 28.♗e3 ♕f6 29.exd5 ♘e5 30.♕h7+ ♔f8 31.♘e4 ♘1f3+ 32.gxf3 ♘xf3+ 33.♔g2 ♘h4+ = ausgebremst.

2) Auch 27.♖xg6+? fxg6 28.♕xg6+ ♔f8 29.♕f6+ ♔g8 ist nur remis.

3) 27.exd5? ♖e2! 28.♘h4 ♘bd3 29.♗xd3 cxd3 30.♖xg6+ =; 30.♘xg6?? ♘f3+ –+

27...♘ed3

– 27...♖a7 28.♘f5 ♕xg3+ 29.♔xg3 gxf5 30.♕g5+ (30.♕f6+–) 30...♔f8 31.♕f6 ♖e6 32.♕h8+ ♔e7 33.♗g5+ ♔d7 34.exd5+–

– 27...♖e6 28.exd5 ♖f6 29.♘xg6+–

28.♘xg6 ♕xg3+ 29.♔xg3 fxg6 30.♕xg6+ ♔f8 31.♕f6+ ♔g8 32.♗h6 1-0

1 AP für die Einschätzung, dass Weiß gewinnt.

2 AP für den einzigen Gewinnzug 27.♘h4!

A01.04
Klaus Bischoff (2561)
Daniel Stellwagen (2489)

Pulvermühle 2004

16...♘xe4!

Dieses Opfer stellt Weiß vor erhebliche praktische Probleme.

16...d5 ist eine sichere Alternative, nach der Weiß jedoch etwas Druck behält; z.B. 17.0-0!? dxe4 18.♕xd8 ♖fxd8 19.fxe4 ♘xe4 20.♖c7.

17.fxe4

Das ist der kritische Test, denn nach 17.0-0 ♘f6 steht Schwarz einfach etwas besser.

17...♕h4+ 18.♔d2 ♕xe4

(siehe nächstes Diagramm)

Intuitiv sollte Schwarz zumindest genug Kompensation haben, weil der unsicher und deplatziert stehende weiße König die Koordination und Harmonie stört und dieses Problem auch nicht leicht zu beheben ist.

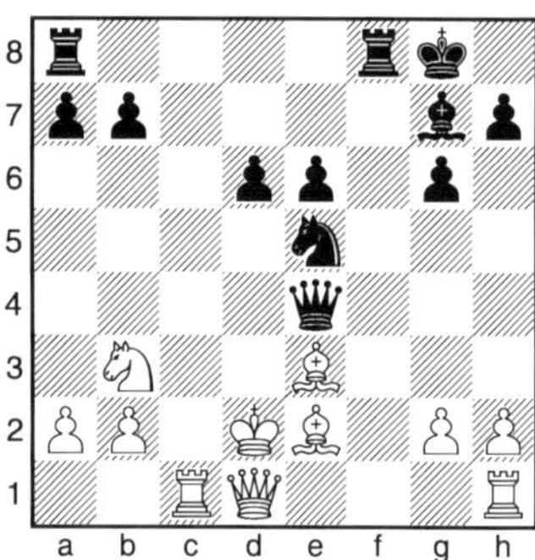

19.♖c3

Der wünschenswerte Zug 19.♘d4? trifft auf die überzeugende Widerlegung 19...♕xe3+!! 20.♔xe3 ♗h6+ 21.♔e4 ♖f4+ 22.♔e3 ♖f5+ 23.♔e4 d5#.

19...♕xg2?

Dieser gierige Bauernraub ist allerdings nicht gut, zumal die schwarze Kompensation nicht materieller Natur ist.

Nach dem dynamischen 19...b5! 20.♘d4 b4 21.♖b3 (21.♖c7? ♕xe3+!–+) 21...d5 hat Schwarz gefährliche Kompensation. Objektiv sollte sich Weiß allerdings bei genauer Verteigung noch halten können.

20.♔c1 ♖ac8 21.♖e1 ♖xc3+ 22.bxc3 ♖c8?

22...♕h3 hält den Schaden in Grenzen.

23.♗d4?

23.♕xd6 ♖xc3+ 24.♔d1+–

23...♕xh2 24.♔b1 ♕g2 25.♘d2 ♕d5 ½-½

1 AP für die Entscheidung, 16...♘xe4 zu spielen.

1 AP für die Idee des Damenopfers auf e3.

1 PP für 16...d5.

A01.05

Hikaru Nakamura (2791)

Anish Giri (2769)

Saint Louis 2016

28...♘xe4!

Der Partieansatz 28...♗xe4? stellte sich als falsch geraus, denn da dieser starke Läufer dringend für den Angriff gebraucht wird, durfte Schwarz ihn nicht abgeben.

29.fxe4 ♖xe4 30.♕b6!

(Nach der weniger genauen Partiefolge 30.♕a7?! gewann Weiß erst nach weiteren Verwicklungen.)

30...♘d5 31.♕f2 ♖f4 32.♕e1 ♕c5+ 33.♔h1 ♘e3 34.♗b4 ♕xc1 35.♖xc1 ♖xf1+ 36.♕xf1 ♘xf1 37.♖xf1+-

29.fxe4

Die Alternative lautet 29.♗xd4 exd4 30.♕e1 und nach 30...d3! kann Schwarz sich in einer langen und forcierten (aber auch sehr schwer zu sehenden) Variante behaupten: 31.♖xc6 (31.♗xd3? ♖xd3 32.fxe4 ♕g5-+) 31...bxc6 32.♕xe4 ♕c5+ 33.♔h1 ♕c2 34.♖a1 ♕b2 35.♖d1 ♕xa2 36.♕xc6 ♕xb3 37.♕xd7 ♕xd1 38.♕xd3 ♕xa4 39.♕xa6=.

29...♖xe4

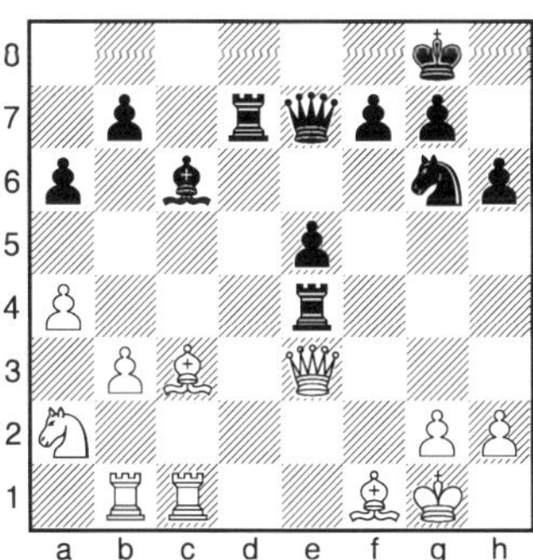

Intuitiv hat Schwarz aus der Perspektive eines Aktivspielers genug Kompensation, weil die gegnerischen Figuren nicht gut platziert sind, um seine Initiative am Königsflügel zu neutralisieren.

30.♕g3 h5!

30...♘f4 31.♖e1 h5=

31.♗e1 h4 32.♕c3 ♖f4 33.♕e3

33.♗d2 h3!? 34.♗xf4 hxg2 35.♗g3 gxf1♕+ 36.♖xf1 ♕g5→

33...♕f6 34.♗f2 h3→

1 AP für das Opfer 28...♘xe4! und somit die Entscheidung, den Läufer auf dem Brett zu behalten.

1 PP für die Berechnung der Variante nach 29.♗xd4.

1 AP für die Idee, mit dem h-Bauern zu laufen.

A01.06

Karsten Müller

S. Panzalovic (2265)

Biel 1987

23.♘xh7?

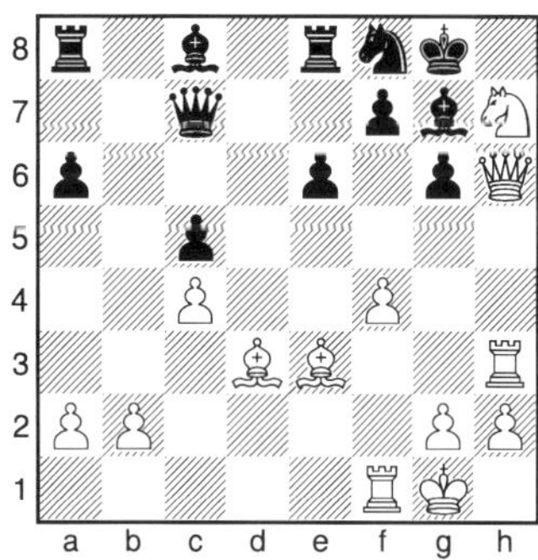

Dieser Zug eines Hyperaktivspielers (⌓23.♕h4∞) funktioniert bei bester Verteidigung vorne und hinten nicht.

23...♕d8!

So deckt Schwarz die kritischen Felder (vor allem f6). Weiß hat sich verlaufen und verliert Material, was übrigens auch nach 23...♕e7−+ oder 23...♖d8−+ der Fall gewesen wäre.

Die weiße Idee bestand in 23...♗xh6?? 24.♘f6+ ♔h8 25.♖xh6+ ♔g7 26.♘xe8+ ♔xh6 27.♘xc7+−.

24.f5

Damit geht Weiß entschieden zu weit, aber da er ohnehin auf Verlust steht, kann er so versuchen, Verwirrung zu stiften.

24.♕h4 ♕xh4 25.♖xh4 ♘xh7−+

24...♗xh6 25.♗xh6 ♘xh7?!

25...exf5 26.♘xf8 f4−+

26.fxg6 fxg6 27.♗xg6 ♖a7 28.♖g3 ♔h8 29.♗f7 ♕d4+ 30.♗e3 ♕xe3+?

Für diese Entlastung zahlt Schwarz einen zu hohen Preis. Nach 30...♕d8 mit der möglichen Folge 31.♗h6 ♖xf7 32.♖xf7 ♕d1+ 33.♖f1 ♕d4+ 34.♗e3 ♕xc4 hätte er klar gewonnen.

31.♖xe3 und die Partie endete remis.

1 PP für die Widerlegung von 23.♘xh7? durch einen der drei möglichen Gewinnzüge.

A02.01
Michail Tal
Fridrik Olafsson
Kandidatenturnier 1959

21.♘c5?

Nach diesem Fehler steht eher Schwarz besser, während 21.a3! g6 22.axb4 ♔xh7 23.♘c5 ♗f5 24.♕a2 c6 25.♕b3+− zu großem Vorteil geführt hätte.

21...g6

21...♘xc5? 22.♖xc5 spielt Weiß in die Karten, denn nach 22...g6 23.a3 ♗f5 hat die Dame plötzlich den Zug 24.♕c1! Δ24...♔xh7 25.axb4+−.

22.♗xg6 ♘xc5 23.♖xc5 fxg6 24.♕xg6 ♖f7!

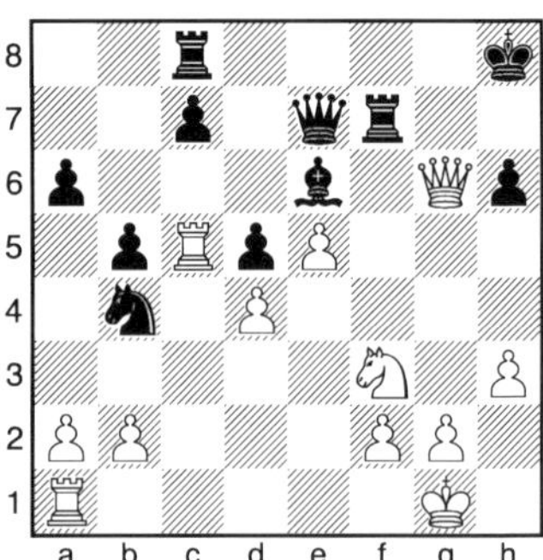

Hier kann Weiß einfach nicht genug Kompensation haben, weil sein Angriff von zu wenigen Kräften unterstützt wird. Hingegen stehen Schwarz genug Verteidiger zur Verfügung und eventuell kann er auf den offenen Linien sogar zum Gegenangriff übergehen.

25.♕xh6+ ♖h7 26.♕f6+?

26.♕g5 hält den Schaden in Grenzen.

26...♕xf6 27.exf6 ♘d3 28.♖c6 ♗d7?

Olafsson verpasst den Konterschlag 28...♗xh3!! 29.♘g5

(29.gxh3 ♖xh3 30.♘e5 ♘xe5 31.dxe5 ♖g8+ 32.♔f1 ♖h1+ 33.♔e2 ♖xa1−+)

29...♗d7 30.♖c3 ♖h5−+

29.♖xa6 ♖g8 30.h4 ♘f4? (30...♗g4=) **31.g3 ♘h3+?! 32.♔g2 ♗g4?! 33.♘e5 ♘f4+ 34.♔h2 ♗e6 35.♖e1 ♗f5 36.f7 ♖f8 37.gxf4 ♖xh4+ 38.♔g3 ♖h3+ 39.♔g2 ♔g7 40.♖e3 ♖h5 41.♖g3+ ♔h7 42.♖g5 1-0**

1 PP für die Erkenntnis, dass 21.♘c5? ein Fehler ist.

A02.02

Michail Tal – N.N.

Riga 1958 (Simultan)

18.♘xf7!

Weiß steht ohnehin deutlich überlegen, aber dieser Zug (statt z.B. 18.♗c1!?+–) gewinnt am direktesten.

18...♔xf7 19.♕xe6+ ♔f8

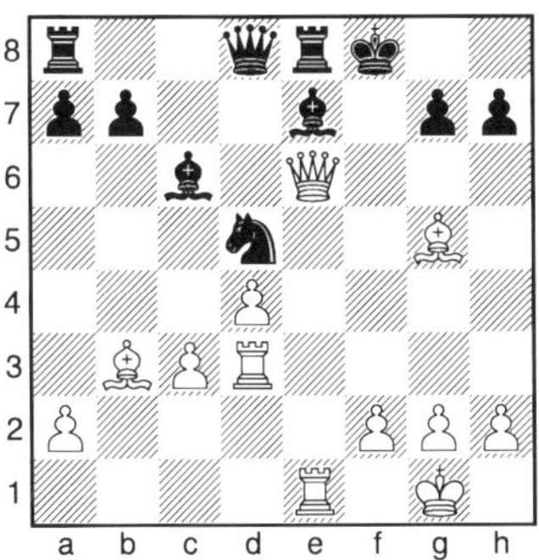

Nun führen gleich *drei* Läuferzüge zum Gewinn, wobei der von Tal gewählte auch laut Computer am besten ist.

20.♗c1!

Nach der natürlichsten Wahl 20.♗xe7+ (20.♗f4+–) mit der möglichen Folge 20...♖xe7 21.♖f3+ ♔e8 22.♕f7+! ♔d7 23.♖xe7+ ♕xe7 (23...♘xe7 24.♕e6+ ♔c7 25.♖f7+–) 24.♗xd5 ♕xf7 25.♖xf7+ ♔e8 26.♗b3+– behält Weiß zwei Mehrbauern.

20...♗f6 21.♗a3+ ♖e7 22.♖e4 ♔e8 23.♗xe7 ♘xe7 24.d5 ♗b5 25.d6 ♗xd3 26.d7+ ♕xd7 27.♕g8#

1 AP für 18.♘xf7.

1 AP für einen der 3 Gewinnzüge im 20. Zug.

A02.03

Michail Tal

Julius Kozma

Wien 1957

20.♘xf7?

20.♘xe4= war angesagt.

20...♔xf7 21.♕h5+ ♔e7!

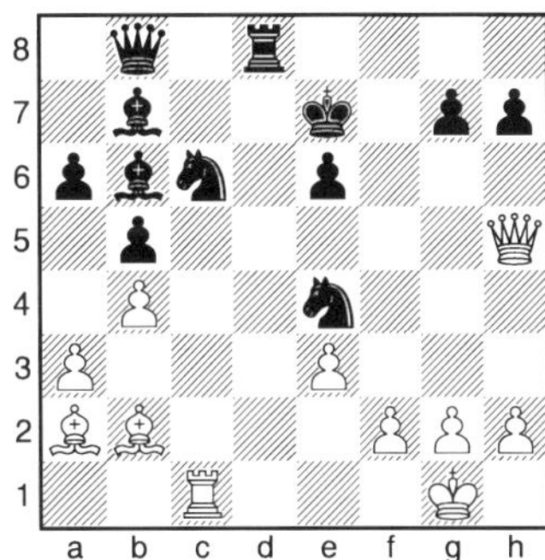

Nun hat Weiß bereits zwei Figuren weniger, obwohl der schwarze König nicht zu gefährden ist.

21...♔g8?? 22.♗xe6+ ♔h8 23.♗f5+–

22.♗xg7

22.♕h4+ ♘f6 23.♗xf6+ gxf6 24.♕xh7+ ♔d6 25.♕f7 ♕c8 26.♗xe6 ♕c7 27.♖d1+ ♘d4–+

22...♕d6 23.♗b2 ♘xf2 24.♕xh7+ ♔e8 25.♗f6 ♗xe3 26.♕g6+ ♔d7 27.♕h7+ ♔c8 28.♗xd8 ♘d3+ 29.♔h1 ♘xc1 30.♗xe6+ ♔b8 31.♗g4 ♘xd8 32.h4 ♕g3 0–1

1 PP für die Erkenntnis, dass 20.♘xf7? inkorrekt ist.

A02.04
Bukhuti Gurgenidze
Michail Tal
Moskau 1957

14...♘xf2!

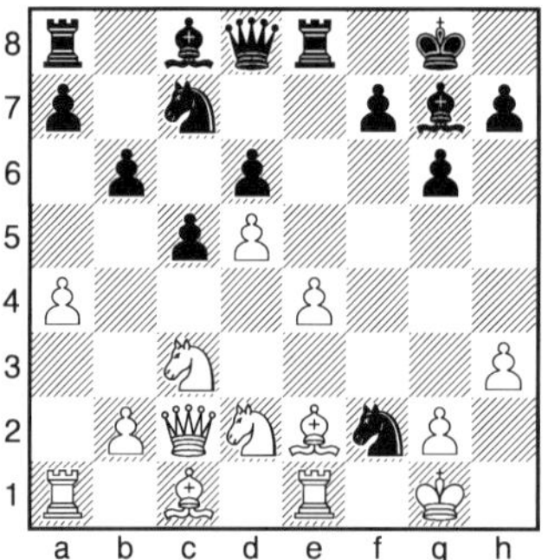

Dieser Einschlag ist praktisch erzwungen, denn sonst steht Schwarz einfach schlecht; z.B. 14...♘e5 15.f4 ♘d7 16.♘c4±.

15.♔xf2?

Da die Annahme forciert verliert, war 15.♘f3! erforderlich. Nach der möglichen Folge 15...♗xc3 16.bxc3 ♘xe4 17.♗d3 ♘g3 hat Schwarz zwei Mehrbauern, aber angesichts der gefährlichen weißen Initiative halten sich die Chancen etwa die Waage.

15...♕h4+

15...♗d4+ ist nur Zugumstellung:

– 16.♔f1 ♕h4 siehe 15...♕h4+

– 16.♔g3 ♗e5+ 17.♔f2 ♕h4+ 18.♔f1 ♗d4–+

16.♔f1 ♗d4 17.♘d1

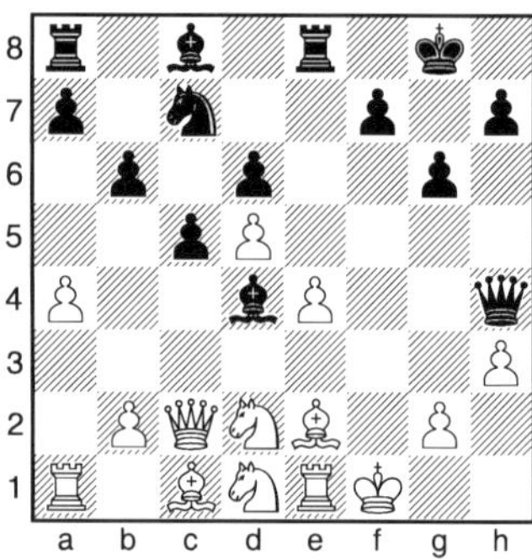

17...♕xh3!!

Erst das ist die Pointe, denn 17...♗xh3? wäre nach dem starken Verteidigungszug 18.♖a3! nicht so klar.

18.♗f3 (18.gxh3? ♗xh3#) **18...♕h2–+**

Jetzt ist der schwarze Angriff auf lange Sicht einfach zu stark.

19.♘e3 f5 20.♘dc4 fxe4 21.♗xe4 ♗a6 22.♗f3 ♖e5 23.♖a3 ♖ae8 24.♗d2 ♘xd5 25.♗xd5+ ♖xd5 26.♔e2 ♗xe3 27.♖xe3 ♗xc4+ 0-1

1 AP für die Entscheidung zugunsten des Opfers.

1 AP für 17...♕xh3!

1 PP für die Verteidigung 15.♘f3!

A03.01
Anish Giri (2768)
Jorden Van Foreest (2644)
Wijk aan Zee 2020

33...♖e2!

Nur die sofortige Einsperrung des Königs auf der Grundreihe führt zum Remis.

1) Verfolgt Schwarz mit 33...♖d8? die gleiche Idee, könnte Weiß ihr mit 34.♔g2!+– (Giri in CBM 194) prophylaktisch zuvorkommen. (34.♖aa7? ♖e2=)

2) Zum Verlust führen auch die Ansätze 33...h5? 34.♖a5 bzw. 33...♖b8? 34.♖aa7 h6 35.♖fc7 ♖b3 36.♖a6 ♖3xb4 37.♖xh6+ ♔g8 38.♔g2 ♖b2+ 39.♔f3.

34.♖c7

34.♖aa7 ♖d8! 35.♖xh7+ ♔g8 36.♖ag7+ (36.♖hg7+ =) 36...♔f8 37.♖h8+? ♔xg7 38.♖xd8 c3 39.♖c8? c2−+

34...♖d8 35.♖xc4 ♖b2

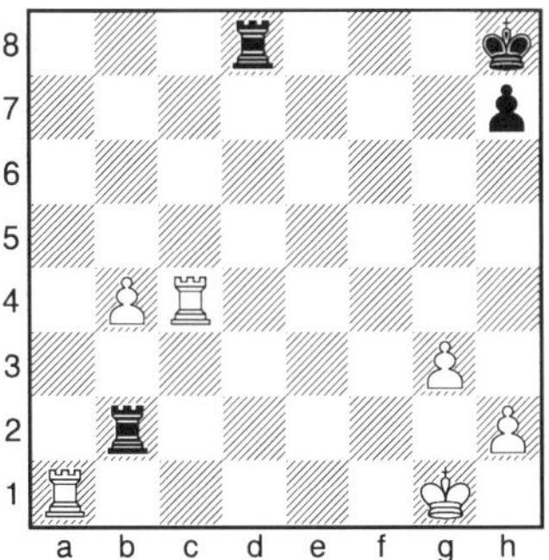

Aktivspieler Jorden van Foreest hat erkannt, dass die Aktivität seiner Türme wichtiger als die Anzahl der Bauern ist. Nun kann Weiß nicht mehr gewinnen.

36.♖c7 ♖xb4 37.♖aa7 h5 38.♖h7+ ♔g8 39.♖xh5 ♖b2 40.♖g5+ ♔h8 41.♖h5+ ♔g8 42.♖g5+ ♔h8 43.♖a1 ♖dd2 44.♖h5+ ♔g7 45.♔h1 ♖f2 46.g4 ♔g6 47.♖g1 ♖b8 48.♖h3 ♔g5 49.♖hg3 ♖bb2 50.♖h3 ♖b8 51.♖h7 ♔g6 52.♖h5 ♖c8 53.♖a1 ♖cc2 54.♖a6+ ♔g7 55.♖g5+ ½-½

1 AP für 33...♖e2.

A03.02
Bok, B. (2608)
Dobrov, V. (2499)
Wijk aan Zee 2017

37...♖hh5! 38.♖e4

38.♖g1 ♖hg5+ 39.♔xh4 ♖xg1−+

38...♖f2 39.♖f4

39.b7 f5#

39...♖g5+ und **0-1** wegen 40.♔xh4 ♖xf4#.

1 AP für 37...♖hh5.

A03.03
Kovalyov, A. (2643)
Fernandez, F. (2416)
Kolumbien 2017

78...♖f1+?

Nach 78...♖g1! ist das aktive Gegenspiel schnell genug; z.B. 79.♖h6 (79.♖g6 ♖g2=)

1) 79...♖f1+ 80.♔g5 ♖f3 81.g4 hxg4 82.♖h7+ ♔g8 83.♖a7 g3 84.♔g6 ♔f8 85.f6 ♔e8 86.f7+ ♖xf7=

2) 79...♖h1 80.g4 ♖f1+ 81.♔g5 hxg4 82.♖h7+ ♔g8 83.♖a7

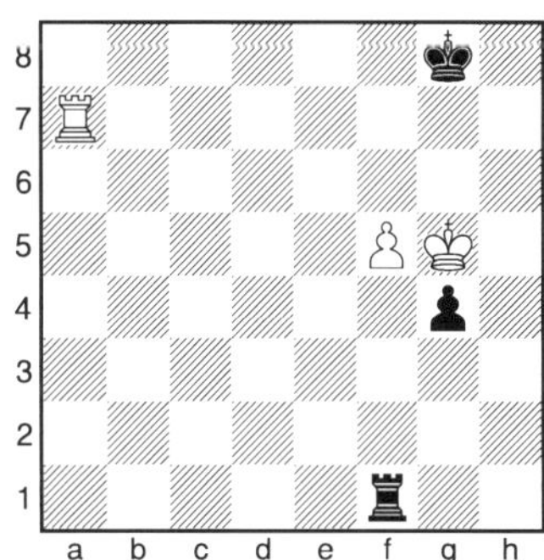

83...g3 84.♔g6 ♔f8 85.f6 ♔e8 86.f7+ ♖xf7 Δ87.♖xf7?? g2−+; □87.♖a8+ –

79.♔g5 ♖f3 80.♖b7+ ♔g8

Nun gewinnt die Bildung eines sogenannten *Regenschirms* mit **81.g4**, denn nach **81...hxg4** schützt der feindliche Bauer den König vor dem ‘Regen’ von Turmschachs.

82.♔g6 ♔f8 83.f6 1-0

1 AP für 78...♖g1.

A04.01

Becerra Rivero, Julio (2465)

Bischoff, Klaus (2545)

Havanna 1998

24.♗xg7!

Danach bricht die Verteidigung zusammen.

24.exf7+? ♔xf7 25.♖xf6+ gxf6 26.♘f5 ♖ad8±

4...♔xg7

24...♗xg7 25.exf7+ ♕xf7 26.♖xf7 ♔xf7 27.♗xg6+ hxg6 28.♖f1+ ♔g8 29.♕xg6+−

25.♖xf6!

Nach dieser Pointe verliert Schwarz die Dame und der schwache König gibt weiterhin Anlass zur Sorge.

25...♔xf6 26.♖f1+ ♔g7 27.♖xf7+ ♕xf7 28.exf7 ♔xf7 29.♕h5 ♖h8

29...exd4 30.♕xh7+ ♔f8 31.♗xg6+−

30.♕f5+ und **1-0** angesichts der Abspiele:

− 30...♔e7 31.♕e6+ ♔d8 32.♕b6+ ♔c8 33.♗f5+ ♔b8 34.♘c6#

− 30...♔g8 31.♕e6+ ♔f8 32.♗xg6 hxg6 33.♕f6+ ♔g8 34.♕xg6+ ♔f8 35.♘f5+−

1 AP für 24.♗xg7!

1 AP für 25.♖xf6!

A04.02

Handke, Florian (2384)

Bischoff, Klaus (2541)

Altenkirchen 2001

Weiß hat die Initiative, aber Schwarz ist nur einen Zug davon entfernt, seinen König in Sicherheit zu bringen.

21.♖c6!

Dieser pointierte Zwischenzug bereitet den entscheidenden Schlag vor.

Hingegen ist das dynamische Potenzial mit dem logischen Zug 21.♗c6+? nicht auszunutzen, denn nach 21...♔f8 geht es nicht recht weiter.

1) Nach 22.♗d7 ♗xd7 (22...♗b7!?) 23.♕xd7 g6 steht Schwarz klar besser.

2) Und nach 22.♗f3 entlastet Schwarz sich am einfachsten mit 22...♕h6= (22...♕f6!?).

21...♕a7

21...♕b5 22.♖c7+−; 21...♕d8 22.♗xf7+! ♔xf7 23.♕f2+ ♗f6 24.♖xd8 ♖xd8 25.♘d2+−

22.♗xf7+!

Jetzt schlägt dieses Opfer glatt durch.

22...♔xf7 23.♕d5+ ♔e8 24.♕xe5 ♗d7 25.♖c7 1-0

1 AP für 21.♖c6!

1 AP für das Opfer 22.♗xf7+! nach 21...♕d8 oder 21...♕a7.

A04.03
Negi, Parimarjan (2615)
Moiseyenko, Alexander (2667)
Spanien 2010

27.♖xh5!

1) Weiß muss opfern! In diesem Sinne sollte auch 27.♘xh5!? zum Sieg ausreichen, obwohl es nicht ganz so klar ist. Nach 27...gxh5 28.♖xh5 f5 29.h3! (29.exf6? ♘xf6 30.♖g5 ♖e7±) 29...♕c4 30.♖g5 ♗c6 31.♖d1 ♖f8 32.♔g1! steht Weiß objektiv glatt auf Gewinn. Allerdings ist es wohl ein Ding der Unmöglichkeit, diese Variante zu finden (und zu verstehen).

2) Weiß steht so gut, dass selbst ein langsamer Vorbereitungszug wie 27.♖e1?! noch klaren Vorteil festhält. Allerdings wird die Sache wesentlich komplizierter; z.B. 27...♕b8! 28.♗d4

(28.♘xh5 gxh5 29.♖xh5 f5!? 30.♖g5!+−)

28...♖d8 29.♘xh5 gxh5 30.♖xh5 f5 und Schwarz mischt noch mit.

27...f5

Nach 27...gxh5 28.♘xh5 ♕c4 29.♘xg7 ♔xg7 30.b3 ♕b4 31.♖d1! Δ♖d4 bricht bei Schwarz alles zusammen.

28.exf6 ♘xf6 29.♖g5+− ♖e7 30.♗d4 ♘e8 31.♘e4 e5 32.♗xe5 ♕c6 33.♘xg6 1-0

1 AP für 27.♖xh5 oder 27.♘xh5 gxh5 28.♖xh5 f5 29.h3.

1 AP für die Idee, in der Variante 27...gxh5 28.♘xh5 ♕c4 mit 30.♖d1! Δ♖d4 fortzusetzen.

A04.04
Computer Hydra
Ponomarjow, Ruslan (2704)
Bilbao 2005

19.♘de4!

Mit diesem positionellen Opfer ist der klare strategische Vorteil am direktesten umzumünzen.

19...♔a7

Nach 19...dxe4 20.d5!+− (20.♗xe4+−) fliegt bei Schwarz alles auseinander.

- 20...♘b4 21.d6! ♕d8 22.cxb4
- 20...exd5 21.♖xb6+ ♔xb6 22.♘xd5+
- 20...♘xe5 21.♕xe5 ♗g7 22.♖xb6+! ♔xb6 23.♗e3+ ♔b7 24.d6 ♕xf6 25.♕c5

20.♘d6 ♘c8 21.♗a3 ♖xb1 22.♖xb1 ♘xd6 23.♗c5+ ♔a8 24.♗a4 ♗b7 25.exd6 ♕xf6 26.♗xc6 ♗xc6 27.d7 ♗xc5 28.♕c7 e5 29.dxc5 1-0

1 AP für 19.♘de4.

A05.01
Tiwjakow, Sergei (2655)
Soloschenkin, Jewgeni (2535)
St. Petersburg 1998

31.♖b1?

Statt dieses zu zahnlosen Ansatzes hätte direkt 31.g5!! laut Computer gewonnen, wobei die Dinge allerdings sehr tiefgründig und entsprechend schwer zu finden sind.

(siehe nächstes Diagramm)

Nach der möglichen Folge 31...♘c6 32.gxh6 gxh6 33.♔h1 ♗f8 34.♖g1+ besteht der Unterschied darin, dass Weiß seinen Turm offensiv einsetzen kann. Intuitiv ist der Angriff als stark genug

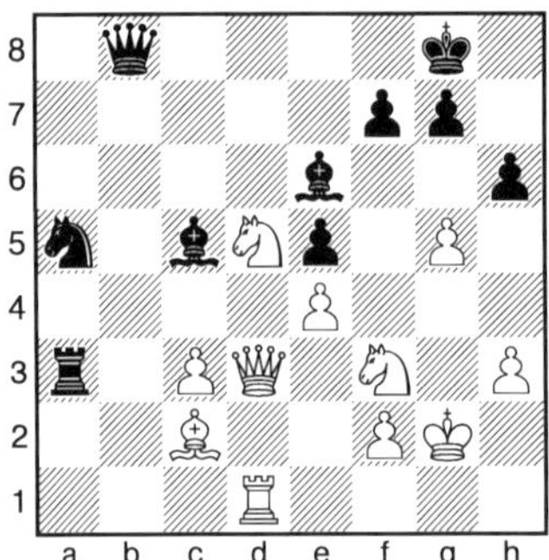

einzuschätzen, denn da die meisten schwarzen Figuren am Damenflügel stehen, ist es nicht überraschend, dass Weiß durchdringt. Nach beispielsweise 34...♔h8 35.♘xe5! ♘xe5 (35...♕xe5 36.f4 ♕b8 37.♕g3+−) 36.♕g3 ♗g4 37.hxg4+− sollten sich die beiden Mehrbauern auf lange Sicht durchsetzen.

31...♕a7?

⌓31...♕d6! 32.♖b6!? (32.♕b5 ♔h7 33.♕e8 ♕c6±) 32...♘c6!

(Die Hoffnung von Weiß beruht auf 32...♗xb6? 33.♘f6+!+−, aber natürlich muss Schwarz nicht so kooperativ sein.)

33.♖a6 ♖xa6 34.♕xa6 ♘e7 35.♕a8+ ♔h7 36.♕f8 ♘c6 37.♕xd6 ♗xd6 und Schwarz kann weiterhin um den halben Punkt kämpfen.

32.♘xe5 f6 33.♘f4 fxe5 34.♘xe6 ♔h7 35.♕f3 ♗xf2 36.♖f1 ♗c5 37.g5 1-0

1 AP für 31.g5.

A05.02
Vachier-Lagrave, Maxime (2804)
Caruana, Fabiano (2823)
London 2016

24...♖d2?

Danach verschwindet zu viel Gewinnpotenzial vom Brett.

1) Die Aktivspielerlösung lautet 24...♘b4! 25.♕xe4 ♘d3!!

(25...♖d2 26.♗a3 ♗d4−+ ist ebenfalls aussichtsreich.)

26.♗g2 (26.cxd3 c2#) 26...c6 27.♕e3 ♖d4 28.♖e2 ♘xc1 29.♕xc1

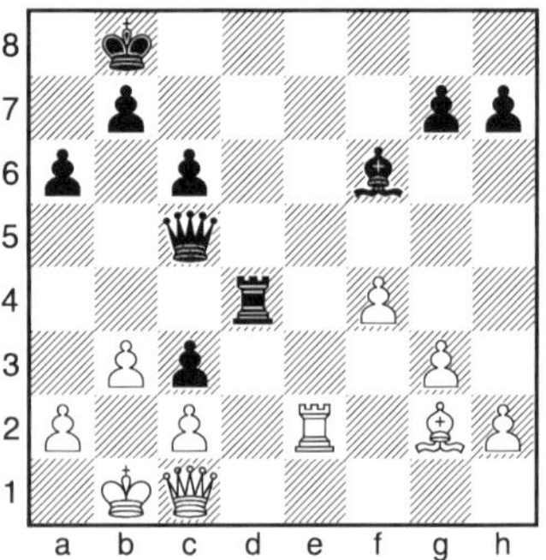

Schwarz hat dauerhaften Angriff mit ungleichfarbigen Läufern. Die Stellung ist am Brett nicht zu halten, und es dürfte kaum überraschen, dass Schwarz auch objektiv schon auf Gewinn steht; z.B. 29...♕d6 30.♗f3 ♔a7 31.♖e8 ♖d2−+.

2) Der (nach ♘b4) zweitbeste Zug 24...♖e8! sieht nach einer für Reflektoren typischen Wahl aus. Schwarz erhält einfach den wichtigen e4-Bauern am Leben; z.B. 25.♗g2 ♘d4 26.♕c4

(Auch die Stellung nach 26.♕f1 ♕f5 27.♖e3 ♘b5−+ dürfte Reflektoren gefallen.)

26...♕xc4 27.bxc4 ♖e6−+ (Aditya Mittal)

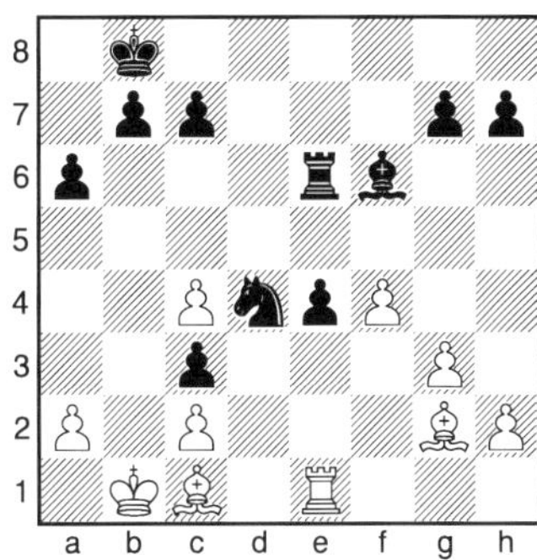

In diesem besseren Endspiel kann Schwarz weiter Druck machen, was einem Reflektor sehr entgegenkommen sollte.

25.♗xd2

25.♕xe4? ♘d4!−+ war vielleicht Caruanas Idee.

25...cxd2 26.♕xd2 ♗c3 27.♕c1 ♗xe1 28.♕xe1

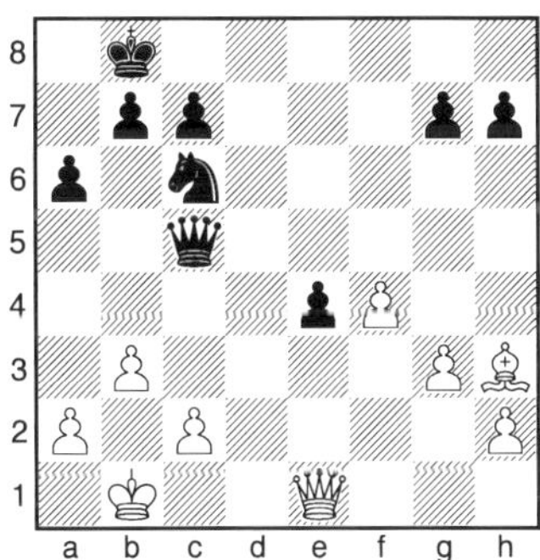

„Nach vielen Tauschaktionen ist die Stellung im Sande verlaufen. Caruana hatte dieses kurze Zeitfenster für einen Zug, den er nicht genutzt hat. Jetzt steht es nur noch unentschieden." (Aditya Mittal)

28...e3 29.c3 ♘a7 30.♗f1 ♘b5 31.♔b2 ♕a3+ 32.♔b1 ♕c5 33.♔b2 ♕a3+ 34.♔b1 ½-½

2 AP für 24...♘b4! Δ25...♘d3!!

1 RP für 24...♖e8.

A05.03
Piket, Jeroen (2633)
Swidler, Peter (2672)

KasparovChess Internet 2000

19.♕f4!

Piket nutzt die Gunst der Stunde. Aktivspieler haben in aller Regel ein sehr gutes Gespür dafür, wann der richtige Moment gekommen ist um loszulegen.

Nach 19.♖dh1? ♘f8 ist die schwarze Verteidigung hingegen unerschütterlich.

19...♕a5?

1) Nach 19...♗xc3? 20.bxc3 ♕a5 21.♖xh7! kann Schwarz allerlei Schachs geben, aber am Ende wird der eigene König mattgesetzt; z.B. 21...♕xc3+ 22.♔b1 ♕b4+ 23.♔c2 ♕a4+ 24.♔d2 ♕a5+ 25.♔e3 ♕c3+ 26.♗d3! f5 27.♕h2 f4+ 28.♔xf4 ♖f8+ 29.♔g4 ♖xf3 30.♔xf3 ♘f8 31.♖e7 ♗d7 32.♕f4 ♗e8 33.♕f6+−.

2) Auch nach dem zähesten Ansatz 19...♘f8 kämpft Schwarz für eine verlorene Sache, denn er kann seine Verteidigung nicht schnell genug organisieren; z.B. 20.♘e5 ♗xe5 21.♕xe5 ♗d7 22.♖h3!+− Δ♕h2 nebst ♖dh1.

20.♖xh7!

Dieser typische Einschlag war die weiße Idee.

20...f5

20...♔xh7 21.♕xf7+−

21.gxf6 ♘xf6 22.♖xg7+ ♔xg7 23.e5 und **1-0** angesichts der möglichen Folge 23...♘h5 24.♕g5 ♖f8 25.♖g1 ♘f4 26.♖h1 ♕d8 27.♕h6+ ♔f7 28.♕xf4+ ♔e8 29.♕h6.

1 AP für 19.♕f4.

Gesamtauswertung 'Aktivspieler'

Aktivspielerpunkte 28

Pragmatikerpunkte 6

Reflektorpunkte 1

Maximale Gesamtpunktzahl 35

Entsprechend sieht die objektive Betrachtung – also ohne Berücksichtigung des konkret gegebenen Spielertyps – wie folgt aus:

30-35 Punkte: ELO 2500+
26-29 Punkte: 2400-2500
22-25 Punkte: 2300-2400
18-21 Punkte: 2150-2300
14-17 Punkte: 2000-2150
10-13 Punkte: 1800-2000
0-10 Punkte: unter 1800

Diese Aktivspieler-Elo sollte man allerdings nicht überbewerten, denn sie kann auch einfach als Spielerei angesehen werden.

Kapitel 2

Theoretiker

Weltmeister: Steinitz, Botwinnik, Kramnik

Sonstige namhafte Spieler: Tarrasch, Nimzowitsch ('Mein System'), Peter Leko, Anish Giri, Georg Meier, Ulf Andersson, Nikola Sedlak, Sergei Tiwjakow, Ruslan Ponomarjow, Hans Berliner, Matthias Wahls, Victor Moskalenko, Mark Dvoretzki, Josif Dorfman ('Die Schachmethode'), Alexander Bangijew ('Felderstrategie'), Lars Bo Hansen

Lars Bo Hansen verwendet im Englischen die sehr gut passende Bezeichnung 'theorist'. Im Deutschen ist die Bezeichnung schwieriger und statt 'Theoretiker' kommt auch Dogmatiker, Systematiker oder Wissenschaftler in Betracht.

Ihre Eigenschaften

Man kann Schach als konkretes Spiel ansehen und stets ausschließlich Varianten berechnen. Man kann aber auch eine allgemeine Theorie entwickeln. Diese kann ganz allgemein gehalten sein, wie beispielsweise, dass man immer die Anzahl der eigenen Zugmöglichkeiten maximieren sollte – oder sie kann spezieller auf konkrete Strukturen zugeschnitten sein. Ein Geheimnis der Faszination des Schachs könnte übrigens darin bestehen, dass sämtliche allgemeinen Theorien eines gemeinsam haben: Sie sind letztlich alle nicht ganz überzeugend.

Allerdings wäre die Sache sonst ja auch zu einfach und Schach wäre nur ein Teilgebiet der Mathematik. Nur in bestimmten theoretischen Endspielen gibt es Faustregeln, die mathematischen Gesetzen gleichkommen. In allen anderen gibt es Ausnahmen – und mitunter sogar weit mehr Ausnahmen als Regelfälle! Entsprechend besteht die wahre Kunst gar nicht darin, die Faustregeln auswendig zu lernen, sondern darin, seine Intuition hinsichtlich der Ausnahmen zu schulen.

Wir wollen in der Folge mit speziellen Theorien zu solchen Strukturen und weiteren positionellen Themen weitermachen und verstehen den Spielertyp des Theoretikers in genau diesem Sinne. In der Regel werden diese Strukturen bzw. positionellen Themen durch die Eröffnung aufgeprägt und bestimmen auch zumindest das frühe Mittelspiel. Mitunter kann sich ihre Wirkung jedoch sogar bis ins Endspiel erstrecken – wie z.B. in der Französischen Verteidigung, im Wolga-Gambit oder in gewissen sizilianischen Varianten.

Ihre Stärken

Theoretiker kennen sich in ihren Strukturen extrem gut aus. Sie sind mit allen Manövern und Plänen bestens vertraut und können sich bei deren Anwendung auch auf ihre diesbezüglich geschärfte Intuition verlassen. In den ihnen vertrauten

Strukturen sind Theoretiker unglaublich stark. Ihre Eröffnungssysteme sind sehr stabil und können langfristig genutzt werden. Theoretiker spielen logisch und systematisch. Beispielsweise zeigen Botwinniks Anmerkungen zu seinen Partien dies ganz klar auf. Viele Vertreter dieses Typus' sind gut in theoretischen Endspielen und kennen die gesamte relevante Endspieltheorie auswendig.

Ihre Schwächen

Sie halten an ihren Prinzipien fest, auch wenn diese mitunter nicht zur Stellung passen. In solchen Fällen kommen sie oft in Zeitnot. Sie sind etwas unflexibel und bleiben ihren Eröffnungen auch dann treu, wenn sie damit keine guten Ergebnisse erzielen. Natürlich können auch ihre jeweiligen spezifischen Theorien selbst Schwachpunkte haben. Wir gehen hier allerdings von starken Theoretikern aus, die zumindest in ihrem Geltungsbereich und Anwendungsgebiet über sehr plausible Theorien verfügen. Allerdings mangelt es einigen Theoretikern mitunter etwas an dem Gespür für die Grenzen des jeweiligen Anwendungsgebietes – wie auch an der erforderlichen Flexibilität, um in einer konkreten Stellung bei Bedarf auf andere Lösungsansätze umzuschwenken.

Wie spielen Theoretiker gegen die anderen Spielertypen?

Natürlich sind sie stets bemüht, unter Einsatz 'ihrer' Eröffnungen in 'ihre' Stellungen zu kommen. Allerdings sind sie bei Bedarf auch in der Lage, sich anzupassen und Strategien auf den Gegner zuzuschneiden, wenn sie sich ein entsprechend passendes Bild machen können. So kommen beispielsweise Theorien ins Spiel – wie etwa diejenige, dass man gegen Angriffsspieler möglichst das dynamische Potenzial reduzieren sollte, was ja Kramnik im WM-Kampf gegen Kasparow auf so mustergültige Weise umzusetzen vermochte.

Wie sollte man *gegen* Theoretiker spielen?

Man sollte versuchen, ihre mitunter mangelnde Flexibilität zu nutzen und sie aus 'ihrer' Stellung herauszubringen. Gelegentlich kann es passieren, dass sie mit dieser oder jener Eröffnung in der letzten Zeit 0 aus 5 geholt haben – und dass sie diese ungeachtet dessen erneut spielen. Bei alle anderen Spielertypen wäre so etwas höchst unwahrscheinlich, aber gegen einige Theoretiker kann es sich durchaus lohnen, sich trotzdem oder gerade deswegen auf die besagte Eröffnung vorzubereiten. Für Aktivspieler kann das erste Match 'Tal gegen Botwinnik' zum Studium empfohlen werden. Derweil zeigte sich im WM-Kampf 'Anand gegen Kramnik' der Wert von Neuerungen, die zu hochtaktischen Stellungen führten, in denen der Theoretiker Kramnik sich nicht mehr zu Hause fühlte, weil sein Wissen um die Strukturen plötzlich wertlos war.

Typische Systemeröffnungen, die zu klaren Strukturen führen
– sowie einige ihrer bekanntesten Verfechter:

Berliner Mauer im Spanier (Kramnik)

Französisch (Botwinnik, Moskalenko)

Rubinstein–Variante im Franzosen (Georg Meier)

Damengambit Abtauschvariante mit Botwinniks berühmter Bauernwalze im Majoritätsangriff mit f3 nebst e4

'Fort Knox' im Franzosen (1.e4 e6 2.d4 d5 3.♘c3 dxe4 4.♘xe4 ♗d7 gefolgt von ♗c6, ♗xe4, c6 usw.)

Londoner System (Sedlak)

Stonewall im Holländer (Moskalenko)

Beschleunigter Drache im Sizilianer (1.e4 c5 2.♘f3 ♘c6 3.d4 cxd4 4.♘xd4 g6)

Maroczy Struktur mit beiden Farben (Tiwjakow)

Sweschnikow (Peter Leko)

Die Kunst der Bauernführung

(Lösungen ab Seite 38)

T01.01

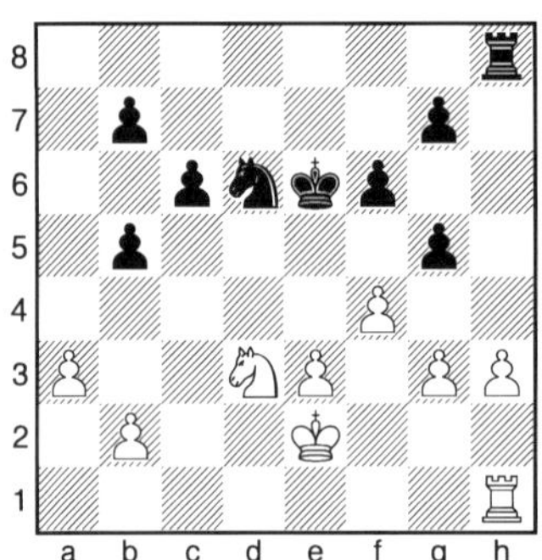

Wie soll Schwarz sich am Königsflügel verhalten?

T01.02

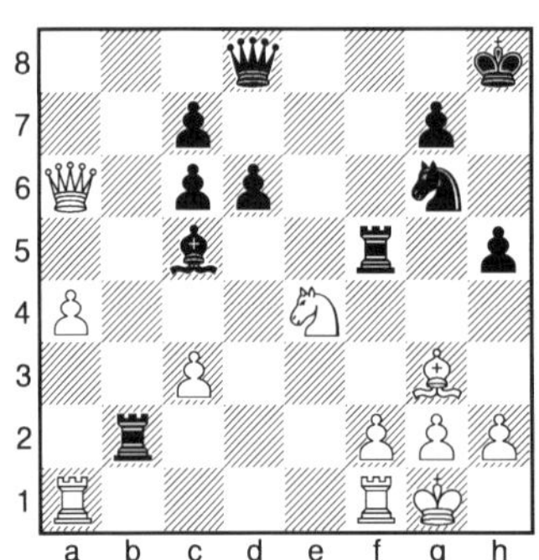

Wie soll Weiß auf die schwarze Aktivität reagieren?

T01.03

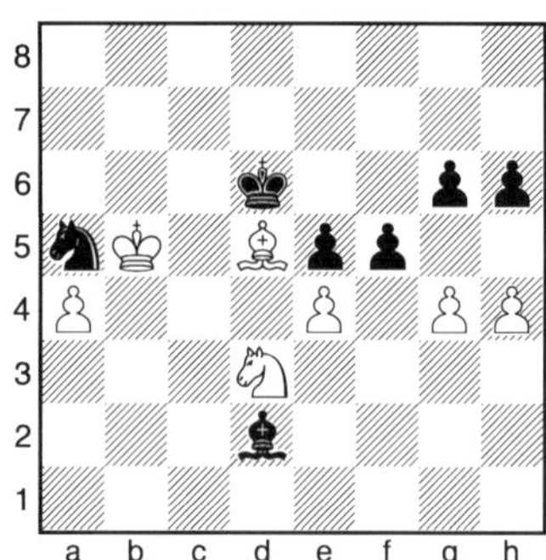

Wie soll Weiß mit der Spannung am Königsflügel umgehen?

T01.04

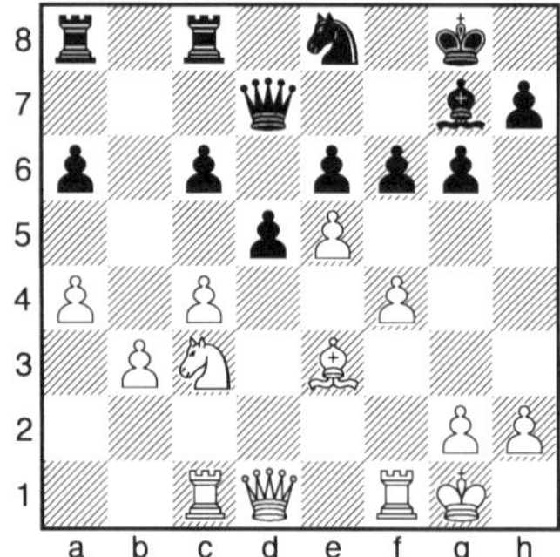

Wie soll Weiß fortsetzen?

Springer nutzen Schwächen aus

(Lösungen ab Seite 40)

T02.01

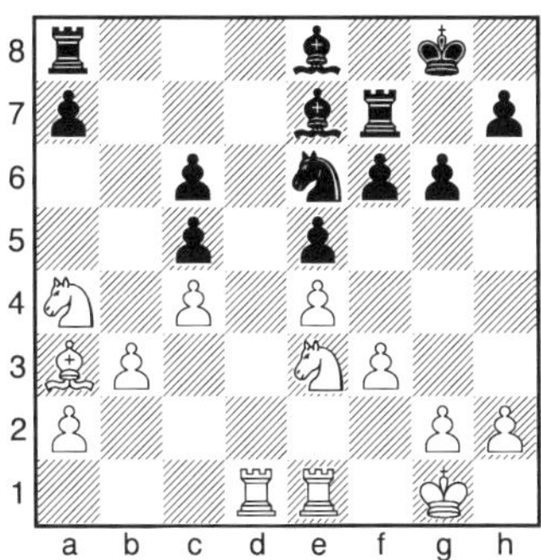

Wie kann Weiß von seiner besseren Struktur profitieren?

T02.02

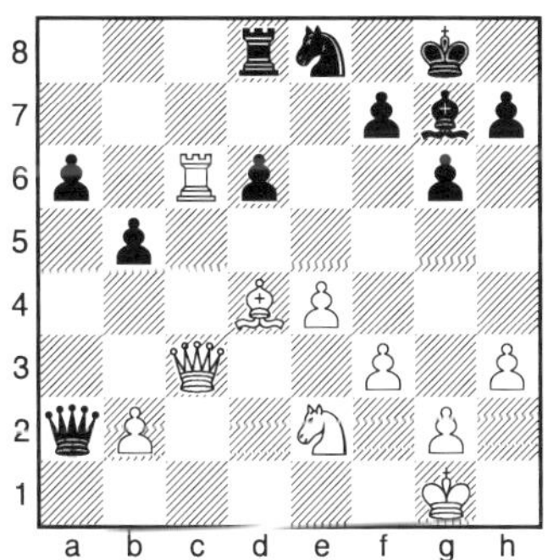

Wie erhöht Weiß den Druck?

T02.03

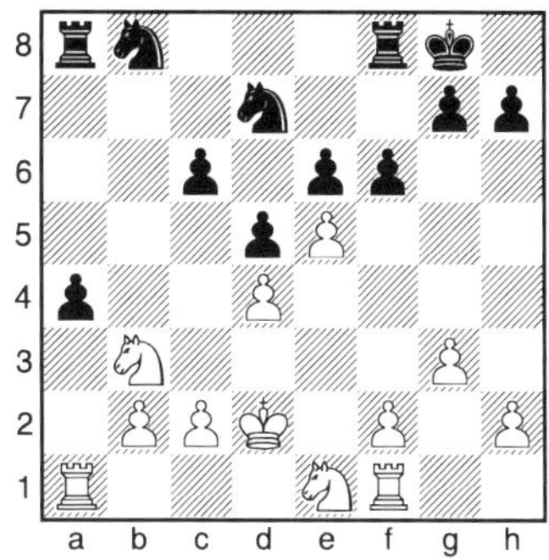

Was soll Weiß spielen?

T02.04

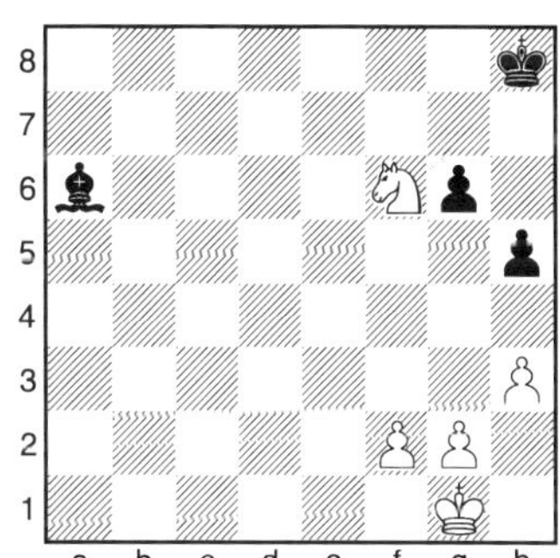

Wie soll Weiß fortsetzen?

Statik oder Dynamik?

(Lösungen ab Seite 42)

T03.01

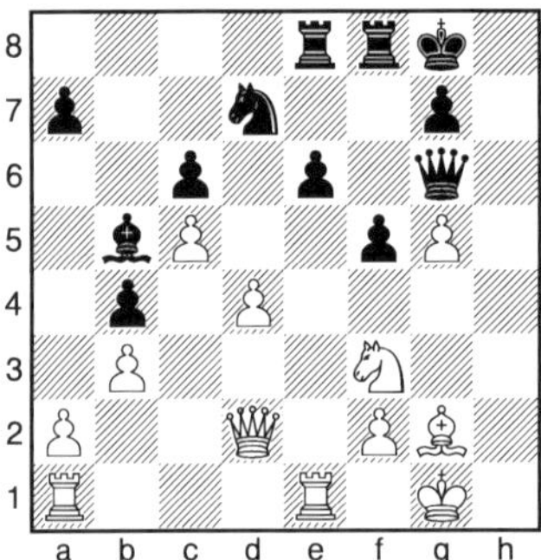

Dynamisch 25...e5
oder statisch 25...a5?

T03.02

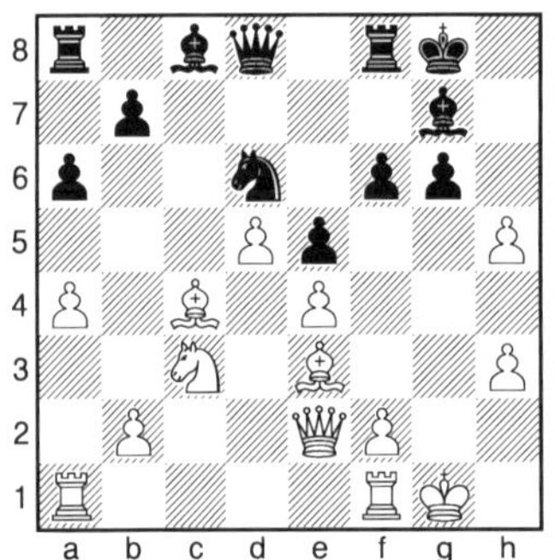

Dynamisch 20...f5 oder statisch
20...♘xc4 21.♕xc4 gxh5?

T03.03

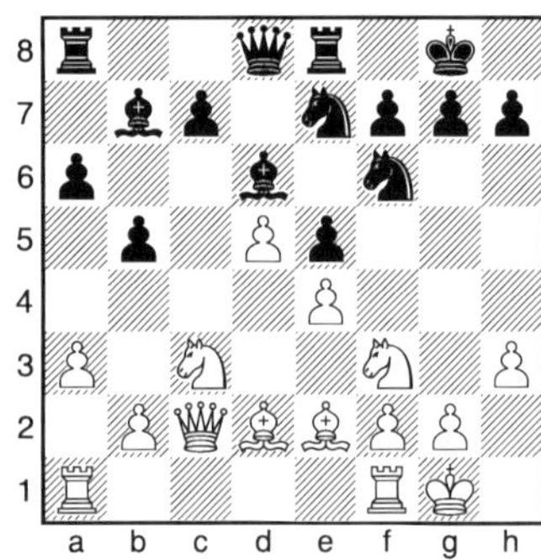

Was soll Schwarz gegen
den weißen Raumvorteil tun?

T03.04

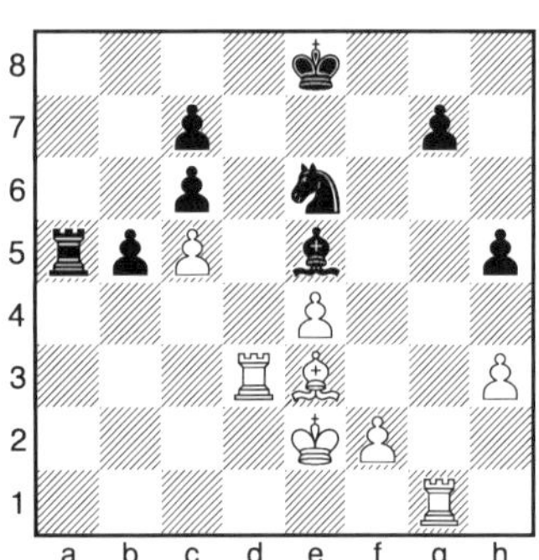

Wie kann Weiß die
Blockade überwinden?

Die Macht der Läufer

(Lösungen ab Seite 45)

Da die Spielführung viele Anleihen aus der Kunst der Bauernführung benötigt, haben wir den gesamten Themenkomplex 'Läuferpaar' den Theoretikern zugeordnet.

T04.01

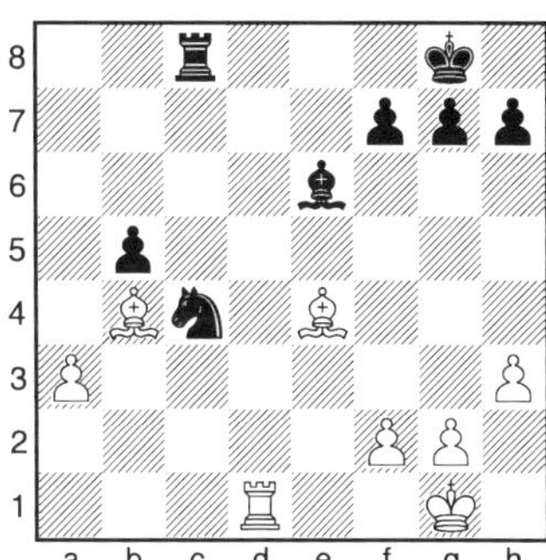

Weiß zieht und gewinnt.

T04.02

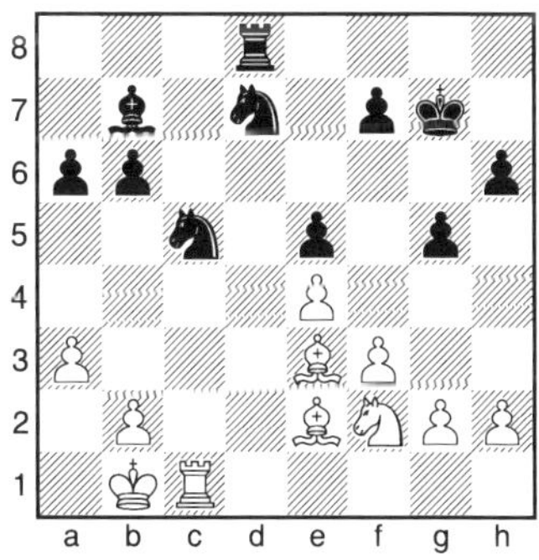

Weiß steht überlegen, aber was ist der klarste Gewinnweg?

T04.03

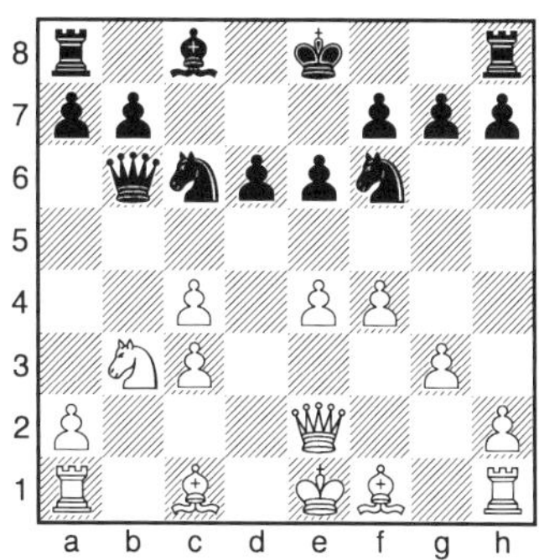

Wie kann Weiß die schwarzen Schwächen ausnutzen?

T04.04

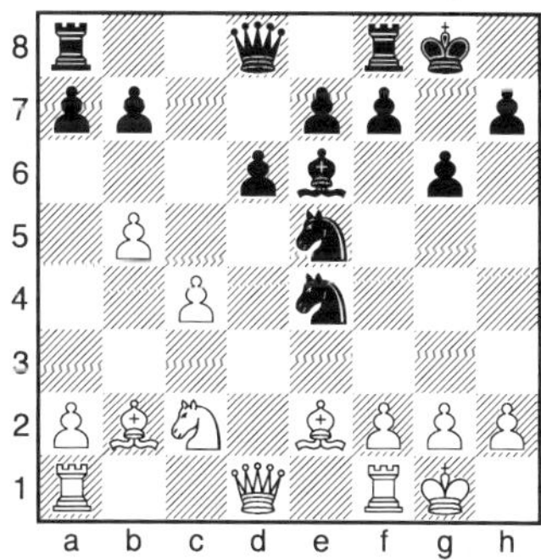

Wie ist die Stellung einzuschätzen? Was sollte Weiß spielen?

Lösungen

T01.01
Drejew, Alexey (2640)
Gelfand, Boris (2695)
Groningen 1997

53...g4!

Nach dieser Festlegung des weißen g-Bauern erhält Schwarz einen 'ewigen' Springer auf e4, der das ganze Brett dominieren wird.

Hingegen wäre 53...♘e4? wegen 54.♔f3 ♘d2+ 55.♔e2 ♘c4 56.fxg5 fxg5 57.h4 verfrüht.

54.h4?!

- 54.♘c5+ ♔e7 55.h4 b6 56.♘b3 ♘e4 57.♖g1 ♖d8 58.♘d4 ♔f7-+

- 54.♘f2 ♘f5! 55.♔d3 ♖d8+ 56.♔c2 ♘xe3+ 57.♔c1 ♘c4 58.hxg4 ♘xb2-+

54...♘e4-+

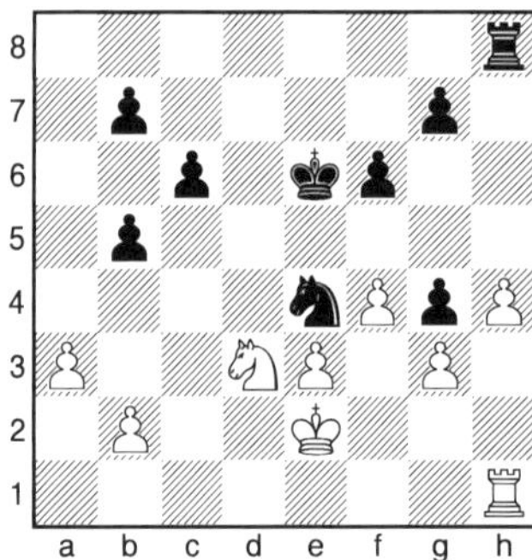

Nun ist die angekündigte totale Dominanz durch den Springer eingetreten.

55.♖g1 ♖d8 56.♖g2 c5 57.♖g1 c4 58.f5+ ♔xf5 59.♖f1+ ♔e6 60.♘f4+ ♔f7 61.♔e1 ♖d2 0-1

1 TP für 53...g4.

T01.02
Morosewitsch, Alexander (2774)
Sokolov, Ivan (2690)
Sarajevo 2008

20.h4!

Mit diesem taktisch abgesicherten Blockadezug (20...♘xh4? 21.♗xh4 ♕xh4 22.♕c8+) stoppt Weiß das Gegenspiel und sichert seinem Springer das Prachtfeld auf g5.

1) Sowohl 20.♘xc5? ♖xc5 21.♕d3 ♕f6 als auch 20.h3? h4 21.♗h2 ♕e8 22.♘xc5 ♖xc5 gewährt Schwarz viel mehr Gegenspiel. Allerdings sollte Weiß dank seines starken a-Freibauern immer noch etwas besser stehen.

2) Zwar ist auch 20.♕d3?! ♖d5 21.♕f3 ♕f8 22.c4 ♖f5 23.♕c3 ♖b8 24.h4 besser für Weiß, allerdings ist es doch eine schlechtere Version als die Partiefolge.

20...♖b6

Schwarz steht zwar aktiv, hat jedoch keine Möglichkeit mehr, den Druck zu erhöhen. Weiß hingegen wird seine strategischen Trümpfe früher oder später ausspielen.

21.♕c4 ♕g8 22.♕e2 ♖b8 23.♘g5

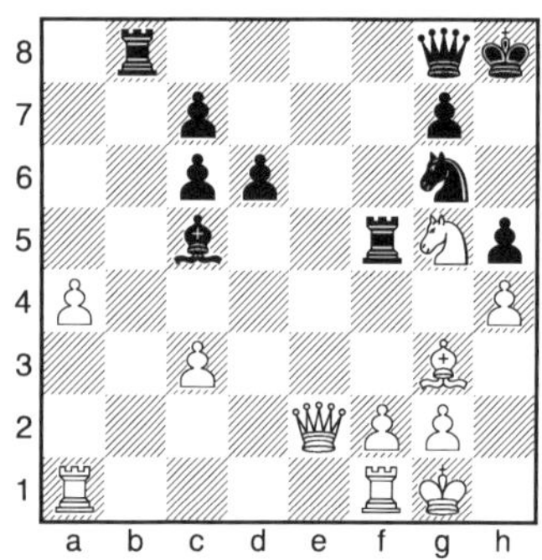

Nun erntet Weiß die Früchte seiner Strategie.

23...♘f8 24.♕xh5+ ♘h7?!

24...♕h7 ist zäher, rettet aber auf lange Sicht auch nicht.

25.♖ae1 ♗b6 26.♖e7 ♖bf8 27.♔h2 ♖5f6 28.a5 1-0

2 TP für 20.h4!

T01.03

Adams, Michael (2610)
Beljawski, Alexander (2595)

Interpolis Tilburg 1992

61.h5!

Diese Unterminierung ist von entscheidender Kraft.

Zwar hat Schwarz nach 61.gxf5? gxf5 62.h5 f4 63.♘f2 f3 64.♘g4 ♔c7= kaum einen Zug, aber Weiß kann seine Stellung nicht verstärken.

61...gxh5

61...fxe4! ist praktisch noch die aussichtsreichste Verteidigung, die Schwarz unbedingt versuchen sollte. Zwar ist die Stellung trotzdem klar verloren, aber nach 62.hxg6 ♔xd5 63.g7 exd3 64.g8♕+ ♔e4 65.♕h7+ ♔d4 66.♕e7+- kann im praktischen Spiel noch alles Mögliche passieren!

62.gxf5 h4 63.f6 ♗c3

Nach 63...h3 64.f7 ♔e7 65.♘xe5 kommt Schwarz einen Zug zu langsam: 65...h2 66.♘g6+ ♔d7 67.f8♕ h1♕ 68.♗e6+ ♔c7 69.♕c8+ ♔d6 70.e5#.

64.f7 ♔e7 65.♘c5 ♘b7 66.♘xb7 h3 67.♘c5 1-0

1 TP für 61.h5!

1 PP für die Erkenntnis, dass die beste Verteidigung in 61...fxe4! besteht.

T01.04

Meier, Georg (2558)
Wojtaszek, Radoslaw (2599)

Bundesliga 2009

18.a5!

Dieser Vorstoß dient der Vorbereitung des starken Manövers ♘c3-a4-b6, welches die schwarze Stellung durcheinanderwirbelt.

Mit 18.exf6?! ♘xf6 würde Weiß nur die gegnerischen Figuren befreien.

18...♖ab8

Nach 18...fxe5 19.♘a4! gewinnt die Gabel auf b6 eine Qualität. Schwarz hat zwar etwas Kompensation, aber Weiß behält klaren Vorteil, wie folgende Abspiele zeigen.

- 19...exf4 20.♘b6 ♕e7 21.♗xf4 e5 22.♕e2+-
- 19...e4 20.♘b6 ♕b7 21.♗c5 ♖cb8 22.♘xa8 ♖xa8 23.b4+-

19.♘a4

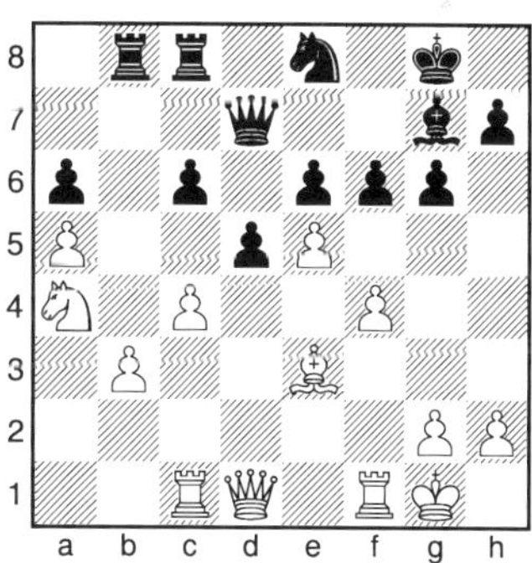

Unbeirrbar stürzt sich der Springer auf die Schwächen wie ein Riesenkrake.

19...♕e7?!

19...♕b7 war zäher, aber nach 20.♕e2 ♗f8 21.♘c5 ♗xc5 22.♗xc5 f5 23.♗b6 ♘g7 24.♖f3+- besteht am weißen Gewinnvorteil kein Zweifel.

20.♗c5 ♕f7 21.♕d3

Weiß hat strategisch alles erreicht: Die schwarzen Figuren stehen hinten drin und es gibt keinen Weg, sie zu befreien.

21...♕b7 22.♕h3?

Nach diesem Fehler verliert Weiß einen Großteil seines Vorteils und die Partie wurde später remis.

Besser war 22.b4! mit der möglichen Folge 22...f5 23.g3 ♘c7 24.♗d6 ♗f8 25.♘b6 ♖d8 26.cxd5 exd5 27.♗xf8 ♖xf8 28.♘d7+-.

2 TP für 18.a5 mit dem Plan, den Springer nach b6 zu bringen.

29...♘d4

29...♖d7 30.♖xd7 ♗xd7 31.♘d3+-

30.♗xc5 ♗xc5 31.♘xc5+-

Dieser Springer dominiert die schwarzen Figuren und verhindert jegliches Gegenspiel.

31...g5?! 32.♘g4 ♔f8?! 33.♘h6 ♖e7 34.♘f5 ♘xf5 35.exf5 h5 36.♖d6 ♔g7 37.♔f2 a5 38.♖ed1 1-0

1 TP für 28.♘g4 mit dem Plan, den Springer nach d3 zu bringen.

T02.01
Ponomarjow, Ruslan (2743)
Drejew, Alexey (2677)

Moskau 2002

28.♘g4!

Weiß überführt den Springer unter Tempogewinn auf das Wunschfeld d3, wonach die schwarze Stellung in sich zusammenfällt.

28...♗f8 29.♘f2

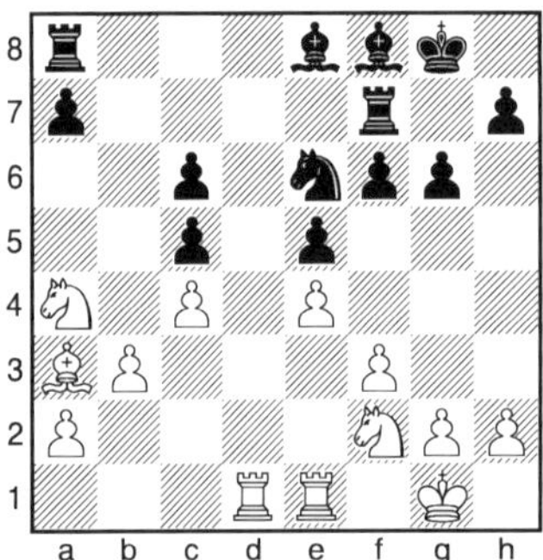

Schwarz kann nichts gegen den weißen Plan unternehmen und wird mindestens einen Bauern verlieren.

T02.02
Polgar, Judit (2678)
Tivjakow, Sergei (2603)

Ohrid 2001

24.♗xg7!

Die weiße Idee liegt in der Überführung des Springers nach d5, wobei jedoch die richtige Zugfolge sehr wichtig ist. Durch den Zwischentausch auf g7 unterbindet Polgar jegliche Schwindelchancen.

24.♘f4? sieht auch sehr logisch aus, gibt Schwarz jedoch die Chance, die Harmonie der weißen Figuren zu stören. Nach 24...♕a4! 25.♗xg7 b4! muss die weiße Dame den ♖c6 gedeckt halten und somit die lange Diagonale aufgeben. Weiß steht weiterhin besser, aber die Dinge sind noch nicht so klar.

1) Nach 26.♕c4?! ♘xg7 27.♘d5 hält 27...♘e6 den Schaden in Grenzen.

2) Und 26.b3! bxc3 27.bxa4 ♔xg7 28.♘d5± ist zwar auch besser für Weiß, aber Schwarz kann noch kämpfen.

24...♘xg7 25.♘f4+-

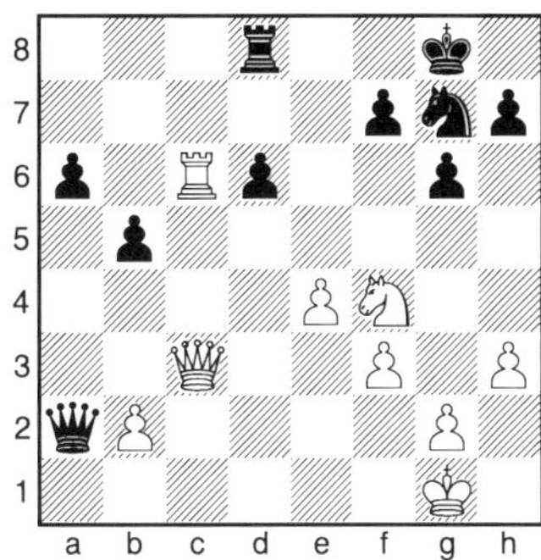

Der Monsterkrake wird von d5 aus alles im Griff haben. Schwarz kann die gegnerischen Figuren nicht aus ihren dominanten Positionen vertreiben.

25...♘e6?! 26.♕f6 ♖e8 27.♘d5 a5 28.♖xd6 ♕c4 29.♖d7 ♕c5+ 30.♔h2 1-0

1 TP für 24.♗xg7 ♘xg7 25.♘f4.

1 TP + 1 PP für das Erkennen der Verteidigung 24.♘f4 ♕a4! Δb5–b4.

T02.03

Seirawan, Yasser (2653)

Ivanov, Alexander (2515)

Salt Lake City 1999

18.♘d3!

So hält Weiß die Struktur unter Kontrolle und erstickt jegliches Gegenspiel.

Mit 18.exf6? erlaubt Weiß unnötig viel Gegenspiel, und zwar sowohl nach 18...gxf6 19.♘d3 e5 als auch nach 18...♘xf6!? 19.♘c5 ♘e4+!? 20.♘xe4 dxe4 21.♔e3 c5!±.

18...fxe5 19.dxe5 ♔f7 20.f4! ♔e7 21.h4!

Mit zwei präzisen Bauernzügen verhindert Seirawan jegliches Gegenspiel am Königsflügel. Die schwarzen Bauern- und Felderschwächen werden sich früh genug bemerkbar machen.

21...♖c8 22.♘bc5+–

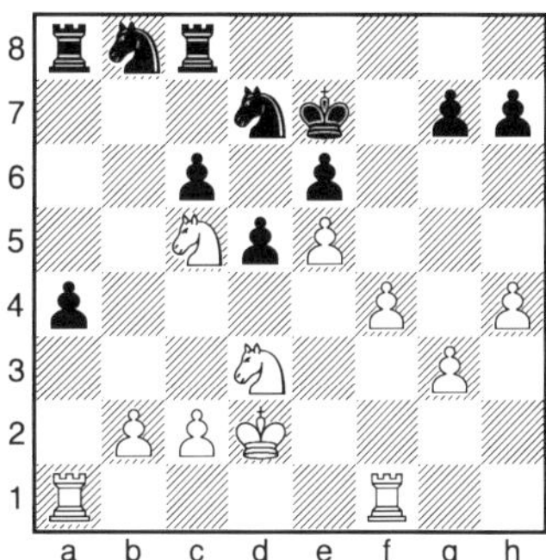

Die weiße Strategie ist voll aufgangen und der Bauer a4 wird fallen.

22...♘b6 23.♖a2 ♘8d7 24.♖fa1 ♘xc5 25.♘xc5 ♖cb8?

Mit 25...♖a5 26.♘xa4 ♖ca8 27.b3 c5 war deutlich mehr Widerstand zu leisten.

26.b3 axb3? und **1-0** wegen 27.♖a7+ ♔e8 28.cxb3+–.

1 TP für 18.♘d3!

T02.04

Leko, Peter (2730)

Adams, Michael (2744)

Dortmund 2001

37.h4!+–

So legt Weiß die gegnerischen Bauern auf der Farbe des Läufers fest und ebnet seinem König den Weg nach g5, was Schwarz langfristig nicht verhindern kann.

37.♔h2? ♔g7 38.♘e4 h4!–

37...♔g7 38.♘e4

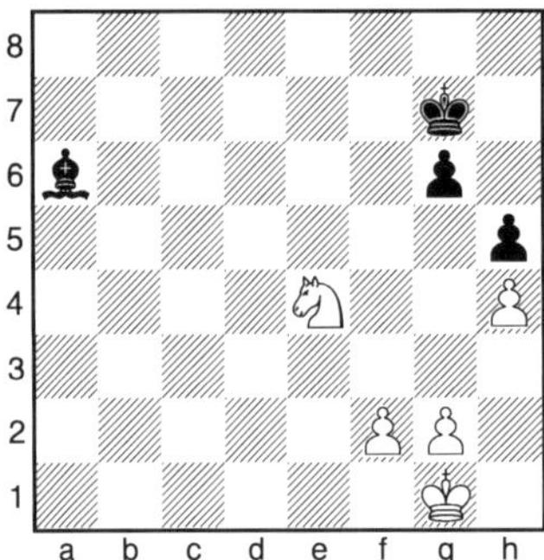

Weiß kontrolliert die Lage schwarzfeldrig und kann als nächstes in aller Ruhe den König heranführen.

38...♔f7 39.♔h2 ♗d3 40.f3 ♗f1 41.♔g3 ♔e6 42.♘d2 ♗d3 43.♔f4 ♔f6 44.♘e4+ ♔f7 45.♔g5 ♗f1 46.g3 ♗e2 47.♘d2 ♔g7 48.f4 ♗d1 49.♘c4 und **1-0** angesichts von 49...♗g4 50.♘e3 ♗e6 gefolgt von dem entscheidenden Durchbruch 51.f5! ♗f7 52.fxg6 ♗xg6 53.♘d5 ♗f7 54.♘f4+−.

1 TP für 37.h4!

T03.01
Waganjan, Rafael (2670)
Sargissian, Gabriel (2602)
Moskau 2005

25...e5!

Dynamik ist vonnöten, denn rein statisch steht Weiß aufgrund seiner schwarzfeldrigen Dominanz klar überlegen. Außerdem braucht der Springer d7 dringend eine konkrete Rolle, die er nun bekommt. Diese Überlegung ist für Theoretiker und Reflektoren typisch.

Nach 25...a5? 26.♕f4!

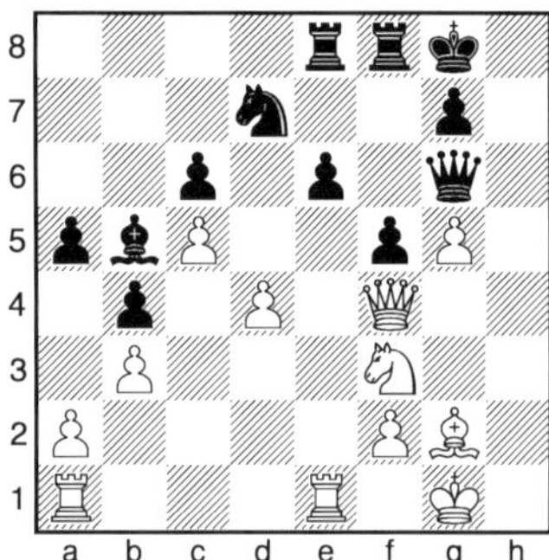

... ist Schwarz komplett dominiert und dem schwarzfeldrigen gegnerischen Powerplay passiv und wehrlos ausgeliefert; z.B. 26...♕f7 27.♕d6 ♕e7 28.a4 ♗d3 29.♘d2+−.

26.dxe5

Oder 26.♘xe5 ♘xe5 27.♖xe5 ♖xe5 28.dxe5 f4! mit starkem Angriff.

26...♘xc5 27.♕d6

27.♕xb4 ♘e6 28.♖ad1 ♘xg5 29.♘xg5 ♕xg5 30.f4 ♕g3 31.♕d4 ♖d8 32.♕f2 ♕g4=

27...♘e6

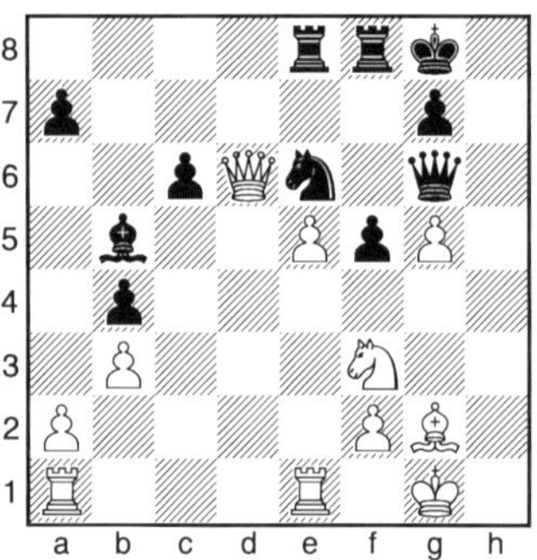

Schwarz hat nun stets dynamisches Gegenspiel.

28.♖ad1?

Genauer war 28.♖ac1 mit der möglichen Folge 28...c5 29.♖xc5 ♖d8 30.♖xb5 ♖xd6 31.exd6=.

28...a5?

Mit 28...c5! 29.♖d5 ♖c8 30.♘d4 cxd4 31.♖xb5 ♖fe8–+ konnte Schwarz die Lage zu seinen Gunsten stabilisieren.

29.♘d4 f4 30.♘xb5?

Besser war 30.f3∞ mit der möglichen Folge 30...♖f7 31.♖d2 ♖d8 32.♘xe6 ♖xd6 33.exd6 ♖d7 34.♗h3 ♕h5 35.♗g4 ♕h4 36.♖e4 ♖xd6 37.♖xd6 ♕g3+ 38.♔h1 ♕h4+ =.

30...f3! 31.♘d4 fxg2 32.♘xe6 ♖xe6 33.♕d7?

33.♕d3 ♕xg5 34.♕h3 begrenzt den Schaden.

33...♕f5–+ 34.f4 ♕h3 35.♖e4 ♕h1+ 36.♔f2 ♖xe5 37.♖xe5 g1♕+ 38.♖xg1 ♖xf4+ 39.♔e3 ♕f3+ 40.♔d2 ♕c3+ 0-1

1 TP für das dynamische 25...e5.

1 TP für die Erkenntnis, dass Schwarz nach 25...a5? 26.♕f4! chancenlos ist.

T03.02

Keymer, Vincent (2516)

Vallejo Pons, Francisco (2693)

Karlsruhe/Baden Baden 2019

20...f5!

Schwarz braucht Dynamik und Gegenspiel, denn sonst setzen sich die strategischen Vorteile von Weiß durch.

So würde 20...♘xc4? 21.♕xc4 gxh5 Weiß in die Karten spielen.

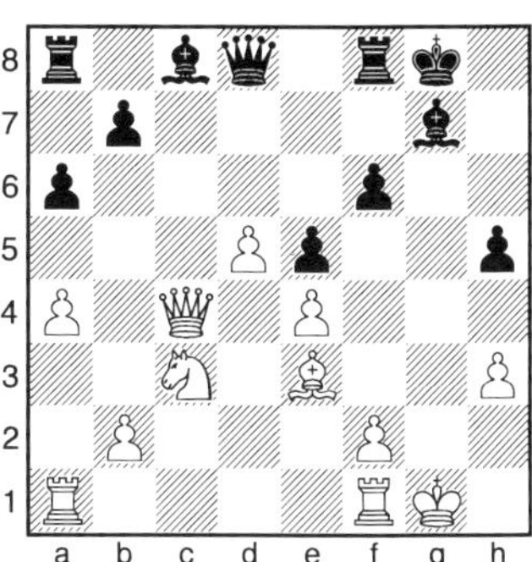

Nach z.B. 22.d6+ ♖f7 23.♖fd1 ♗xh3 24.♘d5+– dominiert Weiß das Brett.

21.f4

– 21.exf5 ♗xf5 22.h6 ♗h8 23.f3 ♕h4

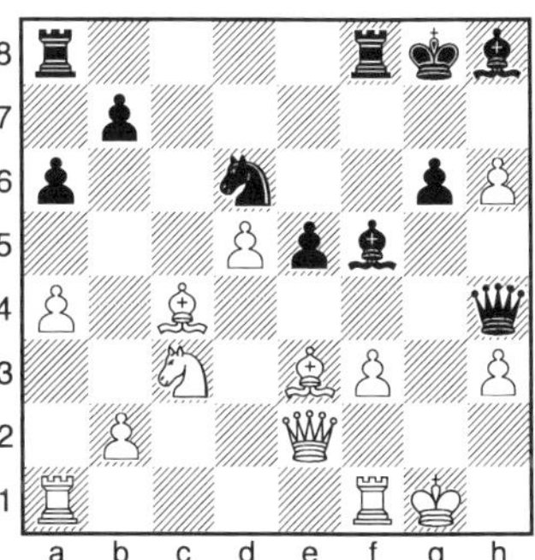

Schwarz hat mehr als genug Kompensation für die beiden Bauern.

– 21.hxg6? Δ21...f4?? 22.♕h5+–; ⌓21...♕h4!–+

21...♕h4! 22.♗c5 ♕g3+ 23.♔h1?!

Das ist bestimmt nicht die beste Wahl, aber diese Stellung zu verteidigen ist wohl ein Ding der Unmöglichkeit.

Nach 23.♕g2 ♕xg2+ 24.♔xg2 ♘xc4 25.♗xf8 ♔xf8 steht Schwarz in komplizierter Stellung etwas besser.

23...♕xh3+ 24.♕h2?!

24.♔g1 war zäher; z.B. 24...♕g3+ 25.♔h1 ♕h4+ 26.♔g1 exf4 27.♗xd6 ♗d4+ 28.♖f2 fxe4 29.♘xc4 f3 30.♕d2 ♗xf2+ 31.♕xf2 ♕xe4 32.♗xf8 ♕xc4

33.♗d6 ♕xd5 34.♗g3 ♕xh5 35.♕e3 mit Remischancen.

24...♕xh2+ 25.♔xh2 ♘xc4 26.♗xf8 ♔xf8 27.hxg6 exf4 28.exf5 ♗xf5 29.♖ae1 ♖e8 30.♖xe8+ ♔xe8 31.♖e1+ ♗e5 32.♘d1 ♗xg6 33.♔g2 ♗c2 34.♔f3 ♔d7 35.♘f2 ♔d6 36.♖c1 ♘e3 0-1

1 TP für das zutreffende Urteil, dass 20...♘xc4? schlecht ist.

1 AP für 20...f5!

T03.03

Swidler, Peter (2739)

Giri, Anish (2797)

Tiflis 2015

15...c6!

Giri nutzt die Gunst der Stunde, denn seine Initiative wird Weiß einige Probleme bereiten.

Das rein statische 15...♘g6?! 16.♖ac1 ♘f4 17.♖fd1 ♖c8 18.♗f1 ...

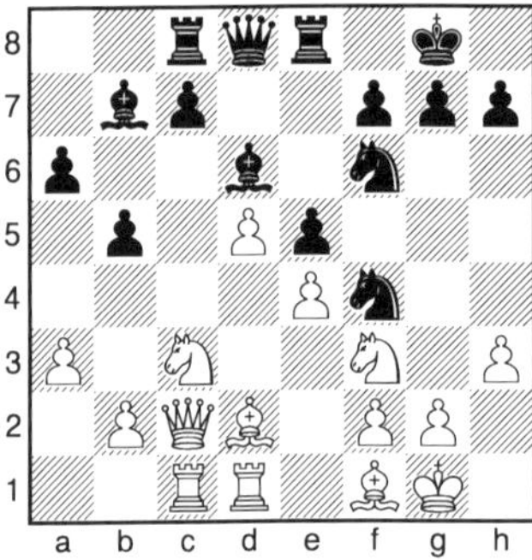

... stellt Weiß hingegen keine echten Probleme.

16.dxc6 ♘xc6 17.♗e3 ♘d4!

Ein weiterer wichtiger Zug, der die Stellung weiter öffnet. Die schwarzen Figuren erwachen zum Leben.

18.♘xd4 exd4 19.♗xd4 ♘xe4

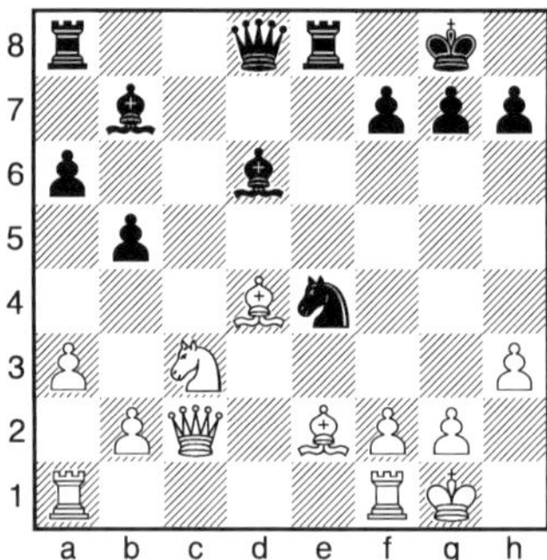

In dieser offenen Stellung ist die schwarze Initiative sehr lästig, weil Weiß kein Gegenspiel hat.

20.♗f3 ♖c8 21.♖fe1 ♘xc3 22.♖xe8+ ♕xe8 23.♗xc3 ♗xf3 24.gxf3 ♕e6 25.♖d1 ♖c5?!

Nach 25...h6 26.♕e4 ♕xe4 27.fxe4 ♗xa3 28.♖a1 ♗e7 29.♖xa6 b4∓ hat Schwarz Gewinnchancen.

26.h4 ♖c4 27.♕d3 ♗f8 28.♕d8 ♕f5 29.♕a8? (29.♔g2=) **29...♖xh4 0-1**

1 TP für 15...c6!?

1 TP für die Idee, die Stellung mit 17...♘d4! weiter zu öffnen.

T03.04

Kasimdjanow, Rustam (2652)

Adams, Michael (2731)

Tripolis 2004

32.f4!

Weiß sollte die Gunst der Stunde nutzen und zu radikalen Mitteln greifen, um seinen Türmen maximale Wirkungskraft zu verleihen.

Nach 32.♖f1? ♗f4= Δg5 hält die Blockade.

32...♗xf4

32...♘xf4+?! 33.♗xf4 ♗xf4 34.♖xg7 b4 35.♖dd7+−

33.♖g6!

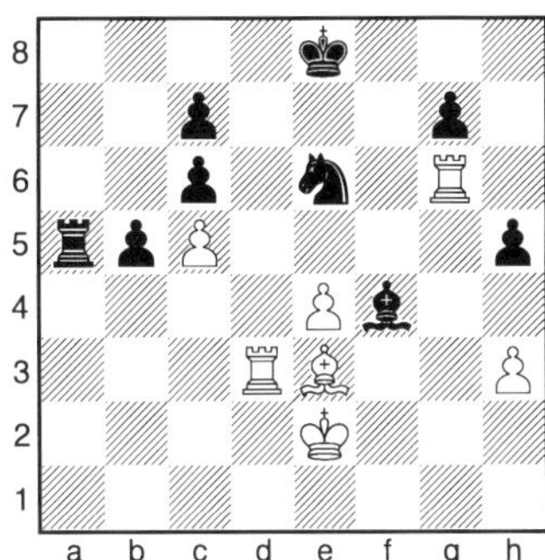

Die taktische Pointe! Unter den schwarzen Leichtfiguren herrscht eine unglückliche Abhängigkeit.

33...♔f7?!

33...♘f8 ist zäher, obwohl Schwarz sich nach 34.♖xc6 ♗h2 35.♖d5+– auf lange Sicht auch nicht halten könnte.

34.♖xe6+– ♔xe6

Nach 34...♗xe3 35.♖xc6 ♗f4 36.♖d5 g6 37.e5+– ist die Blockade endgültig überwunden.

35.♗xf4 ♖a4 36.♔f3 ♖c4 37.♗e3 b4 38.♖d4 ♖xd4 39.♗xd4 g5 40.♔e3 1-0

1 TP für 32.f4!

1 TP für 33.♖g6!

T04.01

Swidler, Peter (2713)

Adams, Michael (2716)

Linares 999

31.♗c6!

Mit diesem einfachen Trick (31...♖xc6? 32.♖d8#) gewinnt Weiß den Bauern b5 und somit auf lange Sicht auch die Partie.

31...♘b2 32.♖d2 ♘c4 33.♖d4 1-0

1 TP für 31.♗c6.

T04.02

Braun, Arik (2533)

So, Wesley (2577)

Gaziantep 2008

31.♖d1!

Mit dieser Fesselung legt Weiß die gegnerische Stellung völlig lahm und bereitet das Eindringen des Turms vor.

Die Alternativen 31.b4?! ♘e6 und 31.h4?! gxh4 32.♖h1 h5 33.♖xh4 ♖h8 sind klar besser für Weiß, aber bei weitem nicht so überzeugend wie die Partiefolge.

31...♖b8

Nach 31...♘e6 32.♗c4! ♘dc5 33.♖xd8 ♘xd8 34.♗xc5 bxc5 35.♘d3+– muss Schwarz sich von seinem gesamten Damenflügel verabschieden.

32.♖d6+–

Dieser Turm dominiert das Brett im Alleingang und Weiß gewinnt mühelos.

32...♗c8 33.♘g4 ♘e6 34.♗xa6 ♗xa6 35.♖xd7 ♘f8 36.♖d6 ♗f1 37.♘xe5 ♗xg2 38.♗d4 ♘e6 39.♖xe6 1-0

1 TP für 31.♖d1.

1 TP für die Idee 31...♘e6 32.♗c4!

T04.03

Iwantschuk, Wassily (2714)

Sokolov, Ivan (2610)

Wijk aan Zee 1999

12.♗a3!

Dieser Zug treibt die Entwicklung voran und nimmt den schwächsten Punkt ins Visier. Wenn der Läufer den Bauern d6 erobert, werden zusätzlich die schwarzen Felder im schwarzen Lager fatal schwach, Theoretiker und Reflektoren haben ein gutes Gespür dafür.

1) Auch die für Aktivspieler typische Fortsetzung 12.e5?! dxe5 13.fxe5 ♘d7 14.♗a3 ♘dxe5 15.♗d6 ist besser für Weiß. Da diese Lösung allerdings objektiv deutlich schlechter und auch risikoreicher als die Partiefolge ist, gibt es dafür keinen Punkt.

2) 12.♗g2? spielt Schwarz in die Karten, weil nach 12...e5 die Wirkung der Läufer durch die Bauern gemindert wird und die Stellung auch etwas an Dynamik eingebüßt hat.

3) Auch 12.c5? dxc5 13.♗e3 ♘d7 ist zu statisch.

12...e5

12...♘a5 13.♘xa5 ♕xa5 14.♗b4 ♕h5 15.♕xh5 ♘xh5 16.♗g2 ♗d7 17.e5+−

13.♗xd6 exf4?!

Das öffnet dem Gegner alle möglichen Zugstraßen.

13...♗g4 war zäher, hilft aber auch nicht; z.B. 14.♕d3 0-0-0 15.c5 ♖xd6 16.cxb6 ♖xd3 17.bxa7+−.

14.c5 ♕a6

Dieser verzweifelte Versuch, die Dynamik zu reduzieren, ist zum Scheitern verurteilt, weil der weiße Druck auch im Endspiel unvermindert fortbesteht.

14...♕d8 15.gxf4+− ist aber ebenfalls hoffnungslos, denn der Monsterläufer d6 hat alles im Griff.

15.♕xa6 bxa6 16.e5 ♘g4 17.♗g2 ♗d7 18.gxf4+− ♘e3 19.♗e4 ♖c8 20.♖g1 g6 21.♗d3 ♗f5 22.♗xa6 ♘c2+ 23.♔f2 ♘xa1 24.♖xa1 ♖d8 25.♘d4 ♗d7 26.♖b1 ♘e7 27.♖b7 ♘c8 28.♗c7 0-0 29.♗xd8 ♖xd8 30.c6 ♗h3 31.♔g3 1-0

1 TP für 12.♗a3.

T04.04
Swidler, Peter (2690)
Tiwjakow, Sergei (2628)
Kallithea 2002

15.♕d4!

Die Einleitung eine ganzen Serie starker und aktiver Züge, die den schwarzen Aufbau komplett widerlegt.

Der taktische Fehlversuch 15.f4? ♘xc4 16.♗xc4 ♗xc4 17.♕d4 scheitert an 17...♕b6!−+.

15...♘f6

15...♘c5 16.f4+−

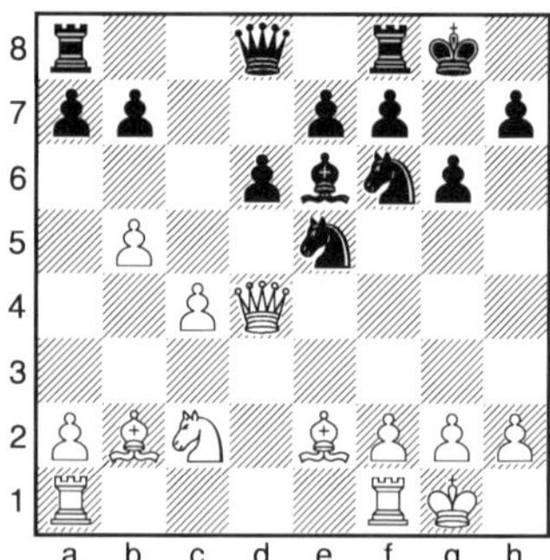

16.f4!+−

Die Widerlegung von dem Pragmatiker Peter Swidler. In solchen Maroczy-Strukturen haben Theoretiker die Eröffnungstheorie oft vorangetrieben. Diese Variante musste Schwarz nach dieser Partie allerdings zu den Akten legen.

16.♘e3? ♘ed7=, Smirin – Tiwjakow, Paris 1991

16...♘ed7

Nach 16...♘eg4 17.h3 ♘h6 18.g4 ♖c8 19.♘e3+− wird Weiß mit g4-g5 einen der schwarzen Springer gewinnen.

17.g4!+−

Der letzte wichtige Zug. Dank der Doppeldrohung f4-f5 und g4-g5 gewinnt Weiß eine Figur und somit die Partie.

17...♕b6 18.f5 ♗xc4 19.♗xc4 ♘xg4 20.♗d5 ♖ac8 21.♘e3 ♘ge5 22.♕xb6 ♘xb6 23.♗xb7 ♖b8 24.♗a6 ♘d3 25.♗d4 ♘b4 26.♖fc1 ♘xa6 27.bxa6 e5 28.fxe6 fxe6 29.♖ab1 1-0

2 TP für 15.♕d4! mit der Idee des Figurengewinns durch f2-f4 und g2-g4.

Gesamtauswertung 'Theoretiker'

Theoretikerpunkte 22

Pragmatikerpunkte 2

Aktivspielerpunkte 1

Maximale Gesamtpunktzahl 25

Entsprechend sieht die objektive Betrachtung – also ohne Berücksichtigung des konkret gegebenen Spielertyps – wie folgt aus:

24–25	Punkte:	ELO 2500+
21–23	Punkte:	2400-2500
18–20	Punkte:	2300-2400
15–17	Punkte:	2150-2300
13–16	Punkte:	2000-2150
8–12	Punkte:	1800-2000
0–8	Punkte:	unter 1800

Diese Theoretiker–Elo sollte allerdings nicht überbewertet werden, sondern kann auch als Spielerei angesehen werden.

Kapitel 3

Reflektoren

Weltmeister: Capablanca, Smyslow, Petrosjan, Karpow, Carlsen

Sonstige namhafte Spieler: Michael Adams, Akiba Rubinstein, Vincent Keymer, Klaus Bischoff, 'Alpha Zero', 'Leela Zero'

Zur Einordnung der Computerprogramme an dieser Stelle

'Alpha Zero' geht natürlich Richtung 'Pragmatiker' und man kann auch argumentieren, dass einige Aspekte in Richtung 'Aktivspieler' gehen. Ganz klar ist die Zuordnung daher nicht, aber diese Engine ist für alle ein sehr unangenehmer Gegner wie überhaupt alle starken Reflektoren. Allerdings berechnet 'Alpha Zero' z.B. deutlich weniger konkrete Varianten als 'Alpha Beta Engines' – ja, mitunter beschleicht einen das Gefühl, dass sein 'absolutes Gehör' für die Figuren dem starker menschlicher Reflektoren in nichts nachsteht. Auch bringt er oft langfristige positionelle Opfer, die unweigerlich an die Opfer Karpows oder Carlsens erinnern. 'Alpha Zeros' Ziele und Pläne sind oft langfristiger als die von 'Alpha Beta Engines', und man hat den Eindruck, dass er über ein sehr tiefes Spielverständnis verfügt.

Ihre Eigenschaften

Sie haben ein sehr tiefes Spielverständnis und erkennen relevante Muster, die allen anderen verborgen bleiben. Sie haben ein sehr feines Gespür für die Harmonie und Koordination der Figuren. Sie können quasi mit den Figuren kommunizieren und haben quasi ein 'absolutes Gehör' für deren Botschaften. Sie sind auch sehr gut, wenn es darum geht, die gegnerischen Figuren immer mehr einzuschränken und ihre Koordination zu stören. Entsprechend typisch für sie sind aktive Prophylaxe sowie Dominanz- und Restriktionsstrategien. Sie sind sehr gut in Abtauschfragen und beim Ansammeln und Verdichten kleiner Vorteile. Auch sind sie sehr gut in strategischen Endspielen, in denen ihre Stärken voll zur Geltung kommen, weil das dynamische Potenzial der Damen hier nicht mehr 'stört' und entsprechend weniger dynamisches Chaos aufkommen kann.

Sie haben ein gutes Gefühl für positionelle Opfer auf lange Sicht, und zwar besonders für Qualitätsopfer. Sie berechnen nicht so viele Varianten, ihre Entscheidungen basieren mehr auf allgemeinen Erwägungen, auf ihrem tiefen Spielverständnis, ihrem Gefühl für Harmonie und Koordination sowie auf ihrer gekonnten aktiven Prophylaxe.

Die Regentschaft starker Reflektoren auf dem Weltmeisterthron ist mitunter sehr dominant und lang andauernd – wie z.B. die von Karpow und Carlsen. Für die anderen Spielertypen ist es nicht leicht, an einen so starken Reflektor heranzukommen, weil es so gut wie unmöglich ist, dessen spezielle Qualitäten zu erlernen bzw. zu trainieren. So kann man zwar Taktik und Variantenberechnung sehr gut trainieren, aber ein derartiges Gefühl für Harmonie und Koordination der Figuren wie das von Karpow oder Carlsen – so etwas hat man oder man hat es eben nicht.

Ihre Schwächen

Sie sind in der konkreten Variantenberechnung nicht so gut und sollten das daher entsprechend trainieren. Auch Eröffnungen können zu ihren Schwachpunkten gehören. Zumindest treiben sie die Theorie in scharfen Varianten nicht so voran wie z.B. Aktivspieler. Einem Reflektor reicht es oft, eine spielbare Stellung zu bekommen. Entsprechend sollte der Gegner konkrete dynamische Stellungen anstreben, in denen der Preis jedes einzelnen Zuges hoch ist und die viel konkrete Berechnung erfordern. Zu beachten ist hier noch, dass Magnus Carlsen ziemlich rechenstark ist und in seiner Jugend auch durchaus als Aktivspieler angesehen werden konnte.

Typische Eröffnungen

Einem Reflektor genügt es oft, eine spielbare Stellung zu erreichen und er legt keinen gesteigerten Wert auf einen objektiven Vorteil oder darauf, dass ein Computer ihm ein mehr oder weniger ausgeprägtes Plus attestiert. Eine gewisse Flexibilität ist sicher auch von Vorteil, um konkreter gegnerischer Vorbereitung besser ausweichen zu können.

Mit Weiß: 1.d4 gefolgt von strategischen Systeme – oder 1.e4 und dort z.B. Spanisch mit c3 und d3 oder der langsame Italiener mit c3 und d3

Mit Schwarz: Caro-Kann, Tartakower-Variante im Damengambit

Dominanz und Restriktionsmethoden

(Lösungen ab Seite 58)

R01.01

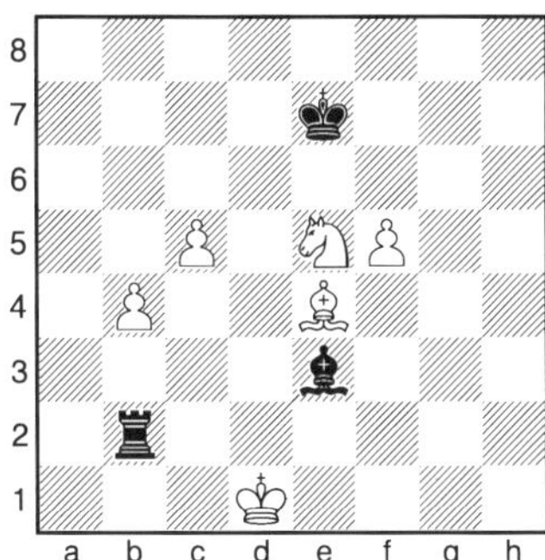

Wie soll Weiß seine Figuren koordinieren?

R01.02

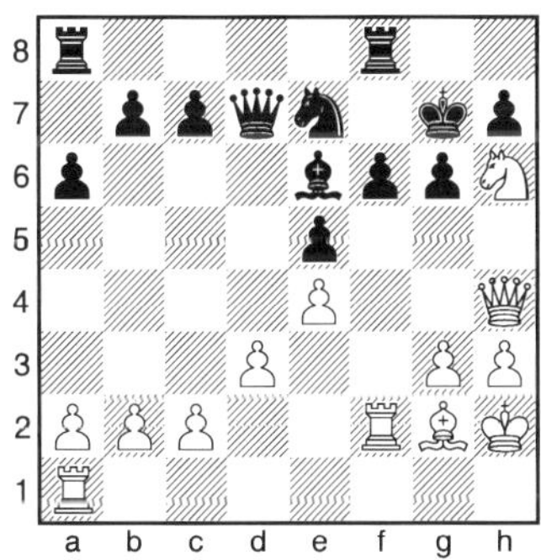

Wie soll Schwarz sich verteidigen?

R01.03

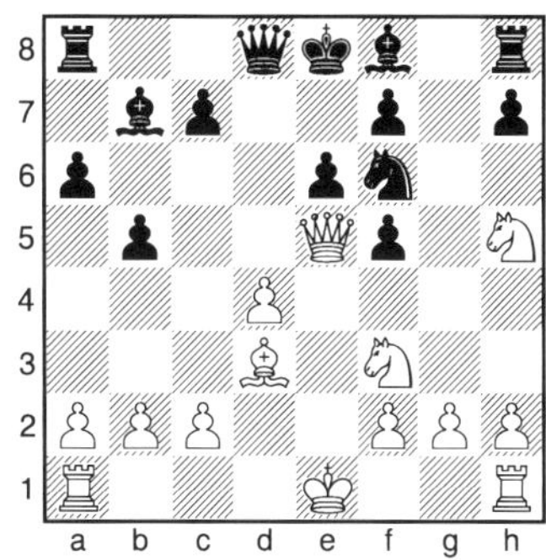

Was hatte Weiß bei seinem letzten Zug ♕e5 unterschätzt?

R01.04

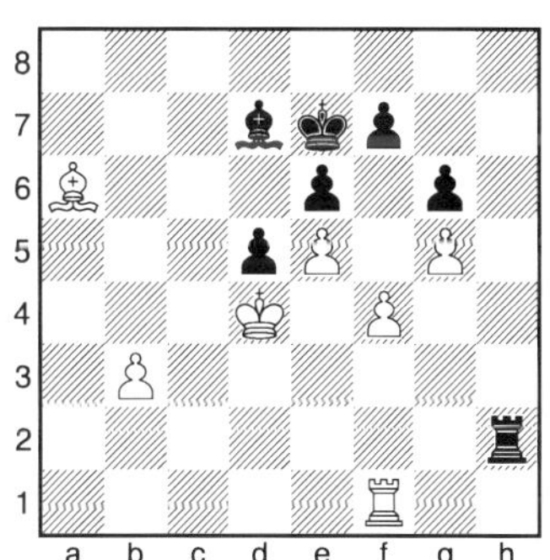

Wie trifft Schwarz die weiße Achillesferse.

R01.05

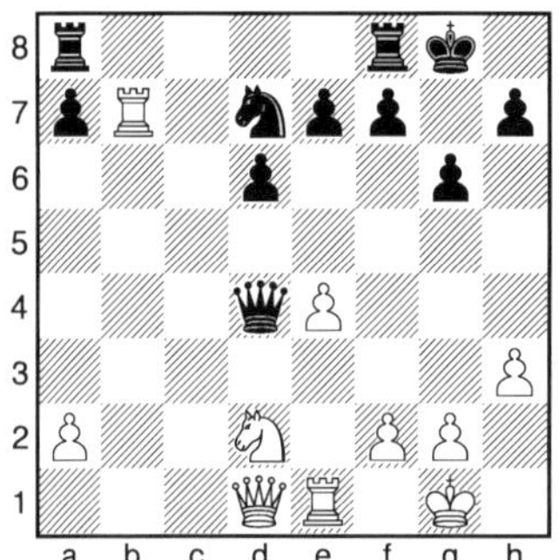

Wie soll Schwarz mit dem Problem auf der 7. Reihe umgehen?

R01.07

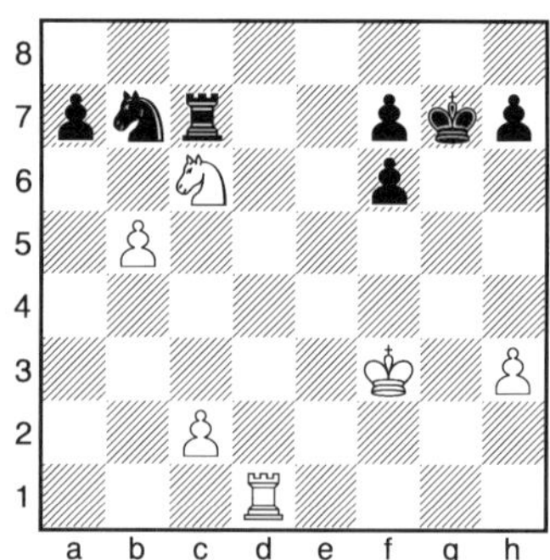

Wie nutzt Weiß die ungünstige schwarze Figurenstellung aus?

R01.06

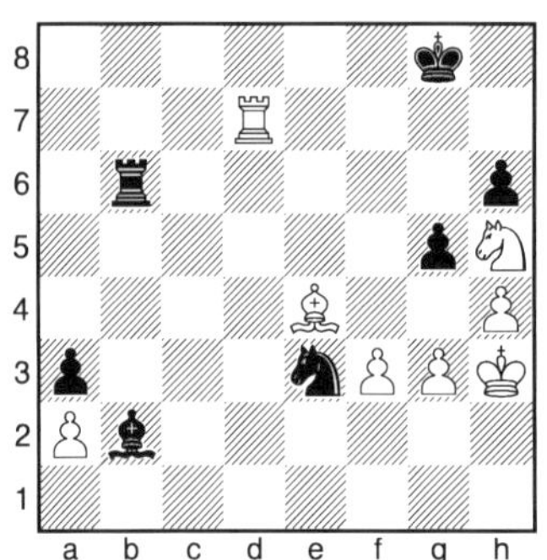

Weiß steht überlegen, aber wie soll er fortsetzen?

R01.08

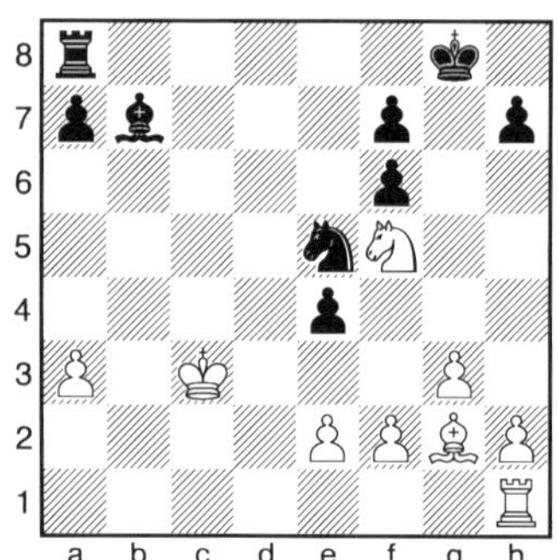

Wie soll Weiß fortsetzen?

Aktive Prophylaxe

(Lösungen ab Seite 62)

R02.01

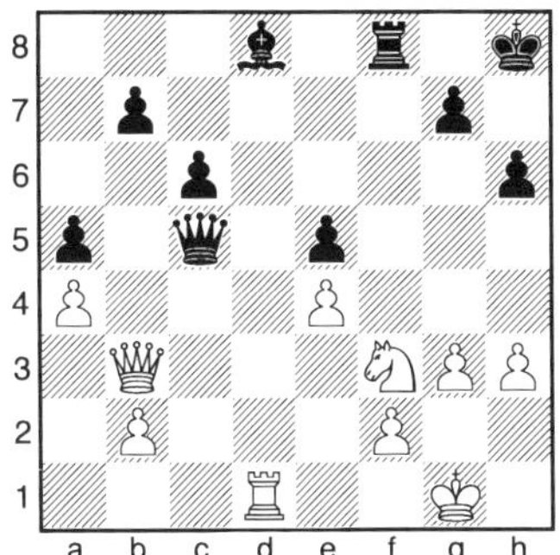

Aktivität oder Prophylaxe – wozu würden Sie Weiß raten?

R02.02

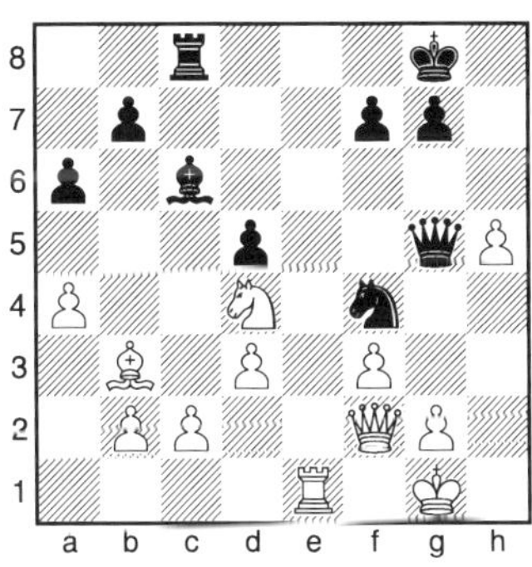

Wie sollte Weiß die Drohung ♘h3+ parieren?

R02.03

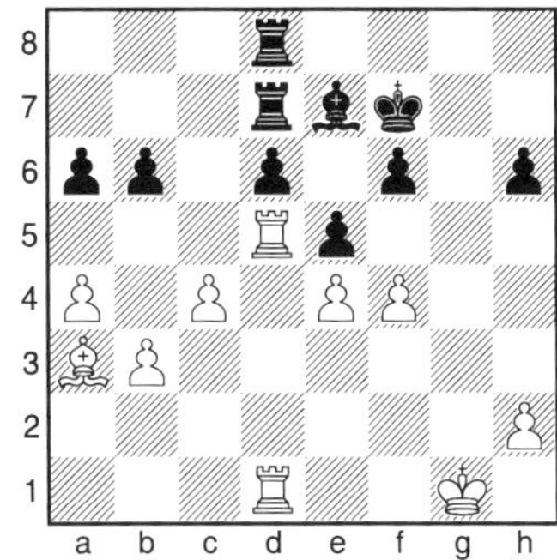

Wie verhindert Weiß mögliches Gegenspiel auf der g–Linie?

R02.04

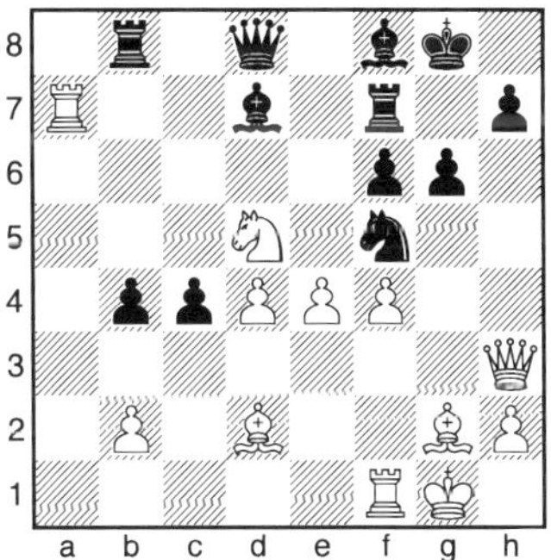

Wie soll Weiß fortsetzen?

R02.05

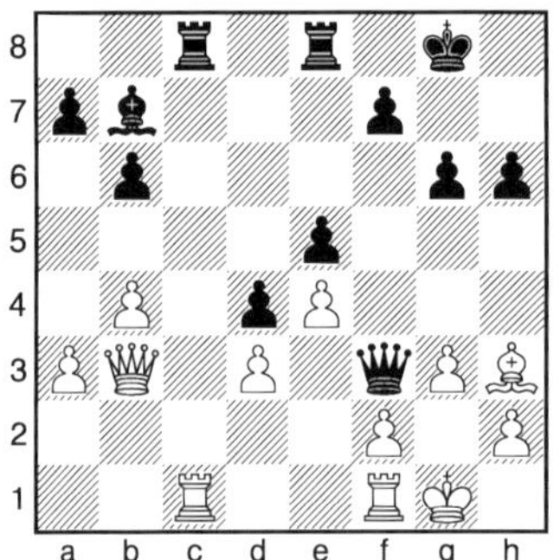

Wie soll Weiß fortsetzen?

R02.06

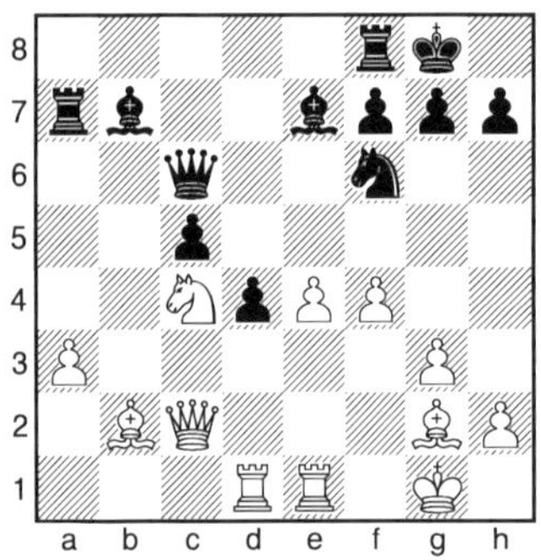

Wie soll Schwarz fortsetzen?

R02.07

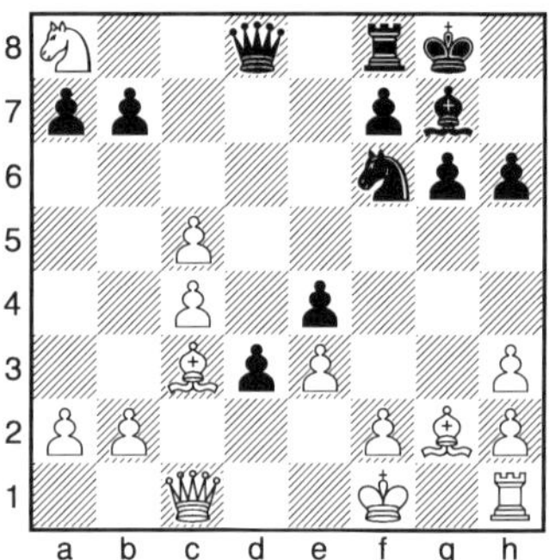

Wie soll Schwarz vorgehen?

Der richtige Abtausch

(Lösungen ab Seite 66)

R03.01

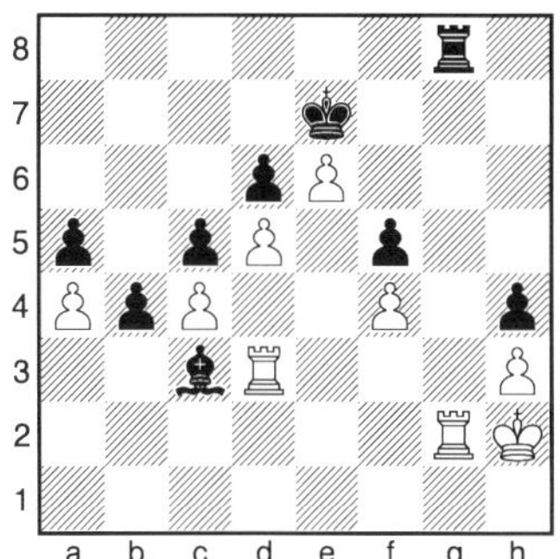

Soll Schwarz den Turm tauschen oder besser nicht?

R03.02

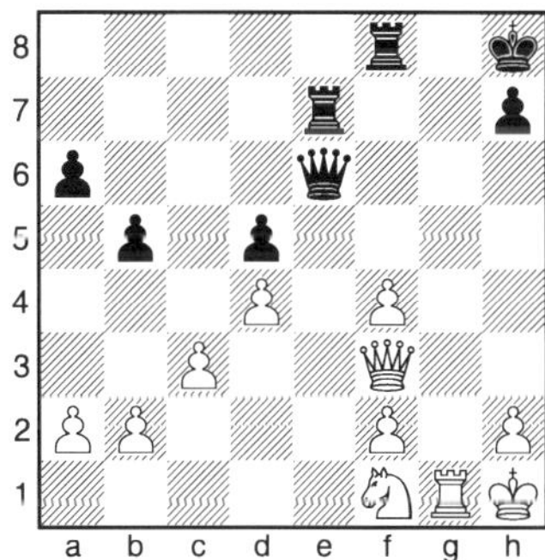

Wie kann Schwarz am meisten von der Mehrqualität profitieren?

R03.03

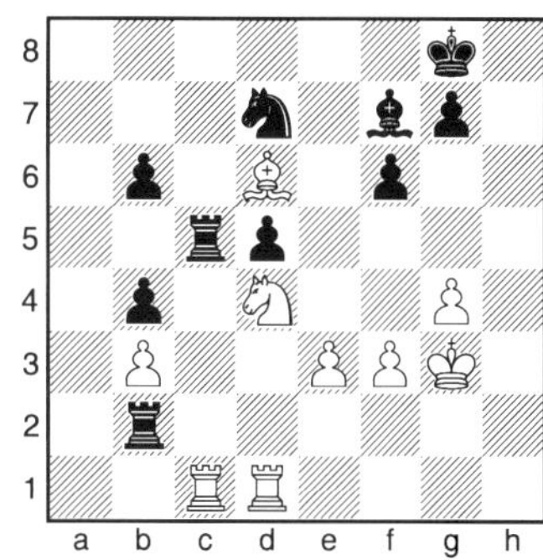

Soll Weiß die Qualität einsammeln?

R03.04

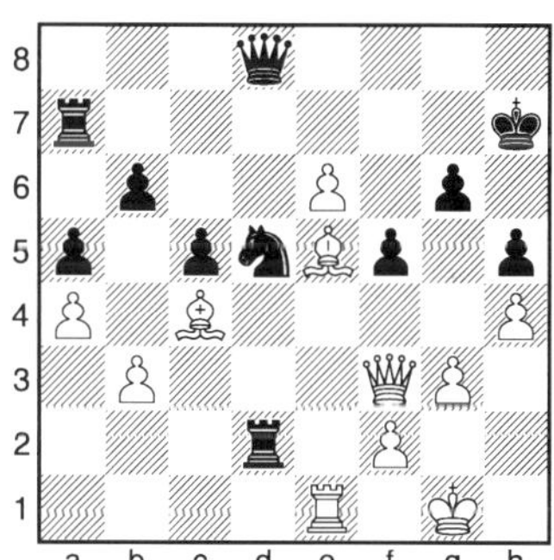

Wie soll Weiß fortsetzen?

R03.05

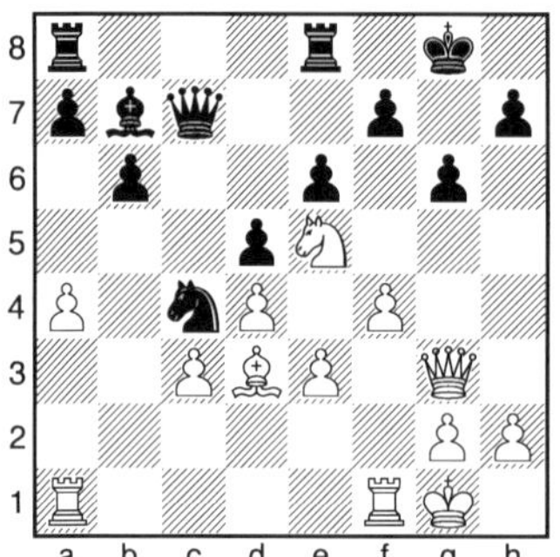

Wie gewinnt Weiß den strategischen Kampf?

R03.06

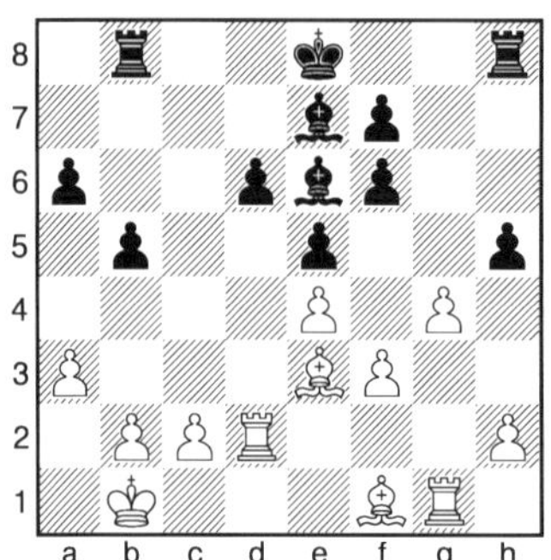

Wie soll Schwarz fortsetzen?

R03.07

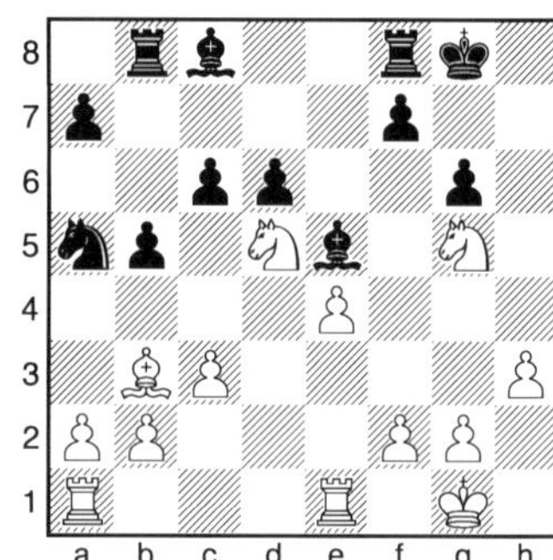

Wie soll Weiß auf die Bedrohung seines Springers reagieren?

R03.08

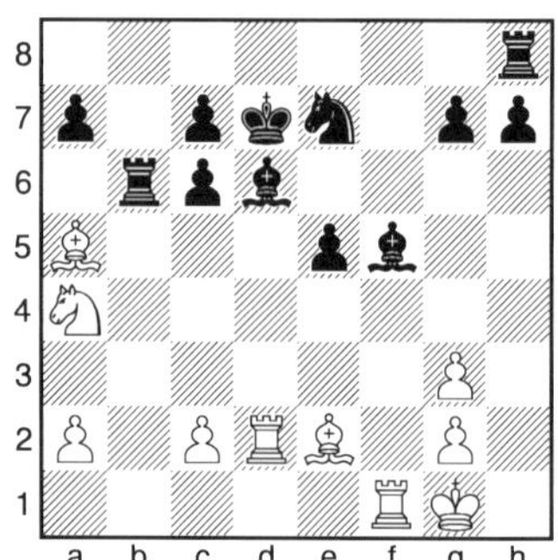

Was soll Schwarz gegen die weiße Initiative unternehmen?

R03.09

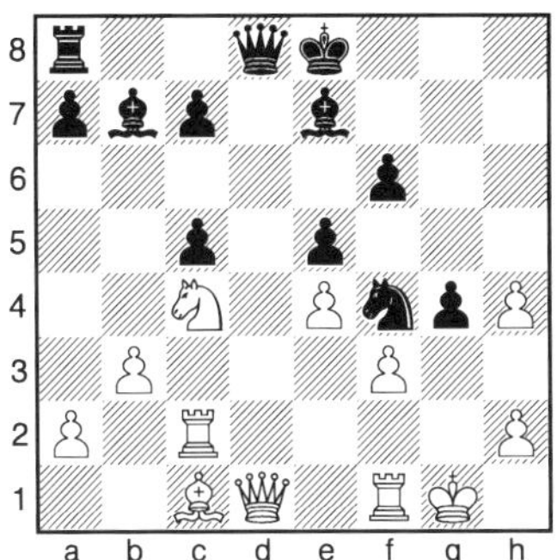

Kann Schwarz angreifen?

Lösungen

R01.01

Navara, David (2703)

Caruana, Fabiano (2779)

Rhodos 2013

52.♗c2!

Danach passt bei Weiß alles zusammen: Der Turm ist dominiert und die Bauern werden den Tag entscheiden.

1) Nach 52.c6? ♔d8 53.♘d3 ♖d2+ 54.♔e1 ♖h2 55.f6 ♗g5 56.f7 ♗e7 57.b5 ♖h4 58.♗f3 ♔c7= ist Schwarz koordiniert und hat eine feste Blockade eingerichtet.

2) 52.f6+? ♔xf6 53.♘g4+ ♔e6 54.♘xe3 ♖xb4 55.♗d3 ♖b7=

3) 52.♘c4? ♖xb4 53.♘xe3 ♖xe4=

52...♗g5

Nach 52...♖xb4 53.♘c6+ ♔f6 54.♘xb4 ♗xc5 55.♘c6+- ist das Beste, worauf Schwarz noch hoffen kann, dass der Gegner ihn mit Läufer und Springer mattsetzen muss.

53.c6! ♖a2

Nach 53...♖xb4 54.c7+- ...

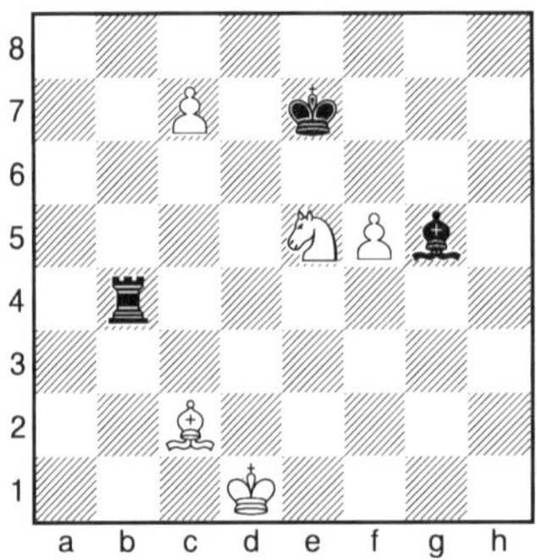

... ist der Turm dominiert.

54.b5 ♗e3 55.f6+ ♔d8

55...♔xf6 56.♘g4+ ♔e6 57.♘xe3+-

56.f7 ♗c5

56...♔e7 57.c7 ♖a8 58.♗f5+-

57.b6 ♖a1+ 58.♔e2 ♖a2 59.♔d3 ♖b2 60.♘c4 ♖b5 61.♗d1 1-0

2 RP für 52.♗c2!

R01.02

Comas Fabrego, Luis (2541)

Morovic Fernandez, Ivan (2613)

Havanna 1999

20...♕e8!

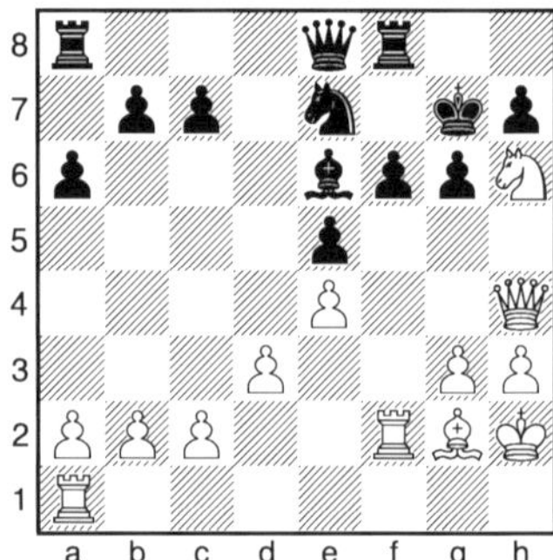

Da dieser Rückzug das Feld h5 überdeckt, droht nunmehr der Vorstoß g6-g5. Die gegnerischen Figuren haben sich verlaufen und Weiß verliert eine Figur.

Nach sofort 20...g5? 21.♕h5 ♕e8 22.♕xe8 ♖fxe8 23.♘f5+ = könnte der Springer entkommen.

21.♘g4 ♘g8! 0-1

Nach diesem weiteren pointierten Rückzug, der die Felder h6 und f6 deckt, gibt es keine Verteidigung gegen den Damenfang mittels g6-g5.

1 RP für 20...♕e8!

R01.03
Sutovsky, Emil (2575)
Morosewitsch, Alexander (2625)

Pamplona 1998

14...♘xh5!

Dieses vorübergehende Qualitätsopfer hatte Weiß unterschätzt. Die Dame wird auf h8 eingesperrt und kann nur mittels großer Materialopfer befreit werden.

Zwar ist auch der Ansatz 14...♗e7? objektiv besser für Schwarz, jedoch lässt er unnötige Verwicklungen zu; z.B. 15.♗xb5+!? (15.♗xf5!?) 15...♔f8 16.♗e2 ♖g8 17.♘xf6 ♗xf6 18.♕a5 c5 19.♕xc5+ ♗e7 20.♕c3 ♖xg2 mit nur geringem Vorteil.

15.♕xh8 ♗xf3!

Das ist am genauesten, denn Weiß bekommt nicht das geringste Gegenspiel.

Das direkte 15...♘f6?! 16.♘g5 h6 17.♘h7 ♘xh7 18.♕xh7 ♕f6 19.♕g8 0-0-0 20.♕g3 ♕xd4 21.0-0-0 ♗d6 22.♕h3 ♕xf2−+ ist ebenfalls gewonnen, aber nicht so überzeugend wie die Partiefolge.

16.gxf3 ♘f6

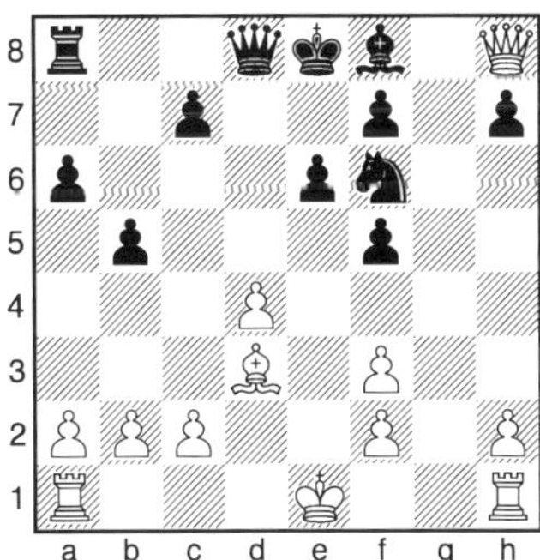

Jetzt kann die Dame nicht mehr befreit werden.

17.♖g1 ♕xd4 18.♖g8

Dieser verzweifelte Versuch, dic Dame zu retten, reicht nicht aus.

18.0-0-0 0-0-0 19.♗xf5 ♕xd1+ 20.♖xd1 ♗h6+ 21.♔b1 ♖xh8−+

18...♔e7! 19.♔f1 ♗g7!−+

Nun gewinnt Schwarz das investierte Material mit Zinsen zurück.

20.♕xg7

20.♖xa8 ♗xh8 21.♖xh8 ♘g4! 22.fxg4 ♕xh8−+

20...♖xg8 21.♕h6 ♕xb2 22.♖e1 ♕c3 23.♕h4 c5 24.♖d1 c4 25.♗xf5 ♕xf3 26.♕d4 ♘d5 0-1

1 RP für das Qualitätsopfer 14...♘xh5!

1 RP für 15...♗xf3!

R01.04
Bologan, Viktor (2610)
Jakowenko, Dmitrij (2735)

Russland 2018

45...♖a2!

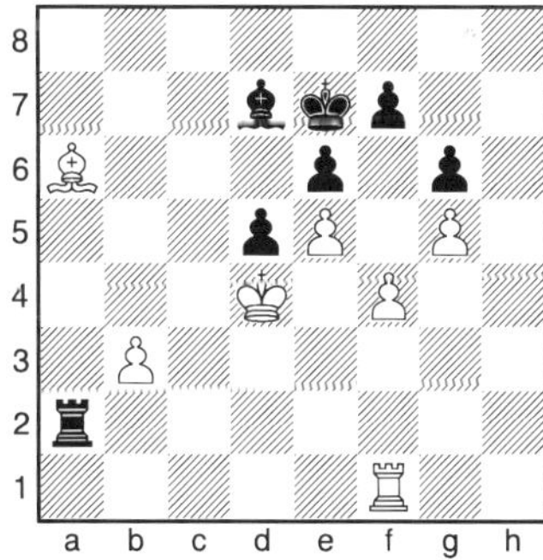

Schwarz nutzt seine Chance, in ein gewonnenes Bauernendspiel abzuwickeln. Der Läufer auf a6 ist dominiert und hat keine Felder.

46.♗d3 (46.♗b7 ♖a7−+) **46...♖d2! 47.♖f3**

47.♔c3? ♖xd3+ 48.♔xd3 ♗b5+ −+

47...♗b5 48.♔c3 ♖xd3+ 49.♖xd3 ♗xd3 50.♔xd3 ♔d7−+

Das Bauernendspiel ist dank des gedeckten Freibauern glatt gewonnen.

51.♔c3 ♔c6 52.♔b4 ♔b6 53.♔c3 ♔b5 54.♔d3 ♔b4 55.♔c2 d4! 56.♔d3 ♔xb3 57.♔xd4 ♔c2 58.♔e3

In dem Abspiel 58.♔c5 ♔d3 59.♔d6 ♔e4 60.♔e7 ♔xf4 61.♔xf7 hatte Schwarz mit Sicherheit schon weit im Vorfeld den siegreichen Zugzwang nach 61...♔f5! vorhergesehen.

58...♔c3 59.♔f3 ♔d3 60.♔f2 ♔e4 61.♔g3 ♔e3 62.♔g4 ♔f2 0-1

1 RP für 45...♖a2.

2 PP für die Berechnung bis 61...♔f5 in der Variante nach 58.♔c5.

R01.05

Minasian, Artashes (2597)
Iwantschuk, Wassily (2739)

Warschau 2005

17...♘c5!

Die aktivste und beste Lösung, welche taktisch gerechtfertigt ist.

Zwar ist auch 17...♖fd8?! 18.♘b3∓ besser für Schwarz, aber nicht annähernd so gut wie die Partiefortsetzung.

18.♖xe7

Der Turm geht in die Falle.

Allerdings waren die Alternativen ebenso hoffnungslos. So hat Schwarz nach beispielsweise 18.♖b1 ♖fb8−+ einfach einen gesunden Mehrbauern bei anhaltender Aktivität.

18...♕f6!

Diagonale Damenrückzüge werden besonders oft übersehen. Nun ist der eingedrungene Turm gefangen und Weiß verliert Material.

19.♖c7 ♕d8!

Nach diesem weiteren diagonalen Damenrückzug ist die Partie gelaufen.

20.♖xc5 dxc5−+ 21.♕c2 ♕e7 22.♘c4 ♖ad8 23.♖e3 ♕d7 24.♔h2 ♕d1 25.♕c3 ♕d4 26.♕c2 ♖fe8 27.e5 ♖e6 28.♖f3 h5 29.♕c1 ♕e4 0-1

2 RP für die Variante 17...♘c5! 18.♖xe7 ♕f6! 19.♖c7 ♕d8!

R01.06

Giri, Anish (2696)
Bologan, Viktor (2732)

Biel 2012

79.♖d3!

Danach ist der Springer auf e3 dominiert und Schwarz verliert einen zweiten Bauern.

Auch nach 79.hxg5 hxg5 80.♖d3+− gewinnt Weiß, obwohl einige Optionen wegfallen. Es gibt keinen Anlass, die Bauern zu tauschen und Schwarz somit etwas zu entlasten.

79...♗c1

– 79...♘c4 80.♗d5+ +−

– 79...♘c2 80.♖d8+ +−

80.♖c3!

Der Läufer c1 ist überlastet.

80...♗d2 81.♖xa3+−

Nun setzen sich die zwei gesunden Mehrbauern locker durch.

81...♖b2?!

Nicht das Zäheste, aber die Stellung ist ohnehin glatt verloren.

82.♗g6!

Sperrt den schwarzen König ein.

82...♖b8 83.♖d3 ♗c1 84.♖c3 ♗d2 85.♖c7 ♖f8 86.♗e4 gxh4 87.♔xh4 ♘f5+

88.♔g4 ♘d6 89.♗d5+ ♔h8 90.f4 ♘f5 91.♗e4 ♗a5 92.♖c6 1-0

1 RP für 79.♖d3 ♗c1 80.♖c3.

R01.07

Nguyen, Ngoc Truong Son (2617)

Giri, Anish (2672)

Biel 2010

36.♖d5!

Nach dieser kräftigen Zentralisationsmaßnahme wird nahezu die gesamte schwarze Armee dominiert und vor allem der Springer macht einen traurigen Eindruck.

36...f5 37.c4 ♔f6 38.c5 ♔e6

38...♔g5 39.♔g3 ♔g6 40.♘e5+ ♔f6 41.c6+−

39.♖e5+ ♔f6 40.♔f4+−

Weiß hat alles unter Kontrolle und der c-Bauer wird den Tag entscheiden.

40...♖d7 41.♖xf5+ ♔e6 42.♖e5+ ♔f6 43.♖h5 ♘d8

43...♔e6 44.♔e4 ♖d1 45.♘d4+ ♔e7 46.h4 ♖c1 47.♘f5+ ♔f8 48.c6 ♘c5+ 49.♔e3

Der König zieht in eine typische Dominanzdistanz, die in der Fachsprache als 'Springerschachschatten' bezeichnet wird. Solche Muster erkennen Reflektoren intuitiv.

49...♖c3+ 50.♔d4 ♖c1 51.♖xh7+−

44.♖f5+ ♔e6 45.♖e5+ ♔f6 46.♘xd8 ♖xd8 47.c6+− ♖d1 48.♖e8 ♖f1+ 49.♔g4 ♖c1 50.♔f3 h5 51.♖a8 ♖c5 52.♔e4 ♖e5+ 53.♔d4 ♖e7 54.♔d5 ♖e5+ 55.♔d6 ♖xb5 56.c7 ♖b1 57.c8♕ ♖d1+ 58.♔c5 ♖c1+ 59.♔d4 1-0

1 RP für 36.♖d5!

R01.08

Drejew, Alexey (2654)

Grigorjan, Karen (2559)

Legnica 2013

28.♖b1!

Das zerstört die schwarze Koordination, denn der Läufer hat kaum Felder.

28...♖c8+

28...♗d5?? 29.♘e7+

29.♔d2 ♖d8+ 30.♔e1!

Nachdem der König ein sicheres Plätzchen gefunden hat, geht Schwarz das Gegenspiel aus und er bleibt auf seinen Bauernschwächen sitzen.

Nach 30.♔e3?! ♗c8 31.♘e7+ ♔f8 32.♘xc8 ♖xc8 33.♗xe4 ♖c3+ bekommt er unnötig viel Gegenspiel, obwohl Weiß bei genauem Spiel dennoch gewinnen sollte.

30...♗a8 31.♖b4+−

Nun verliert Schwarz mindestens einen Bauern.

31...a5 32.♖a4 ♖b8 33.♗xe4 ♗xe4 34.♖xe4 ♖b5 35.♔f1 ♔f8 36.♔g2?! ♘c4 37.g4?

Das Turmendspiel nach 37.♖xc4 ♖xf5 38.a4+− ist für Weiß glatt gewonnen, was allerdings bei rein intuitivem Herangehen schwer zu erkennen ist.

37...♘xa3 38.♖a4?!

38.♖d4± ist genauer.

38...♘b1 39.e4 ♖c5 40.♖d4 und **1-0**, obwohl die Stellung nach 40...♔e8 nur remis ist.

1 RP für 28.♖b1.

1 RP für die Berechnung bis 30.♔e1!

R02.01
Bischoff, Klaus (2541)
Van den Doel, Erik (2583)
Leon 2001

33.♔g2!

Diese prophylaktische Maßnahme ist am genauesten. Denn während dieser Zug früher oder später sowieso geschehen muss, ist noch nicht klar, wohin der Turm gehört.

1) Zunächst geht das gierige 33.♕xb7?? ♗b6–+ vollkommen nach hinten los.

2) 33.♖d2 ist zwar ebenfalls besser für Weiß, aber weniger genau, weil der Turm in einigen Varianten besser direkt auf d7 einsteigen kann. Für solche Feinheiten hat ein Reflektor ein sehr gutes Gefühl.

3) Ganz verfehlt wäre hingegen sofort 33.♖d7?, denn nach 33...♗b6 muss der Turm reumütig den Rückzug antreten; z.B. 34.♖d2 ♕c1+ 35.♖d1 ♕c5 36.♖d2=.

33...♗b6?!

Das Streben nach Aktivität ist verständlich, aber Weiß hat alles unter Kontrolle.

Etwas hartnäckiger war wohl 33...♗f6 34.♖d7 b5 35.♖b7 bxa4 36.♕xa4+–, obwohl es schwerlich vorstellbar ist, dass Schwarz die Stellung ohne jedes Gegenspiel halten kann.

34.♖d2 ♖f6

34...♔h7!? war einen Versuch wert.

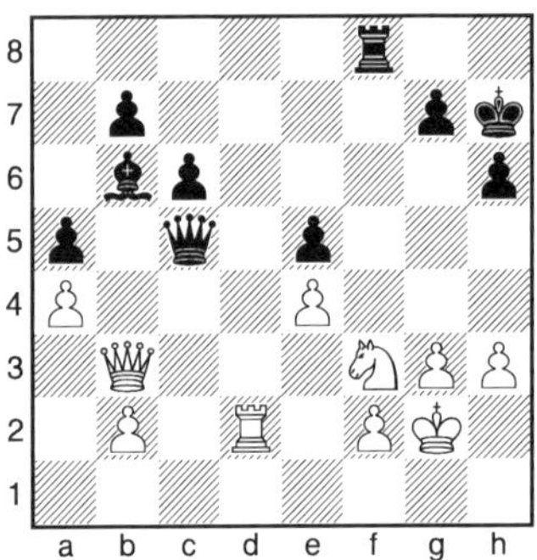

Aber nach der erneuten aktiven Prophylaxe 35.h4!? steht Weiß weiter strategisch auf Gewinn.

(Das direkte 35.♖c2?! bietet Schwarz nach 35...♕d6 36.♕xb6 ♖xf3! 37.♕xb7 ♕d1 38.♕xc6 ♖d3 39.♕c8 ♕f3+ 40.♔h2 ♕xe4 praktische Remischancen.)

35...♖d8 (35...♖f6 36.h5+–) 36.♖c2 ♕b4 37.♕xb4 axb4 38.♖c4 ♗a5 39.♘xe5+–

35.♖c2 ♕b4?

Nach dem Damentausch verliert Schwarz alle praktischen Schwindelchancen.

Mit 35...♕d6 36.♕xb6 ♖xf3 37.♕xb7 ♖f6+– konnte er deutlich mehr Widerstand leisten, weil mehr Konterpotenzial erhalten bleibt. Dennoch sollte er strategisch auf verlorenem Posten stehen.

36.♕xb4 axb4 37.♖c4

Da es keine Tricks mehr gibt, steht Weiß glatt auf Gewinn.

37...g5?! 38.♖xb4 ♗c5 39.♖xb7 h5 40.b4 ♗xf2 41.♘xg5 1-0

2 RP für 33.♔g2!

1 RP für 33.♖d2.

R02.02
Tiwjakow, Sergei (2631)
Bogner, Sebastian (2409)
Gausdal 2005

27.♔f1!

So pariert Weiß nicht nur die Drohung, sondern bereitet auch aktives Spiel mit g4 nebst ♘f5 vor.

– 27.♔h2? ♕xh5+ 28.♔g1 wäre vollkommen unsinnig.

– Und nach 27.♕f1? ♕g3! mit der möglichen Folge 28.♘f5 ♘h3+ 29.♔h1 ♘f2+ = reicht das aktive Spiel zum Remis.

27...♘xh5?!

Ein logischer Zug, doch jetzt gewinnt Weiß den strategischen Kampf am Königsflügel.

1) Auch nach 27...♕xh5?! 28.♕g3! ♘g6 29.♔f2+– wird Schwarz in die Defensive gedrängt.

2) 27...♗d7!? gibt mehr Gegenspiel, aber nach 28.♘e2! ♘xh5 29.♕d4+– bleibt Weiß am Drücker.

28.g4!

Weiß nimmt mehr Raum und sichert dem Springer das Feld f5. Die schwarze Aktivität reicht nicht aus, um den Minusbauern zu kompensieren.

28...♘f4

28...♘f6 29.♘f5+–

29.♘f5 ♖c7 30.♕b6?! (30.♕d2!+–) **30...♖c8?!** (30...♘e6!?) **31.♕d4?!**

31.♘e7+ ♔h7 32.♘xc8+–

31...♘e6?!

31...♖d8 war angesagt, auch wenn Weiß nach 32.♘xg7 klar besser steht.

32.♕e5?

32.♖xe6! fxe6 33.f4 gewinnt direkt, denn die schwarze Dame kann nicht gleichzeitig g7 und e7 decken; z.B. 33...♕xg4 34.♘e7+ ♔h7 35.♘xc8 e5 36.♕xe5 ♕xc8 37.♕h5+ ♔g8 38.♗xd5+.

32...g6?

32...♖e8 war zäher.

33.f4+–

Jetzt ist die Partie entschieden.

33...♕d8 34.♘h6+ ♔h7 35.♘xf7 ♕h4 36.♕xe6 ♕h3+ 37.♔e2 ♕h2+ 38.♔d1 ♖e8 39.♘g5+ ♔h6 40.♕f6 ♖xe1+ 41.♔xe1 ♕g1+ 42.♔d2 ♕f2+ 43.♔c3 ♕e1+ 44.♔d4 ♕f2+ 45.♔e5 ♕e3+ 46.♔d6 ♕e8 47.♘f7+ ♔h7 48.♕h8+ ♕xh8 49.♘xh8 ♔xh8 50.f5 1-0

1 RP für 27.♔f1.

1 RP für die Idee 28.g4!

R02.03

Tiwjakow, Sergei (2673)

Anand, Viswanathan (2799)

Bundesliga 2012

27.♔f2!

So kombiniert Weiß die starke Aktivierung des König mit der Prophylaxe hinsichtlich des Gegenspiels auf der g-Linie, welches nach beispielsweise 27.f5? ♖g8+ 28.♔f2 ♖g4= greifen würde.

27...exf4

– 27...♖g8 28.fxe5 fxe5 29.♗xd6+–

– 27...h5 28.♔f3 ♖c7 29.♗b4 ♗f8 30.f5+–

28.♔f3 ♔e6 29.♗c1 ♖c8 30.♗xf4 ♗f8 31.h4 ♖c6 32.h5+–

Das legt die Schwäche h6 fest und schafft in typischer Weise einen Ankerplatz für einen weißen Turm auf g6. Schwarz kann sich gar nicht mehr rühren.

32...♖b7

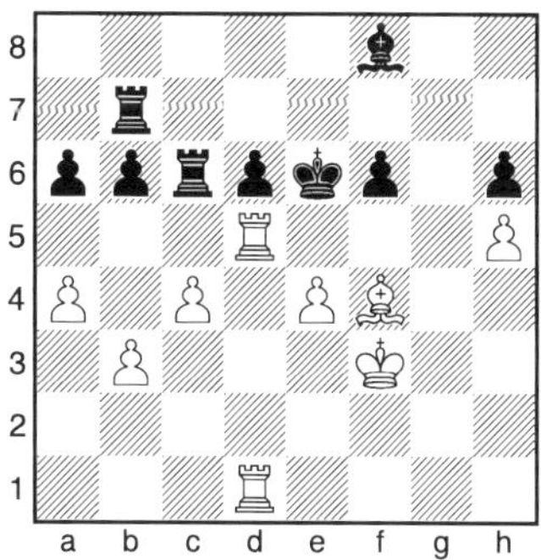

33.♗e3!

Ein weiteres Beispiel für starke aktive Prophylaxe. Nicht nur wird der befreiende dynamische Vorstoß b6-b5 sehr erschwert, sondern auch die Schwäche b6 aufs Korn genommen.

Der direkte Ansatz 33.♖g1? lässt 33...b5! zu. Zwar steht Weiß immer noch besser, aber es ist bei weitem nicht so klar wie in der Partie.

33...♖b8

33...b5 34.cxb5 axb5 35.a5!+− (Tiwjakow)

34.♗d4 ♖c7 35.♖g1 ♗g7

35...♖g7 36.♖g6! ♖xg6 37.hxg6+− (Tiwjakow)

36.♖g6 ♖f7 37.♗e3 ♖d7 38.♖f5 ♖f7 39.♔g4

39.♔e2!?+− (Tiwjakow) kam stark in Frage.

39...♗f8

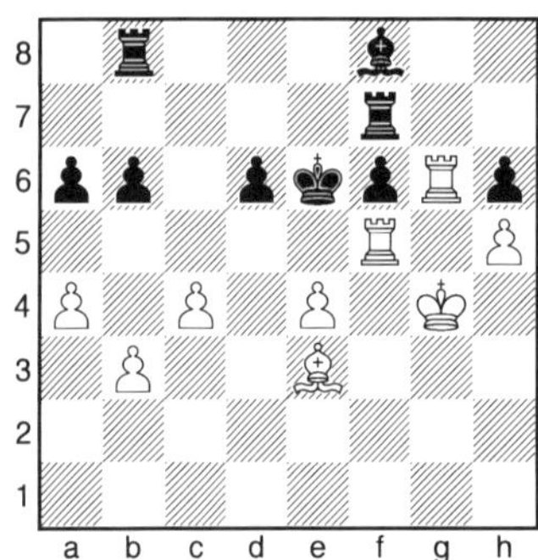

40.♗xh6

Dieser Gewinnweg erfordert genaue Berechnungen im Turmendspiel.

Einfacher war es daher, zuerst den Druck noch weiter zu erhöhen; z.B. 40.♗d4 ♗g7 (40...♗e7 41.♔f3+−) 41.♔f3 ♖bb7 42.♔e2 ♖b8 43.♔d3 ♖bb7 44.♔c3 ♖b8 45.a5 bxa5 46.♖xa5 ♖a8 47.b4 ♔e7 48.b5 ♔e6 49.♖xa6+−.

40...♗xh6 41.♖xh6 ♖g7+

41...♖g8+!? war zäher, rettet aber auch nicht; z.B. 42.♖g6 ♖xg6+ 43.hxg6 ♖f8 44.♖h5 ♖g8 45.♖h6 ♔e5 46.♔h5 f5 47.♖h7 fxe4 48.♔g5 e3 49.♖e7+ ♔d4 50.g7 ♔d3 51.♔f6 e2 52.♔f7 ♖xg7+ 53.♔xg7 ♔d2 54.♔f7 e1♕ 55.♖xe1 ♔xe1 56.♔e6+−.

42.♔f4 ♖f8

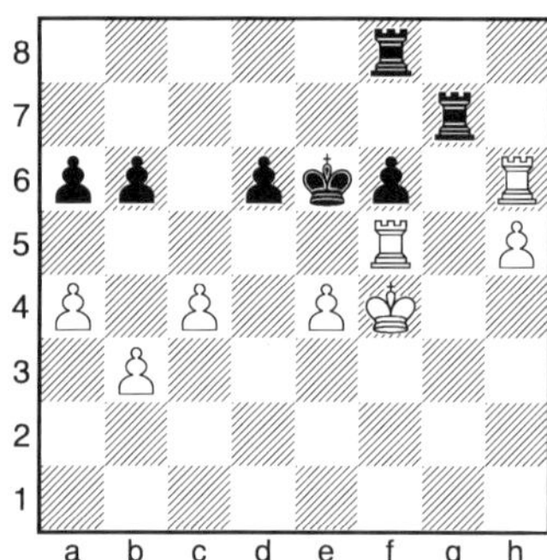

43.a5!

Dieser Zwischenzug ist ein weiterer Beweis guter Technik, obwohl auch 43.e5?! dxe5+ 44.♖xe5+ ♔f7 45.♖f5 ♔e6 46.a5 ♖g1 47.♖e5+ (Tiwjakow) zum Gewinn reichen sollte.

43...♖g1

Nach 43...bxa5 44.e5 dxe5+ 45.♖xe5+ ♔d6 (45...♔f7 46.♖f5 ♔e7 47.♖xa5+−) 46.♖xa5+− (Tiwjakow) zeigt sich der Vorteil des Einschubs von a4-a5.

44.axb6 ♖b1

44...♖f1+ 45.♔g3 ♖g8+ 46.♖g6 ♖xg6+ 47.hxg6 ♖g1+ 48.♔f4 ♖xg6 49.♖a5+−

45.b7 ♖xb3 46.e5 dxe5+ 47.♖xe5+ ♔d6 48.♖f5 ♔e6

48...♖xb7 49.♖hxf6+ ♖xf6 50.♖xf6+ ♔c5 51.♖xa6+−

49.♖h7 ♖d8 50.♖d5 und **1-0** aufgrund von 50...♖xd5 51.cxd5+ ♔xd5 52.h6+−.

1 RP für 27.♔f2 (oder auch 27.♔g2).

R02.04

Gritsak, Orest (2521)
Jaracz, Pawel (2439)
Swidnica 1999

27.♖fa1!

Da nach der prophylaktischen Deckung des Turms a7 der Springer hängt, stürzt das schwarze Kartenhaus ein.

Nach dem voreiligen Herangehen mit 27.♖xd7? (27.exf5?? ♗xf5−+) 27...♖xd7 28.exf5 ♖xd5 29.fxg6 droht zwar außer dem Matt auf h7 auch ein Schach auf e6, aber nach dem Patentzug 29...♖d7! ist alles verteidigt und nur Schwarz könnte auf Gewinn spielen.

27...♗e6?!

1) 27...♘xd4? ist nach 28.♖xd7! ♖xd7 29.♕xd7 ♕xd7 30.♘xf6+ glatt verloren.

2) 27...c3 bietet mehr Gegenspiel, rettet aber bei bestem weißem Spiel auch nicht; z.B. 28.bxc3 b3 29.c4! b2 30.♖b1 ♗e6 31.♖xf7 ♔xf7 32.♕c3 ♗xd5 33.cxd5 ♗b4 34.♕d3 ♗xd2 35.♕xd2 ♘h4 36.♖xb2+− und die Bauernwalze entscheidet den Tag.

28.♖xf7 ♗xf7 29.♖a7!+−

Der weiße Druck ist einfach zu stark; u.a. ist ♖d7! eine konkrete Drohung.

29...c3 30.bxc3 b3 31.♗c1 b2 32.♗xb2 ♖xb2 33.♖d7! ♖b1+ 34.♔f2 ♖b2+ 35.♔g1 ♖b1+ 36.♗f1 ♘e3

36...♕xd7 37.♘xf6+ ♔g7 38.♘xd7+−

37.♖xd8 1-0

1 RP für 27.♖fa1!

1 PP für die Erkenntnis, dass 27.♖xd7? an 29...♖d7! scheitert.

R02.05

Dydyschko, Viacheslav (2516)
Navara, David (2499)
Leon 2001

23.♗xc8?

Das läuft in einen tödlichen Konter.

1) Nach 23.♕d1?! ♕xd1 24.♖fxd1 ♖xc1 25.♖xc1 ♗a6= kann Schwarz sich behaupten.

2) Hingegen hätte aktive Prophylaxe gegen die schwarze Drohung mittels 23.♕a4! Weiß in Vorteil gebracht, denn die schwarzen Türme befinden sich in einer unglücklichen Abhängigkeit; z.B. 23...♖cd8 (23...♕xd3? 24.♖xc8 ♖xc8 25.♗xc8+−) 24.♖c7 ♗c8 25.♗xc8 ♖xc8 26.♖fc1± mit Spiel auf ein Tor.

23...♗xe4!−+

Nach diesem einfachen Trick wendet sich das Blatt.

24.♕xf7+ ♔xf7 25.dxe4 ♕xe4 26.♗a6 ♕f3 27.♖fd1 ♕xa3 28.♗d3 e4 29.♗c4+ ♔f6 30.♖a1 ♕xb4 31.♖xd4 ♖c8 32.♖ad1 ♖xc4 33.♖d6+ ♔e7 0-1

2 RP für 23.♕a4!

R02.06

Lautier, Joel (2632)
Karpow, Anatoli (2696)
Monte Carlo 2000

24...♘d7!

Diese starke Prophylaxe gegen den drohenden Vorstoß e4−e5 hat auch eine aktive Komponente, weil in der Folge mit ♘b6 der mächtige Blockadespringer c4 befragt werden kann.

1) 24...♖d8? lässt hingegen 25.e5 ♘d5 26.♖c1 zu, wonach die Lage nicht ganz so klar ist. Weiß kann mit f4−f5 Druck am Königsflügel machen, während die schwarzen Freibauern noch durch den starken Springer c4 blockiert werden.

2) 24...♕a4!? 25.♖c1 ♕xc2 26.♖xc2∓ Ist ebenfalls besser für Schwarz, aber der Springer c4 gibt der weißen Stellung noch einigen Halt.

25.♕d2?!

Dieser Zug leistet nicht viel gegen den schwarzen Plan, aber die weiße Blockade wackelt auch nach den Alternativen:

- 25.♖b1 ♕a4! 26.♖ec1 ♖d8−+
- 25.e5 ♕xg2+ 26.♕xg2 ♗xg2 27.♔xg2 ♖a4 28.♖c1 ♖b8−+ und Schwarz hat alles im Griff.

25...♘b6!−+

Jetzt werden die verbundenen Freibauern die Partie entscheiden.

26.♖c1?!

26.♘e5 war etwas zäher, aber nach z.B. 26...♕a4 27.♕f2 ♖d8 28.♖c1 ♗a6−+ setzen sich die Bauern ebenfalls durch.

26...♘xc4 27.♖xc4 ♖d8 28.♖ec1 ♕b6 29.a4 ♗a6 30.a5 ♕b3 31.♖xc5 ♗xc5 32.♖xc5 ♖b7 33.♗xd4 ♕a4 34.♔f2 ♖b4 0-1

1 RP für 24...♘d7!

R02.07

Grischuk, Alexander (2761)

Caruana, Fabiano (2770)

Moskau 2012

19...♕e7?

Dieser schematische Zug reicht nicht zur Deckung der starken Zentrumsbauern aus.

Nach dem Prophylaxezug 19...♖e8! zum Wohle der Bauernkette e4-d3 hätte Schwarz klar auf Gewinn gestanden, denn der Springer a8 läuft nicht weg. Auf den Befreiungsversuch 20.f3?! (20.♖g1 ♕xa8 21.f4 ♕c8−+) 20...exf3 21.♗xf3 ist 21...♘e4! noch viel stärker als ♕xa8, denn Weiß ist völlig hilflos; z.B. 22.♗xe4 ♖xe4 23.♕d2 ♗xc3 24.bxc3 ♕f6+ 25.♕f2 ♕e6 26.♘c7 ♕xh3+ 27.♕g2 ♕xe3−+.

20.♘c7!

Der noch lebendige Springer verkauft sich so teuer wie möglich und lenkt die schwarze Dame von der Deckung des wichtigen e4-Bauern ab.

20...♕xc7 21.♗xf6 ♗xf6 22.♗xe4 ♖d8 23.♗d5 ♕xc5 24.♕d1= ♖xd5 25.cxd5 ♕xd5 26.♖g1 ♔g7 27.♕b3 ♕e4 28.♖g4 ♕h1+ 29.♖g1 ♕e4 30.♖g4 ♕h1+ 31.♖g1 ♕e4 ½-½

1 RP für 19...♖e8!

1 PP für die Erkenntnis, dass 19...♕e7? an 20.♘c7! scheitert.

R03.01

Jusupow, A. (2605)

Dolmatow, S. (2620)

Wijk aan Zee 1991

48...♖b8!

Schwarz muss den Turm unbedingt auf dem Brett behalten und er gehört klarerweise hinter den b−Freibauern. Mit Türmen auf dem Brett kann Schwarz auf Gegenspiel hoffen und läuft nicht Gefahr, in Zugzwang zu geraten. Reflektoren haben ein gutes Gefühl für solche Fragen.

Hingegen geht der Versuch, mit 48...♖xg2+? eine Festung zu errichten, nicht auf; z.B. 49.♔xg2

1) 49...♗e1 50.♔f3 ♗g3 51.♖e3 ♗h2 52.♖e1 ♗g3 53.♖e2!

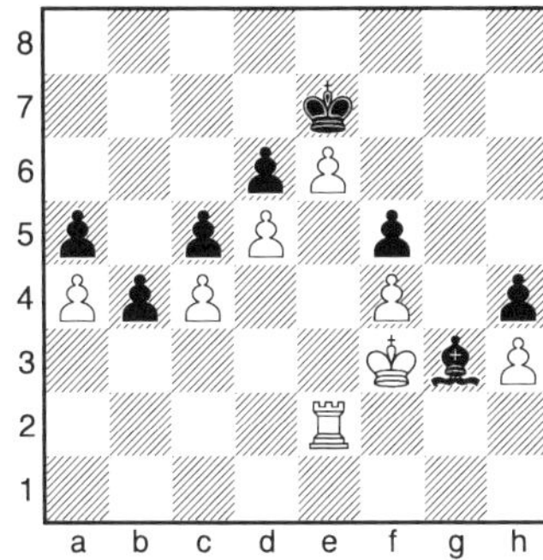

Schwarz ist in fatalem Zugzwang und vermisst den Turm schmerzlich. Denn mit diesem z.B. auf b8 und einem weiteren weißen Turm wäre die Stellung natürlich völlig remis wie auch in der Partie.

So jedoch ist Schwarz nach 53...♔d8 54.e7+ ♔e8 55.♖e6 verloren.

2) Passive Verteidigung mit 49...♗f6 kann auf lange Sicht auch nicht halten; z.B. 50.♔f3 ♔f8 51.♖d1 ♗e7 52.♖g1 ♗f6 53.♔e2 ♗e7 54.♖g6 ♗d8 55.♖h6 ♔g7 56.♖h5 ♗f6 57.♔d3+-

a) 57...♔g6 58.e7 ♔f7 59.♖xf5 ♔xe7 60.♖h5 ♔f7 61.♖h7+

b) 57...♔g8 58.♖xf5 ♔g7 59.♔e3 ♔g6 60.♔e4 ♔g7 61.♖h5 ♗d8 62.♔e3 ♗e7 63.f5 ♗f6 64.♔e4 ♗d8 65.f6+ ♗xf6 66.♖f5

49.♖g1

49.♖g5 kann sogar mit 49...b3 50.♖xc3 b2 51.♖g1 b1♕ 52.♖xb1 ♖xb1 beantwortet werden.

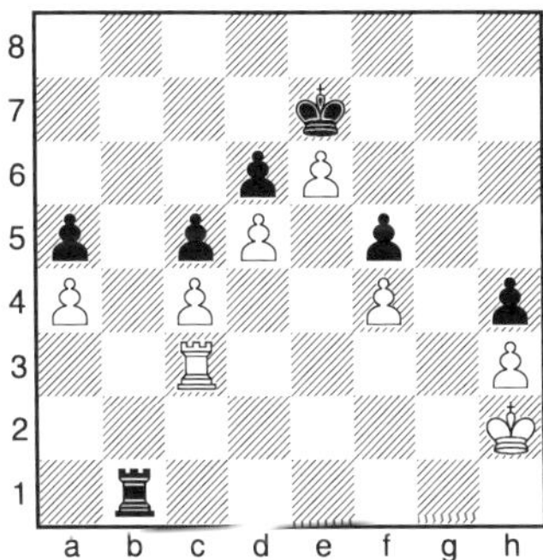

Denn das Turmendspiel ist wegen des passiven weißen Königs klar remis; z.B. 53.♖c2 ♖b4 54.♖g2 ♖xa4 55.♖g7+ ♔e8 56.♖d7 ♖xc4 57.♖xd6 ♖d4= (Jusupow).

49...♗d4 50.♖b1 ♖g8 51.♖db3 ♗f2!

Jetzt kann dieser Läufer zwecks Errichtung einer Festung nach g3 manövriert werden.

52.♖f1 ♗g3+ 53.♔h1 ♖g7 54.♖b2 ♖g8 55.♖b3 ♖g7 56.♖b2 ♖g8 57.♖bb1 ♖g7 58.♖f3 ♖g8 59.♖bf1 ♖g7 60.♖e3 ♖g8 ½-½

1 RP für 48...♖b8!

1 TP für das Erkennen der Zugzwangstellung nach 48...♖xg2+.

R03.02
Topalov, Veselin (2702)
Adams, Michael (2715)
Sarajevo 2000

26...♕e4!

„Das Endspiel ist besser für Adams, denn der Turm ist viel stärker als der Springer und drei ziemlich zerstreute Bauern." (Ftaćnik in CBM 77)

Dabei ist es wichtig, dass stets einer der schwarzen Türme in die Stellung eindringen kann. So weit musste auch der Reflektor Michael Adams rechnen, um wirklich sicherzugehen, dass er nach dem Damentausch sehr gute Gewinnchancen hat.

1) 26...♖ef7? 27.♖g4 ♕e4 28.♕xe4 dxe4 29.♘e3 ♖xf4 30.♖xf4 ♖xf4 31.♔g2 ♖f8 32.b3 ist eine deutlich schlechtere Version als die Partiefolge. Weiß steht sehr solide und kann ums Remis kämpfen.

2) Und auch nach 26...♕e2? 27.♕g2! ♕e4 28.♘e3 ♖xf4 29.♕xe4 ♖exe4 30.♖g2 hat er gute praktische Remischancen.

27.♔g2

Auch nach 27.♕xe4 ♖xe4 28.♘e3 ♖exf4 29.♘d1 ♖e8–+ dringt einer der Türme ein.

27...♕xf3+ 28.♔xf3 ♖e1 29.♖h1?!

Nach 29.♔g2 ♖b1 30.b3 bricht Schwarz mit 30...b4! die weiße Struktur auf, wonach die Mehrqualität die Partie entscheidet; z.B. 31.cxb4 ♖xf4 32.♘e3 ♖b2 usw.

29...♖e4 30.♘d2 ♖exf4+ 31.♔e3 ♖xf2–+ 32.a4 ♖g2 33.axb5 axb5 34.b3 ♖ff2 35.♘f3 ♖b2 36.b4 ♖gc2 37.♔d3 ♖f2 38.♔e3 ♖be2+ 39.♔d3 ♖a2 40.♔e3 ♖ae2+ 41.♔d3 ♖e4 42.♘e5 ♖fe2 0-1

1 RP für 26...♕e4!

R03.03

Swidler, Peter (2732)

Mamedyarow, Shakhriyar (2764)

Baku 2014

33.♖a1!

Weiß sollte die angebotene Qualität nicht annehmen und stattdessen sein Angriffspotenzial auf dem Brett halten. Der Turm kann gefährlich auf der a–Linie eindringen, weil die schwarzen Figuren unkoordiniert sind.

33.♗xc5? kommt Schwarz nur entgegen. Zwar ist 33...bxc5 34.♖c2 ♖xc2 35.♘xc2 g5 symbolisch besser für Weiß, aber vermutlich nicht zum Gewinn zu verdichten; z.B. 36.♘e1 ♔f8 37.♘d3 ♔e7 38.f4 gxf4+ 39.exf4 d4 40.♖b1 ♔d6=.

33...♖c8?!

Auch nach dem zäheren 33...♖a5 steht Weiß klar überlegen; z.B. 34.♗xb4 ♖aa2 35.♖xa2 ♖xa2 36.♖c1 ♘e5 (36...♖a8 37.♘f5+–) 37.♖c8+ ♔h7 38.♖c7 ♔g8 39.♖b7+–.

34.♗xb4 ♘c5 35.♗a3

Damit ist der Turm gefangen.

35...♖xb3 36.♗xc5 1-0

2 RP für 33.♖a1! und die damit verbundene Entscheidung, den Materialgewinn abzulehnen.

R03.04

Alpha Zero – Stockfish 8

London 2018

40.♖d1!

Der Abtausch der aktivsten gegnerischen Figur ist sehr stark. Eine typische Strategie von starken Reflektoren wie Alpha Zero.

Zwar ist auch 40.♗d3? ♘e7 41.♗c4 ♕f8 42.♕f4 besser für Weiß, aber nicht so durchschlagend wie die Partiefolge.

40...♘b4

Nach diesem erzwungenen Zug steht außer dem Turm a7 auch der Springer b4 schlecht.

– 40...♖xd1+? 41.♕xd1+–

– 40...♘e7? 41.♖xd2 ♕xd2 42.♗b8!+–

41.♖xd2 ♕xd2 42.♗f4 ♕e1+ 43.♔g2 ♘c2 44.♕d5

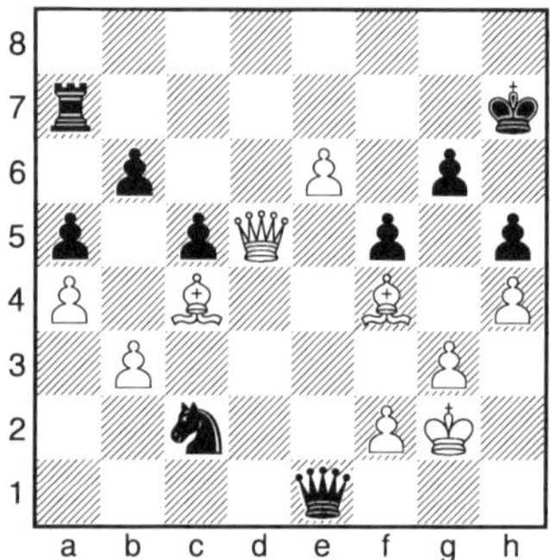

So erzwingt Weiß Damentausch, wonach Schwarz gegen den von den Läufern unterstützen e–Freibauern hilflos ist.

44...♕e4+ 45.♕xe4 fxe4 46.♗g5 ♖a8 47.♗f6 ♘d4 48.e7 ♘f5 49.♗b5 ♘d6 50.♗c6 ♖c8 51.♗d7 ♖a8 52.f3+–

Weiß öffnet den Königsweg und die Läufer kontrollieren das Brett.

52...♘e8 53.♗g5 ♔g8 54.fxe4 ♘c7 55.♗f4 ♖e8 56.♗d6 ♔f7 57.♗xe8+ ♘xe8 58.e5 1-0

1 RP für 40.♖d1!

R03.05
Iwantschuk, Wassily (2769)
Wang, Hao (2726)
Istanbul 2012

20.♗xc4!

Das ist der richtige Abtausch, denn der starke Springer wird zum Angriff gebraucht.

Nach dem direkten 20.f5? kann Schwarz sich durch die Abtausche 20...♘xe5 21.fxg6 fxg6 22.dxe5 entlasten und hat nach den weiteren Zügen 22...♖f8 23.h4 ♖xf1+ 24.♖xf1 ♖f8 gute Remischancen.

20...dxc4 21.f5+–

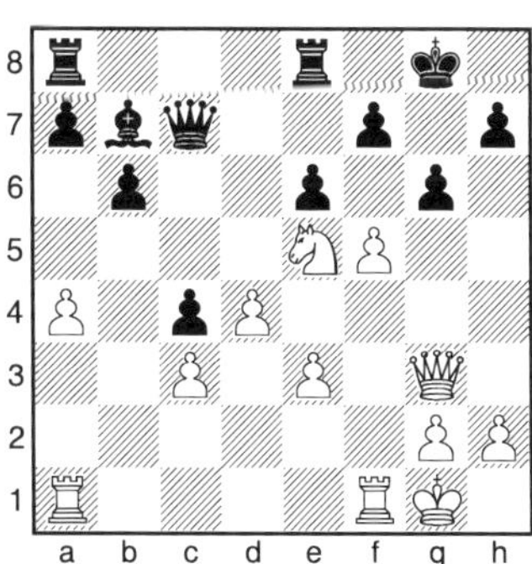

Nun ist der von dem Monsterkraken e5 unterstützte Angriff nicht mehr zu stoppen.

21...f6

Das läuft in eine konkrete Widerlegung, aber es gab keine besseren Alternativen. So wird Schwarz nach beispielsweise 21...exf5 22.♖xf5 ♗d5 23.♖af1 ♗e6 24.♖f6 ♖e7 25.♕g5 ♔h8 26.e4+– einfach überrollt.

22.fxg6! fxe5 23.♖f7

Der weiße Angriff schlägt glatt durch.

23...♕c6

23...♖e7 24.♖af1+–

24.gxh7+ ♔xf7 25.♖f1+ ♔e7 26.h8♕ ♖xh8 27.♕g7+ ♔d6 28.dxe5+ 1-0

1 RP für 20.♗xc4! nebst 21.f5.

1 AP für 22.fxg6!

R03.06
Iwantschuk, Wassily (2720)
Anand, Viswanathan (2690)
Linares 1992

19...hxg4 20.fxg4 ♗c4!!

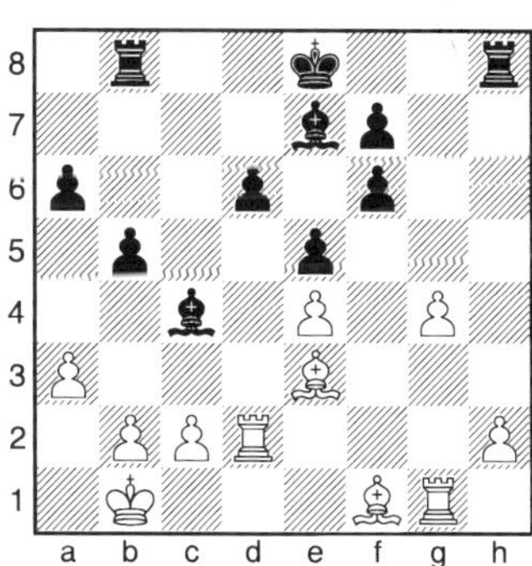

Auf den ersten Blick ein grober positioneller Fehler, der jedoch einen tiefen strategischen Plan einleitet. Nach dem Abtausch der weißfeldrigen Läufer hat Weiß große Probleme, die Mobilisierung der zentralen gegnerischen Bauernmehrheit zu verhindern. Beim Abtausch des guten schwarzen Läufers geht es nicht darum, was vom Brett verschwindet, sondern was auf dem Brett verbleibt. In der Folge kann der schwarze König die Rolle des Läufer von e6 aus gut übernehmen, während Weiß kein gutes Mittel hat, die Schwäche seiner weißen Felder zu kompensieren.

21.b3

Auch 21.♗xc4 bxc4 22.♖e2 ♖h3 ändert wenig.

21...♗xf1 22.♖xf1 ♖h3 23.♖e2?!

23.♗g1 ♖h4 24.♖g2 war laut Computer angesagt. Allerdings wird es auch dann schwer, die schwarze Mobilisierung auf Dauer zu stoppen. Am Brett ist das kaum zu halten.

23...♔d7 24.g5

Das hilft nur der Mobilisierung der schwarzen Bauern, aber Weiß hat keinen anderen aktiven Plan.

24...♔e6

Wie geplant übernimmt der starke Zentrumskönig nun die Rolle des weißfeldrigen Läufers und unterstützt mögliche Bauernverstöße.

25.gxf6 ♗xf6 26.♗d2 ♗e7 27.♗e1 f6 28.♗g3 d5?!

Das prophylaktische 28...♖h5!? war genauer, zumal es noch beide Optionen offenhält, zuerst den d- oder den f-Bauern vorzustoßen.

29.exd5+ ♔xd5 30.♖f5 ♔c6

Nicht jedoch 30...♔e6? 31.♗xe5=.

31.♖ef2 ♖h6 32.♔b2 ♔d7 33.♖e2 ♗d6 34.♖f3 ♖c8 35.♗e1 ♔e6-+

Schwarz hat sich wieder konsolidiert und Weiß kann nichts gegen die Bauern unternehmen.

36.♖d3 ♖h7 37.♖g3 ♗c5 38.♔a2 ♖d7 39.♖c3 ♖cc7 40.h4 ♖d1?!

Vermutlich ein Zeitnotfehler im 40.Zug. Das direkte 40...f5-+ war angesagt.

41.♗f2?

41.♖h3 leistet deutlich mehr Widerstand und bietet Remischancen.

41...♗d6

Jetzt sitzt Schwarz wieder fest im Sattel.

42.♖g3 e4! 43.♖xe4+ ♗e5 44.♖xe5+

44.c3 ♖d2+ -+

44...fxe5 45.♔b2 ♖d2 0-1

3 RP für 19...hxg4 20.fxg4 ♗c4!!

R03.07
Tiwjakow, Sergei (2590)
Sermek, Drazen (2565)
Peking 1997

20.f4!

Ohne den schwarzfeldrigen Läufer fällt die schwarze Stellung in sich zusammen.

Hier zwei Alternativen, die zwar auch besser für Weiß sind, aber nicht so durchschlagend wie die Partiefortsetzung:

- 20.♘e7+? ♔g7 21.♘xc8 ♖fxc8 22.♖ad1 ♘xb3 23.axb3 a5
- 20.♘b4? ♗b7 21.♘d3 ♗g7 22.e5 dxe5 23.♘c5 ♗c8

20...cxd5

- 20...♗g7? 21.♘e7+ ♔h8 22.♗xf7+-
- 20...♘xb3 21.axb3 cxd5 22.fxe5 dxe5 23.exd5+-

21.fxe5 ♘xb3?!

21...dxe5 war zäher, sollte aber nach 22.♗xd5 ♗b7 23.a4 ♗xd5 24.exd5 ♘b3 25.♖a3 bxa4 26.♖xa4 a5 27.♖d1+- auf lange Sicht auch nicht halten.

22.axb3 dxe5 23.exd5 a6 24.♖ad1+− f6 25.♘e4 ♖b6 26.d6 ♗d7 27.g4 ♔f7 28.g5 ♗xh3 29.gxf6 1-0

1 RP für 20.f4!

R03.08
Morosewitsch, Alexander (2750)
Laznicka, Viktor (2637)
Khanty-Mansiysk 2009

23...♖b5!

Das ist die richtige Art, die Qualität zu opfern, weil die Bauern mobil werden und der König auf c6 ein schattiges Plätzchen erhält.

1) Ganz indiskutabel wäre 23...♖bb8? 24.c4+−.

2) Und nach 23...♔e6? 24.g4 ♗g6 25.c4 c5 26.♗xb6 axb6 27.♗f3= erhält Weiß gute Gegenchancen.

24.♗xb5 cxb5 25.♘c5+

Auch nach 25.♘c3 ♔c6 26.a4 bxa4 27.♘xa4 ♗g6 bleibt Schwarz am Drücker. Allerdings mag dies aus weißer Sicht zäher sein als die Partiefolge.

25...♔c6 26.♘b3 ♗g6 27.♗c3 ♘f5 28.♖b1 ♘e3−+

Die schwarzen Leichtfiguren, insbesondere das starke Läuferpaar, sind in Kombination mit den zwei Bauern stärker als der weiße Turm.

29.a4 a6 30.axb5+ axb5 31.♖e2?! ♘c4?!

Das direkte 31...♗xc2! gewinnt laut Computer in der möglichen Variante 32.♘a5+ ♔b6 33.♖be1 ♘d5 34.♖xc2 ♘xc3 35.♘c4+ bxc4 36.♖xc3 ♗b4 37.♖b1 ♔c5 38.♖c2 ♖d8−+.

32.♖a1 ♖b8 33.g4 b4 34.♗e1 ♖b5

Schwarz hat weißfeldrig alles unter Kontrolle und keine Schwächen. Weiß wird nun langsam überrollt.

35.♗g3 ♖d5 36.♔h2 ♘a3 37.♖c1 ♔b5 38.c3 ♔a4 39.♖b2 ♘c4 40.♖a1+ ♔b5 41.♖ba2 bxc3 42.♖a8 c2 43.♘c1 ♖d1 44.♘e2 ♖xa1 45.♖xa1 ♘d2 46.♖e1 ♘b3 47.♘c3+ ♔b4 0-1

2 RP für 23...♖b5!

R03.09
Bischoff, Klaus (2559)
Vallejo Pons, Francisco (2678)
Bundesliga 2005

22...♘h3+?

Dieser Ansatz ist zu dynamisch, denn Schwarz steht nicht bereit, die Stellung zu öffnen.

Dringend notwendig war die statische Abtauschfolge 22...♕xd1! 23.♖xd1 gxf3 24.♗xf4 ♗xe4 25.♖cd2 exf4∞, wonach sich die Stellung in dynamischem Gleichgewicht befindet.

23.♔g2! f5

Schwarz will die lange Diagonale öffnen, hat jedoch viel zu wenige Figuren im Angriff. Weiß kann sich konsolidieren und gewinnt leicht.

24.♕xd8+ ♖xd8 25.♖e2 (25.♘xe5!?+−) **25...gxf3+ 26.♖xf3 ♖d1 27.♖f1?**

27.♔xh3 fxe4 28.♖g3 ♖xc1 29.♘e3+−; 27.♖xf5+−

27...♖d3?

27...♗xe4+! 28.♖xe4 ♖xf1 29.♔xf1 fxe4 30.h5 ♘f4± mit Remischancen war angesagt.

28.♖xf5+−

Jetzt brennt nichts mehr an.

28...♗c8 29.♘xe5 ♖c3 30.♗e3 ♗a6 31.♘c4 1-0

1 RP für 22...♕xd1! und die Einschätzung, dass Schwarz hier nicht auf Angriff spielen sollte.

Gesamtauswertung 'Reflektoren'

Reflektorpunkte 36
Pragmatikerpunkte 4
Theoretikerpunkte 1
Aktivspielerpunkte 1
Maximale Gesamtpunktzahl 42

Entsprechend sieht die objektive Betrachtung – also ohne Berücksichtigung des konkret gegebenen Spielertyps – wie folgt aus:

39–42	Punkte:	ELO 2500+
34–38	Punkte:	2400-2500
29–33	Punkte:	2300-2400
24–28	Punkte:	2150-2300
18–23	Punkte:	2000-2150
12–17	Punkte:	1800-2000
0–12	Punkte:	unter 1800

Diese Reflektor–Elo sollte allerdings nicht überbewertet werden, sondern kann auch als Spielerei angesehen werden.

Kapitel 4

Pragmatiker

Weltmeister: Fischer, Euwe, Lasker

Sonstige namhafte Spieler: Kortschnoi, Caruana, Ding Liren, Karjakin, Vachier-Lagrave, Luis Engel, 'Alpha-Beta Engines'

Ihre Stärken

Pragmatiker zeichnen sich dadurch aus, dass sie einen sehr konkreten Ansatz haben. Sie können häufig sehr genau und weit rechnen und machen selten grobe Fehler. Besonders kommen den Pragmatikern scharfe, taktische Stellungen entgegen, in denen es viel zu berechnen gibt und man sich nicht einfach nur auf seine Intuition oder sein Gefühl verlassen sollte. Konkrete Variantenberechnung ist die Grundlage für die Entscheidungsfindung am Brett und wird der Intuition meistens übergeordnet. Das beste Beispiel dafür sind die Engines, die auf dem Alpha-Beta-Algorithmus basieren und Millionen von Varianten innerhalb kürzester Zeit berechnen können.

Pragmatiker beziehen viele praktisch relevante Faktoren in ihre Entscheidungsfindung mit ein und sind häufig gut darin, die Gegner vor praktisch unangenehme Entscheidungen zu stellen. Sie sind in der Lage, sich ihre Bedenkzeit praktisch sinnvoll einzuteilen und geraten daher selten in Zeitnot. Durch ihre Berechnungen gestützt sind sie auch gerne bereit, Material wegzunehmen und sich anschließend zu verteidigen. Das hat zwei verschiedene Gründe:

Erstens ist es aus psychologischer Sicht unangenehm für den Gegner, mit weniger Material zu spielen, da er ja 'etwas beweisen muss', um nicht langfristig in Nachteil zu geraten.

Zweitens sind Pragmatiker häufig in der Lage, sich mithilfe genauer Variantenberechnung sehr zäh zu verteidigen. Das beste Beispiel hierfür ist Sergei Karjakin, der ja (zumindest von seinem respektvollen Spitznamen her) den Status des 'russischen Verteidigungsministers' innehat.

Ihre Schwächen

Der konkrete Ansatz kann allerdings ebenso als Schwäche wie als Stärke gesehen werden. In technischen, positionellen Stellung geraten viele Pragmatiker gelegentlich ein bisschen ins 'Schwimmen', da sie nicht wissen, was sie berechnen sollen. Allgemein haben Pragmatiker Schwierigkeiten, langfristige Pläne zu erkennen und diese in ihre Überlegungen mit einzubeziehen. Das können sowohl tiefliegende positionelle Pläne als auch sich anbahnende Königsangriffe sein, die jedoch noch 'zu weit' hinter dem Horizont liegen, um gesehen zu werden.

Einigen Pragmatikern wird es außerdem schwerfallen, ein intuitives Opfer zu bringen, wenn die Konsequenzen nicht eindeutig zu berechnen sind. Manchmal sind Pragmatiker (ähnlich wie Theoretiker) etwas zu materialistisch. Insgesamt sind sie jedoch relativ ausgewogen und haben wenige eklatante Schwächen. Nicht ganz ohne Grund sind viele der aktuellen Topspieler Pragmatiker oder haben sich immer mehr zu solchen entwickelt.

Trainingsoptionen für Pragmatiker

In technischen Stellungen können sich Pragmatiker einiges von den Reflektoren (Magnus Carlsen als bestes Beispiel) oder auch von den Theoretikern abgucken und somit lernen, sich in solchen Stellungen mehr auf ihre Intuition zu verlassen, statt konkrete Berechnungen durchzuführen. Für einige dürfte es hilfreich sein, Angriffspartien von Aktivspielern zu studieren, um ein Gefühl für den langsamen Aufbau eines Königsangriffs zu bekommen. Ständige Arbeit am Eröffnungsrepertoire ist natürlich auch sehr ratsam um sicherzustellen, dass man auch den Stellungstyp aufs Brett bekommt, den man sich wünscht.

Ihre Gegner

Am meisten Probleme haben Pragmatiker vor allem in ruhigen, technischen Stellungen gegen starke Reflektoren oder Theoretiker, wenn diese ‘ihre’ Stellungen bzw. Strukturen aufs Brett bekommen. Gegen solche Gegner muss das Ziel eines Pragmatikers sein, genau diese Art von Stellungen zu vermeiden und möglichst scharfe, komplizierte Partien zu spielen. Partien gegen Aktivspieler haben das Potenzial, sehr wild und dynamisch zu werden. Allerdings müssen Pragmatiker hier besonders auf mögliche Angriffspläne achten und diese im Stil eines Reflektors früh genug erkennen und verhindern.

Ihre Eröffnungen

Pragmatiker spielen meistens scharfe, prinzipielle Varianten und kennen sich in ihrem Repertoire gut aus. Sie sind schon in der Eröffnung auf direktes Spiel aus und vermeiden in der Regel strategische Eröffnungen wie z.B. Englisch oder Katalanisch. Häufig treiben sie in ihren Partien die Eröffnungstheorie voran.

Typische Eröffnungen

mit Weiß: 1.e4 (‘Best by test’ laut Bobby Fischer), Spanisch, offene Varianten gegen Sizilianisch

mit Schwarz: Sizilianisch (insbesondere Najdorf), Grünfeld

Pragmatiker können gut rechnen

(Lösungen ab Seite 82)

P01.01

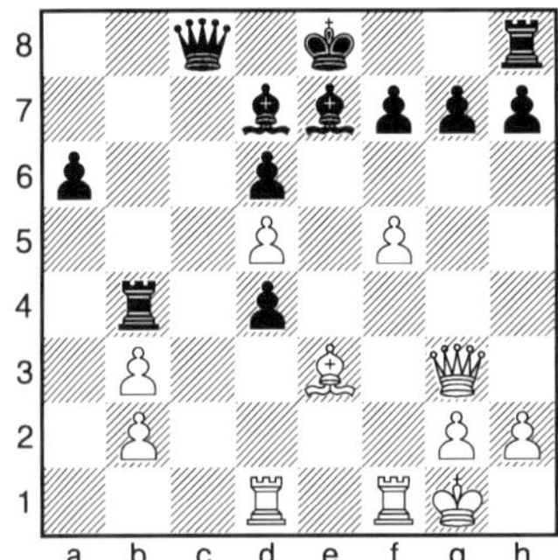

Ist die Stellung kritisch?
Sollte Weiß mit 20.♗xd4 fortsetzen?

P01.02

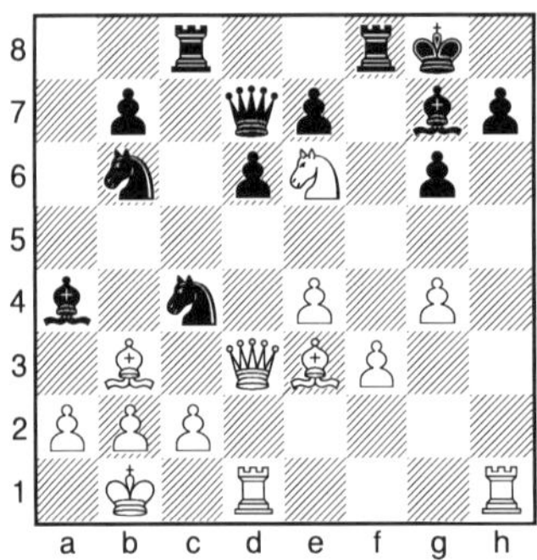

Schnell ♘xf8 spielen
oder gibt es Alternativen?

P01.03

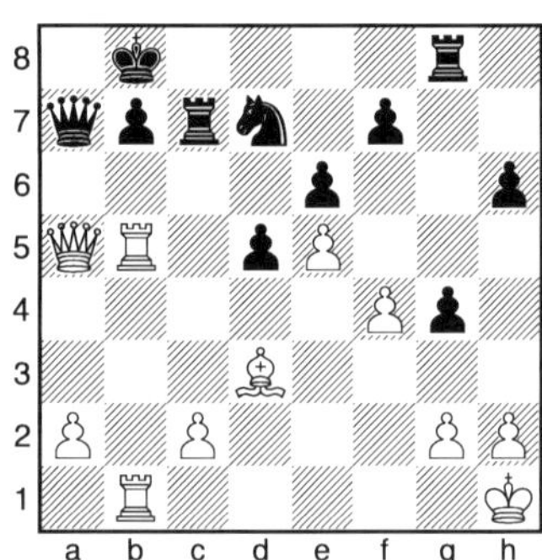

Wie soll Weiß fortsetzen?

P01.04

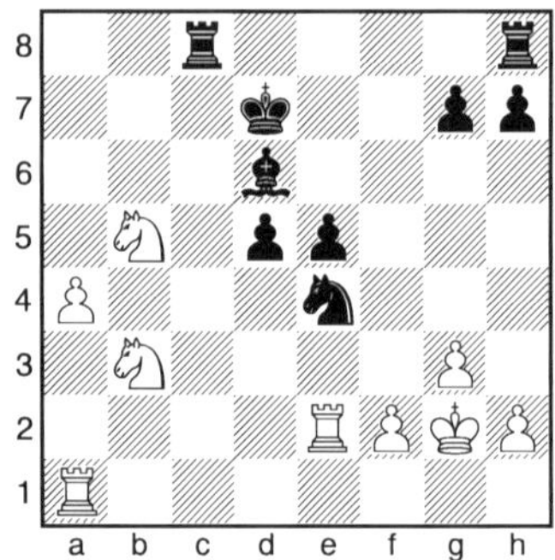

Wie kann Weiß die Situation
ausnutzen?

P01.05

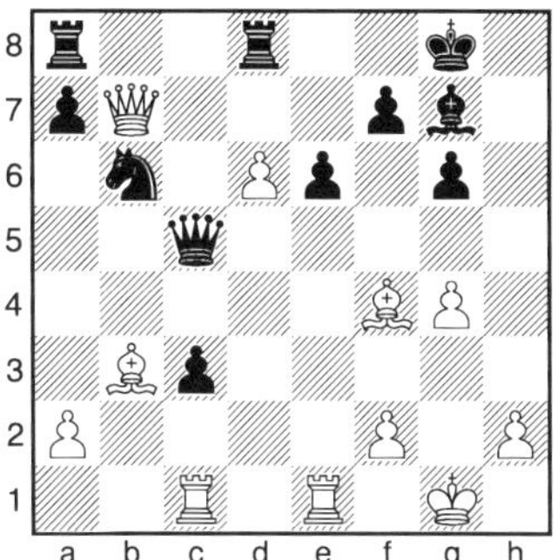

Weiß zieht und gewinnt.

01.06

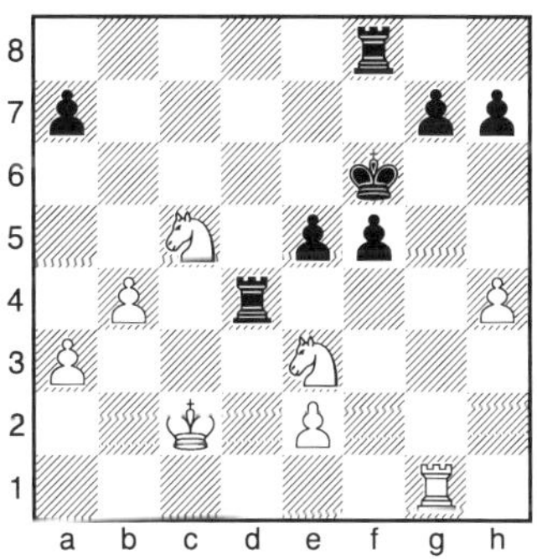

Was soll Weiß spielen?

P01.07

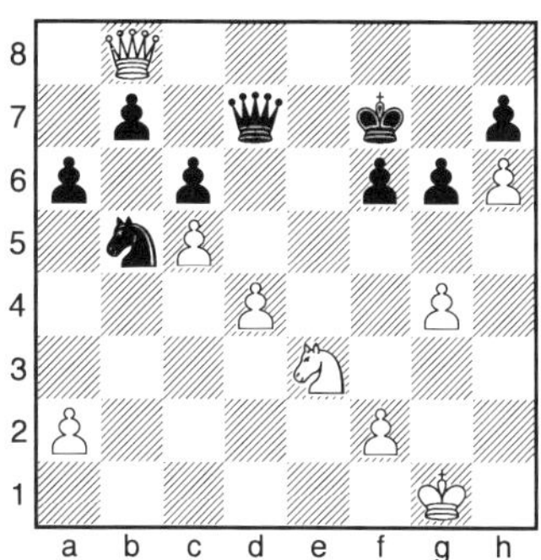

Wie profitiert Weiß von seinem Druckspiel?

P01.08

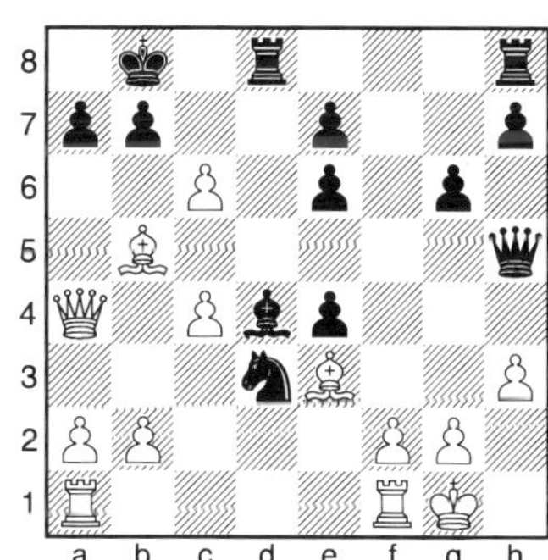

Wie soll Weiß in dieser chaotischen Stellung fortsetzen?

Pragmatiker sind zähe Verteidiger

(Lösungen ab Seite 85)

P02.01

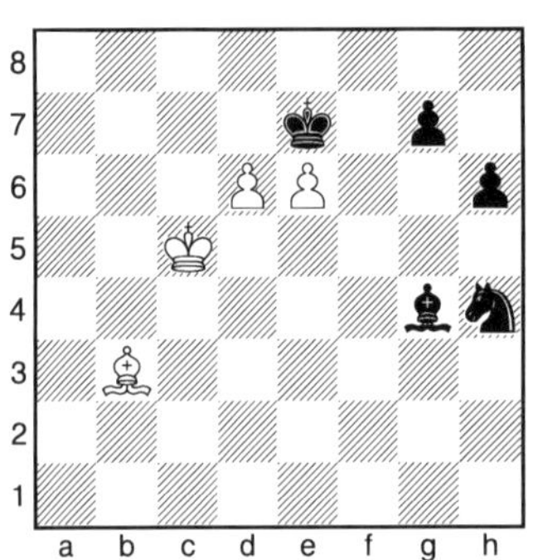

Wohin muss der König ziehen?

P02.02

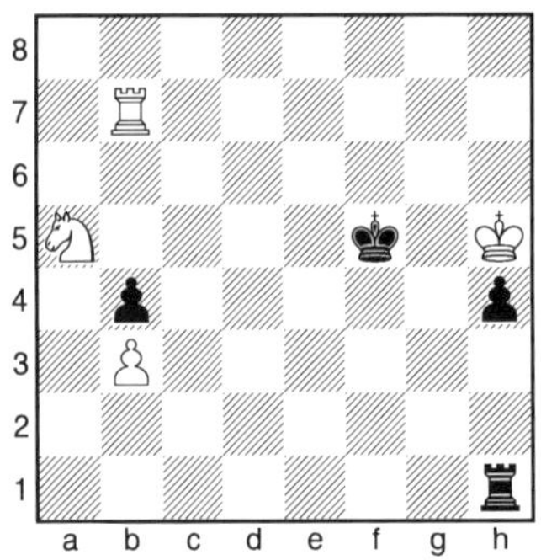

Wie kann Schwarz sich retten?

P02.03

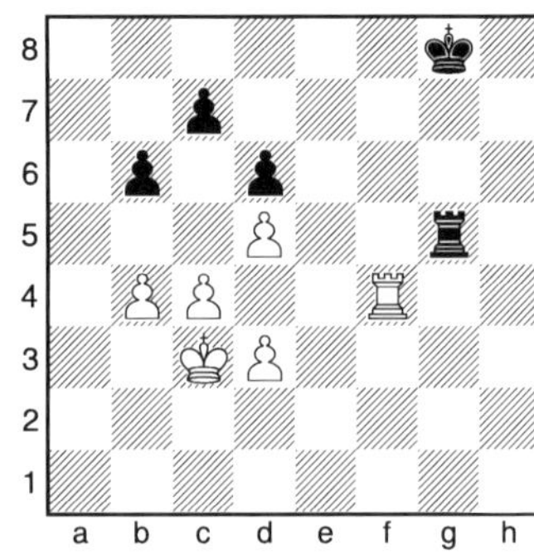

Wie soll Schwarz sich verteidigen?

P02.04

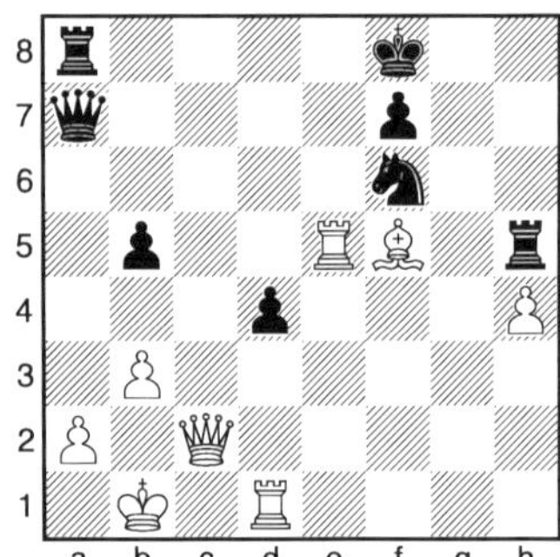

Wie soll Schwarz sich verteidigen?

P02.05

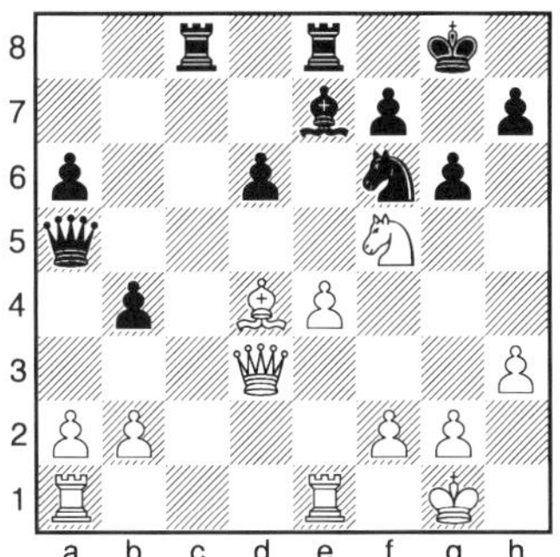

Wie soll Schwarz sich verteidigen?

P02.06

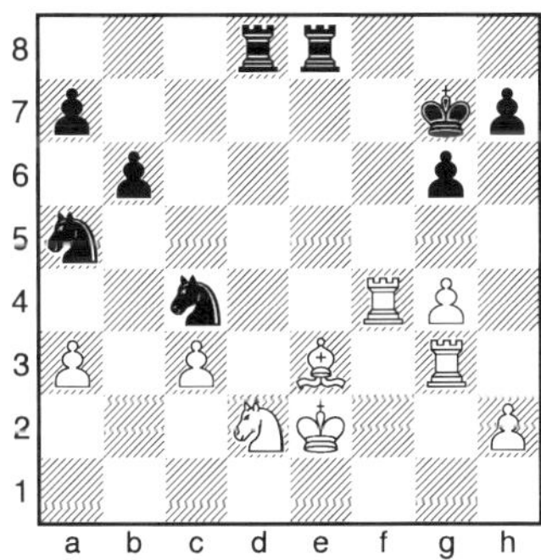

Welche Feinheit hat Weiß auf Lager?

P02.07

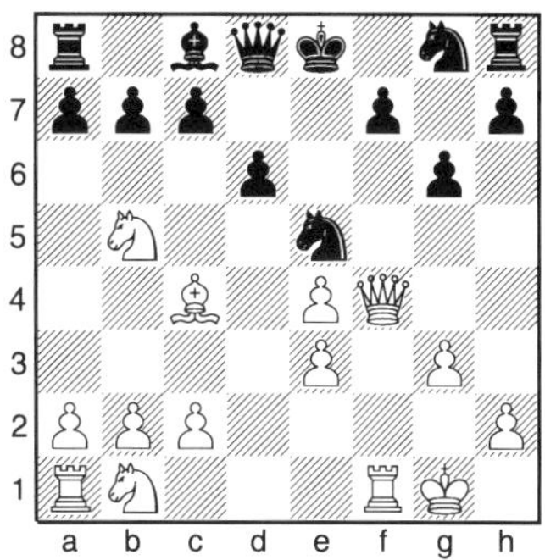

Wie soll Schwarz sich verteidigen?

Hungriges Bauernfrühstück – oder besser nicht?

(Lösungen ab Seite 88)

P03.01

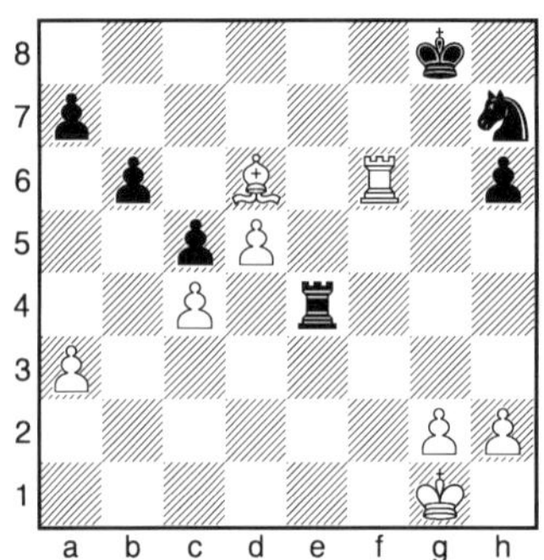

Ist es ratsam, mit 36.♖g6+ ♔f7 37.♖xh6 den h-Bauern zu erobern?

P03.02

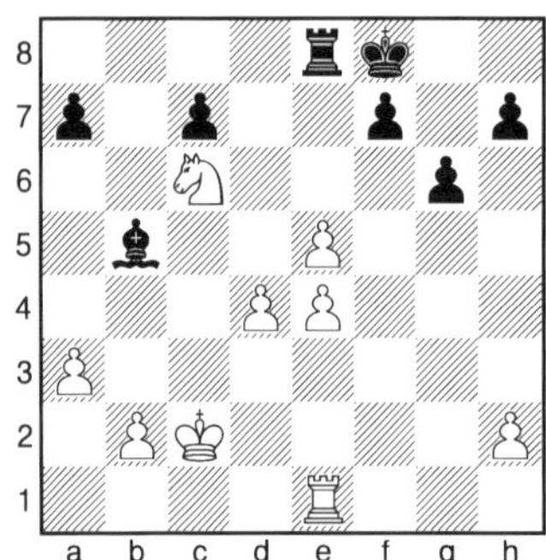

Soll Weiß den Bauern a7 schlagen?

P03.03

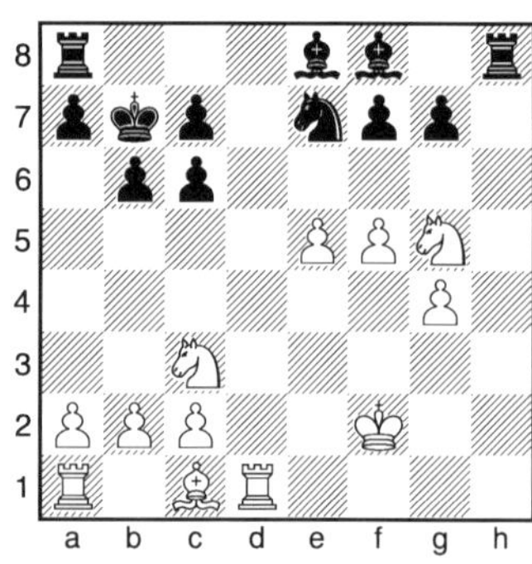

Soll 17...♖h2+ 18.♔g3 ♖xc2 folgen?

Die Kunst der Verteidigung

(Lösungen ab Seite 90)

P04.01

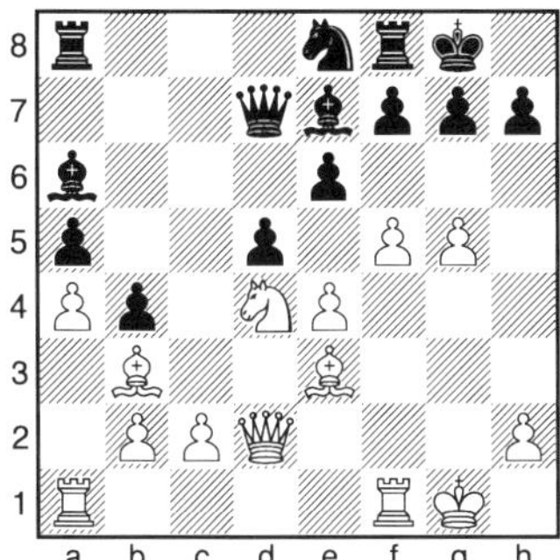

Weiß setzt mit f4–f5 voll auf Angriff. Wie soll Schwarz sich verteidigen?

P04.02

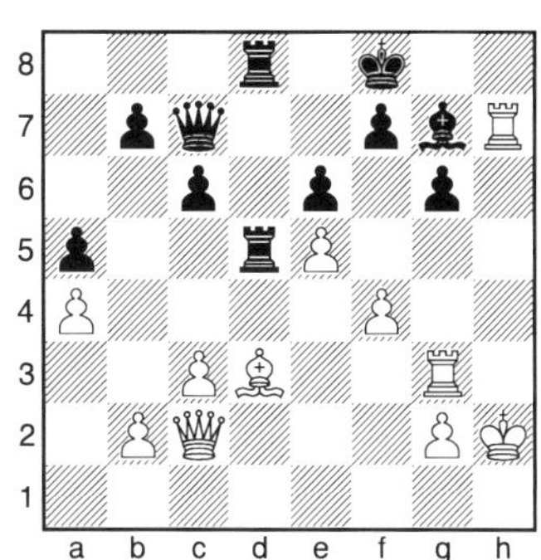

Wie soll Schwarz fortsetzen?

Lösungen

P01.01

Nijboer, Friso (2580)
Bischoff, Klaus (2533)
Essen 2001

20.♗d2!

Da die Lage äußerst kritisch ist, sollte man sich ruhig genug Zeit nehmen und die Varianten in Ruhe bis zum Ende berechnen, weil offensichtliche Züge mehr oder weniger deutlich scheitern.

1) So würde 20.♕xg7?? nach 20...dxe3 21.♕xh8+ ♗f8–+ völlig nach hinten losgehen.

2) Insbesondere wäre auch der logisch wirkende Zug 20.♗xd4? ein grober Fehler, mit dem Weiß den Gewinn vergibt. Nach 20...♖xd4! 21.♕xg7 (21.♖xd4 ♔f8–+) 21...♖xd1 22.♕xh8+ ♗f8 23.♖xd1 ♕c5+ 24.♔h1 ♕e3 25.♕xh7 ♕e2∓ ist nämlich Schwarz am Drücker.

20...♕c5

Nach 20...♖b8 21.♕xg7 ♖f8 22.f6+– entscheidet die offene e–Linie die Partie.

21.♗xb4 ♕xd5

21...♕xb4 22.♕xg7 ♖f8 23.f6+–

22.♖de1 (22.♕xg7+–) **22...♔f8 23.♖xe7! ♔xe7 24.♕g5+ 1–0**

1 PP für die Erkenntnis, dass die Ausgangsstellung kritisch ist.

1 PP für 20.♗d2!

P01.02

Negi, Parimarjan (2349)
Sjugirow, Sanan (2381)
Kirishi 2005

20.♘xg7?

Dieser verlockende Zug läuft in einen starken Konter.

Der logische Zug 20.♘xf8! ist hier tatsächlich auch der beste.

(Zwei krasse Fehlversuche sind 20.♗xc4?? ♘xc4–+ und 20.♗xb6?? ♕xe6 21.♗xa4 ♘xb6 22.♗b3 ♘c4–+.)

Zwar erfordert es einige Zeit, sich in der Vielzahl von möglichen Schlagzügen zurechtzufinden, aber sobald man erkennt, dass keine der Alternativen durchschlägt, sollte dieser Zug schnell gespielt werden. Nach 20...♗xf8 21.♗xb6+– bzw. 20...♔xf8 21.♗d4+– schlägt der Angriff nicht direkt durch, ist aber weiterhin sehr gefährlich. Außerdem hat Weiß seinen Materialnachteil verringert und eine deutliche Initiative.

20...♖xf3!–+

Die Widerlegung. Schwarz muss nicht kooperativ sein und den Springer automatisch zurückschlagen. Das Aufspüren solcher Verteidigungszüge ist eine große Stärke von Pragmatikern.

Nach 20...♔xg7? bestand die weiße Idee vermutlich in 21.♗h6+ ♔g8 22.♗xf8 ♔xf8 23.♖xh7+– bzw. 22...♖xf8 23.♗xc4+ +–.

21.♘f5 ♗xb3 22.axb3 gxf5 23.bxc4 ♘xc4? (23...f4–+) **24.gxf5 ♕b5 25.♕c3 ♖xe3**

25...♕e5 26.♖dg1+ ♔h8 27.♗d4+–

26.♖dg1+ ♔f7 27.♖xh7+ ♔e8 28.♖g8+

♔d7 29.♖xe7+ ♔c6 30.♖xc8+ ♔b6 31.♕d4+ ♔a5 32.♖a8+ 1-0

1 PP für die Entscheidung, nach Bewertung der Alternativen 20.♘xf8! zu spielen.

1 PP für die Widerlegung 20...♖xf3!

P01.03

Caruana, Fabiano (2727)
Witiugow, Nikita (2729)

Reggio Emilia 2012

36.♕b4! ♘c5

Das ist der einzige sinnvolle Verteidigungszug, denn 36...♖gc8? scheitert an 37.♖a5 ♕e3 38.♕a3+–.

37.♗h7!

Dieses ungewöhnliche Motiv ist die Pointe der Gewinnführung: Nachdem sich der Läufer mit Tempo dem Angriff durch den Springer entzieht, ist schwarzer Materialverlust auf Dauer nicht zu vermeiden.

37...♖gc8

37...♖h8 38.♖a5 ♕xa5 39.♕xa5 ♖xh7 40.♖b5 ♘e4 41.♕a3+–

38.♖a5 ♘a6

Nach diesem erzwungenen Zug kann Schwarz kaum noch ziehen und Caruana gewinnt forciert.

39.♕d6! ♔a8 40.♖b6!

Dies gewinnt noch direkter als 40.♗d3.

40...♖c6

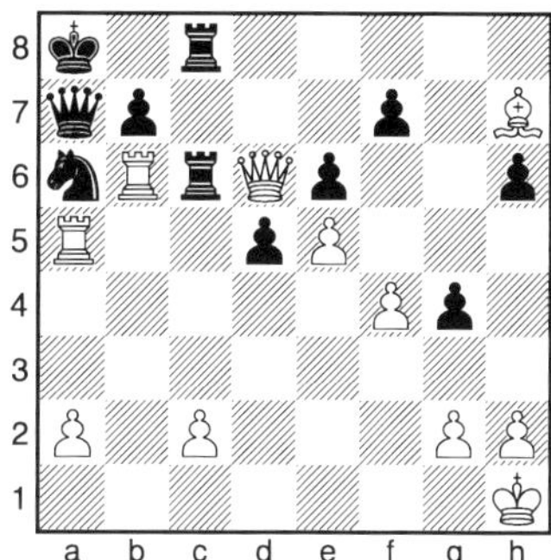

41.♖axa6!

Eine angemessene Schlusspointe.

41...bxa6 42.♖xc6 ♖b8 43.c3 1-0

1 PP für 36.♕b4 ♘c5 37.♗h7!

1 PP für die Berechnung bis 39.♕d6!

P01.04

Witiugow, Nikita (2720)
Terrieux, Kevin (2422)

Aix les Bains 2011

27.♖xe4!

Nach diesem taktischen Ansatz wird Schwarz Material verlieren.

Hingegen hätte er sich nach 27.a5? mit 27...♘c3= entlasten können.

27...dxe4 28.♖d1 ♖c6 29.♘a5! ♖a6

Nach 29...♖hc8 führt der Totalabtausch 30.♘xc6 ♖xc6 31.♘xd6 ♖xd6 32.♖xd6+ ♔xd6 33.♔f1 zu einem leicht gewonnenen Bauernendspiel.

30.♘c4 ♖xa4 31.♖xd6+ ♔e7 32.♘b6+–

Die beiden Springer sind dem Turm haushoch überlegen.

32...♖a2 33.♘d5+ ♔f7 34.♘bc3 1-0

1 PP für 27.♖xe4! dxe4 28.♖d1 ♖c6 29.♘a5.

P01.05

Harikrishna, Pentala (2659)

Swidler, Peter (2727)

Dresden 2008

25.♖xe6!

So kann Weiß konkret im Angriff gewinnen. Eigentlich opfern Pragmatiker ungern Material, aber hier können die Varianten bis zum Gewinn berechnet werden – eine Aufgabe, die Pragmatikern wiederum vergleichsweise leicht fällt.

25...♖ab8

25...fxe6 26.♗xe6+

1) 26...♔h7 27.♕f3 ♗h6 28.♕h3 g5 29.♕d3+ ♔g7 30.♖xc3+–

2) 26...♔h8 27.♕f3 (27.♕g2+–) 27...♗d4 28.♕h3+ ♔g7 29.♕h6+ ♔f6

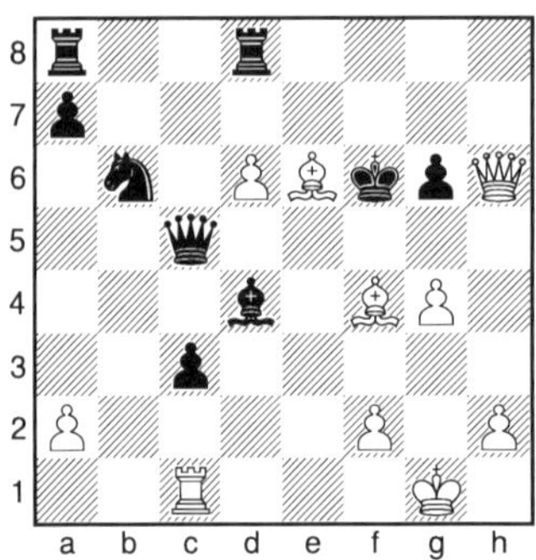

Nach der Pointe 30.♗f5! ist es kaum überraschend, dass der schwarze König nicht überleben wird. 30...♗xf2+ 31.♔g2 ♖g8 32.♕g5+ +– (Ftaćnik in CBM 128)

26.♕f3 (26.♕c7+–) **26...♘c4 27.♖e7 1-0**

1 PP für 25.♖xe6!

2 PP für die Berechnung bis 30.♗f5!

01.06

Kasimdjanow, Rustam (2695)

Van Wely, Loek (2697)

Wijk aan Zee 2002

30.♘xf5!

Dieser Einschlag führt forciert ein klar gewonnenes Bauernendspiel herbei.

30...♔xf5 31.e4+! ♔f6

– 31...♖xe4 32.♖g5+! ♔f4 33.♘e6+ +–

– 31...♔f4 32.♖f1+ +–

32.♖f1+ ♔e7 33.♖xf8 ♔xf8 34.♘e6+ ♔f7 35.♘xd4 exd4 36.♔d3+– h5 37.♔xd4 g5 38.hxg5 ♔g6 39.b5 ♔xg5 40.a4 und **1-0** angesichts von 40...h4 41.♔e3 h3 42.♔f2+–.

1 PP für die Berechnung bis 35.♘xd4 nebst Gewinn.

P01.07

Nepomnjaschi, Jan (2774)

Wang, Hao (2762)

Jekaterinburg 2020

33.♕h8 ♔e6 34.f4!

Nach diesem Zug, der genau berechnet werden musste, wird Schwarz letztendlich in allen Varianten Material verlieren.

34...♘xd4

34...♕e7 (34...♕xd4? 35.♕e8#) 35.f5+ ♔d7 (35...gxf5 36.♘xf5+–) 36.♔f2 g5 37.♘c4 ♔c7 38.♘b6 ♘a7 39.a4 a5 40.♕g8+– (Krasenkow in CBM 195)

35.♕g8+ ♕f7 36.♕c8+

In womöglicher Zeitnot oder auch aus reinem Spaß an der Freude lässt Weiß (statt des sofortigen Gewinnzuges 36.♕d8!) zunächst eine Zugwiederholung folgen, der Schwarz nicht ausweichen kann.

Man beachte, dass 36.f5+? gxf5 37.gxf5+ ♔e7 38.♕b8 ♘f3+! 39.♔f2 ♘e5= den Gewinn vergeben hätte.

36...♕d7 37.♕g8+ ♕f7

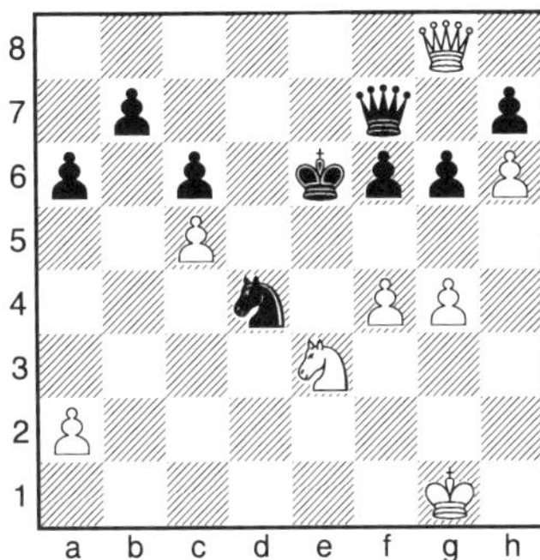

38.♕d8!+-

Nach dieser etwas hinausgezögerten Pointe landet Schwarz in einem glatt verlorenen Endspiel.

38...♕d7 (38...♘b5 39.a4+-) **39.f5+ gxf5 40.gxf5+ ♘xf5 41.♕xd7+ ♔xd7 42.♘xf5 ♔e6 43.♘e3 1-0**

2 PP für die Berechnung bis ♕g8-d8!

P01.08

Swidler, Peter (2689)

Krasenkow, Michal (2702)

Neum 2000

19.c5!

Mit diesem Bauernopfer öffnet Weiß seinen Figuren weitere Zugstraßen, denn nach Öffnung der c-Linie gerät der schwarze König in einen starken Angriff. Vor allem aber kann nun auch der Läufer b5 wieder am Spiel teilnehmen.

Ein Fehlversuch wäre 19.♕a3? ♕c5= und nach 19.cxb7?? ♗xe3 20.fxe3 ♕g5 stünde Schwarz sogar klar besser.

19...♘xc5

- 19...♕xc5 20.♗xd3 ♗xe3 21.♗xe4 ♖d4 22.♕b3 ♖b4 23.♕d3 ♗f4 24.cxb7+-

- 19...♗xe3 20.♗xd3 ♗xc5 (20...♖xd3 21.♕b5+-) 21.♗xe4 ♖d4 22.♕b3 ♖b4 23.♕xe6+-

20.♕a3 ♗xe3 21.fxe3+-

Der schwarze König ist auf lange Sicht zu schwach.

21...♕e5 22.♖ac1 ♖d5 23.b4 bxc6 24.♗xc6 ♘d3 25.♕a6 ♕c7 26.♗xd5 ♘xc1 27.♗c4 ♘d3 28.♕b5+ ♔a8 29.♗xe6 ♕b6 30.♕d5+ ♔b8 31.♕xe4 ♖d8 32.♗c4 ♘b2 33.♗e2 1-0

1 PP und **1 AP** für 19.c5!

1 PP für die Berechnung bis 21.♗xe4 in den beiden Varianten 19...♕xc5 und 19...♗xe3.

P02.01

Gelfand, Boris (2691)

Swidler, Peter (2713)

Dos Hermanas 1999

66...♔d8!

Dieser Zug kann im Ausschlussverfahren gefunden werden, welches von Pragmatikern besonders gern angewandt wird.

- 66...♔e8? 67.♗a4+ ♔f8 68.e7+ +-

- 66...♔f8? 67.♔b6 ♘f5 68.d7 ♔e7 69.♔c7+-

- 66...♔f6? 67.♔b6 ♗xe6 68.♗xe6 ♔xe6 69.♔c7+-

67.e7+

67.♔d4 ♘g6 68.♗c2 ♘e7!-+

67...♔e8 68.♗c2

- 68.♔b6 ♘g6 69.♔c7 ♘xe7-+ (69...♘e5-+)

– 68.♗a4+ ♝d7 69.♗xd7+ ♔xd7 70.♔b6 ♘g6 71.e8♕+ ♔xe8 72.♔c7 ♘e5–+

68...♝d7 69.♝d1 g6 70.♔d5 ♘f5 71.♔e5 h5 72.♔f6 ♘xd6 73.♔xg6 ♝g4 74.♝c2 ♔xe7 75.♔g5 ♘f7+ 76.♔h4 ♔f6 77.♝a4 ♘d6 0-1

1 PP für 66...♔d8!

P02.02

Carlsen, Magnus (2857)

Karjakin, Sergey (2769)

WM New York 2016

72...♖a1!

Danach kann Weiß sich nicht mehr rechtzeitig konsolidieren und sich gleichzeitig um den schwarzen h-Bauern kümmern.

72...h3? 73.♔h4

1) 73...♔f4 74.♖f7+ ♔e4 75.♔g3 ♖a1 76.♘b7 ♔d4 77.♔xh3 ♔c3 78.♘c5 ♔d4 79.♘a4 ♖b1 80.♖f3+–

2) 73...h2 74.♔h3 ♖a1 75.♖b5+ ♔e4 76.♔xh2 ♔d3 77.♖c5 ♔d4 78.♖c4+ ♔d5 79.♘c6 ♖b1 80.♘xb4+ ♔d6 81.♖c3+–

73.♖b5+ ♔f4 74.♖xb4+ ♔g3!

Der König kommt dem Freibauern entscheidend zur Hilfe.

75.♖g4+ ♔f2 76.♘c4 h3 77.♖h4 ♔g3 78.♖g4+ ♔f2 ½-½

1 PP für 72...♔a1!

1 PP für die Berechnung bis 74...♔g3.

P02.03

Iwantschuk, Wassily (2711)

Bacrot, Etienne (2715)

Moskau 2005

38...♖g1!

Schwarz muss unbedingt verhindern, dass der weiße König über a4 einmarschiert.

– 38...♖g3? 39.♔b3! ♖xd3+ 40.♔a4+–

– 38...b5? 39.cxb5 ♖xd5 40.♖c4+–

39.♔b3 ♖a1!

Danach ist die Stellung objektiv remis, denn Weiß kann keine Fortschritte erzielen.

40.c5!? bxc5 41.bxc5 ♖b1+ 42.♔c2 ♖b5= 43.cxd6 cxd6 44.d4 ♖xd5 45.♔d3 ♖h5 46.♔c4 ♔g7 47.d5 ♖h1 48.♔d4 ½-½

1 PP für 38...♖g1! 39.♔b3 ♖a1!

P02.04

Giri, Anish (2763)

Caruana, Fabiano (2842)

Jekaterinburg 2020

34...♘g4!

Schwarz muss direkt konkrete Aktionen einleiten, bevor sich die weißen Truppen zum Angriff formieren können. Andernfalls stünde er nämlich angesichts des schwachen Königs langfristig auf Verlust.

1) Nach 34...d3? 35.♖xd3 ♖xh4 36.♖d1 b4 37.♖c5 ♖e8 38.♖c4 ♖h5 39.♖f1 hat Weiß eine sehr gefährliche Initiative.

2) 34...♖xf5? 35.♖xf5 ♘e4 36.♖df1 ♘c3+ 37.♔c1+–

3) Und nach 34...♖xh4 35.♖xb5+– ist nicht nur die schwarze Königsstellung zu schwach, sondern zudem steht Weiß auch strategisch besser.

35.♖c5 ♘e3 36.♖c8+

Natürlich würde Weiß lieber mehr Gewinnpotenzial auf dem Brett behalten, aber dieser Abtausch ist erzwungen.

36...♖xc8 37.♕xc8+ ♔e7 38.♖c1 ♘d5= 39.♖e1+ ♘e3 40.♖c1 ♘d5 41.♖e1+ ♘e3 42.♖c1 ½-½

2 PP für 34...♘g4!

P02.05

Dominguez Perez, Leinier (2612)
Morovic Fernandez, Ivan (2583)
Havanna 2004

23...gxf5!

Da alles andere glatt verliert, sollte man diesen Zug auch dann spielen, wenn man die Folgen nicht bis zum Ende berechnen kann. Es gibt schlicht keine Alternative, die praktische Chancen bietet.

– 23...♕d8? 24.♘h6+ ♔g7

(Nach 24...♔f8 25.♕f3+– ist Schwarz völlig gelähmt.)

25.♕e3 ♖c4 26.♖ad1 d5 27.♘g4 h5 28.♗xf6+ ♗xf6 29.♖xd5 ♕e7 30.♖xh5+–

– 23...♘d7? 24.♘h6+ ♔f8 25.♕b3+–

24.♕g3+ ♔f8

Auch nach 24...♘g4?! 25.hxg4 fxe4 26.♖xe4 kann Schwarz noch kämpfen, aber er hat ja keinen Grund, die Figur überhastet zurückzugeben.

25.♕g5

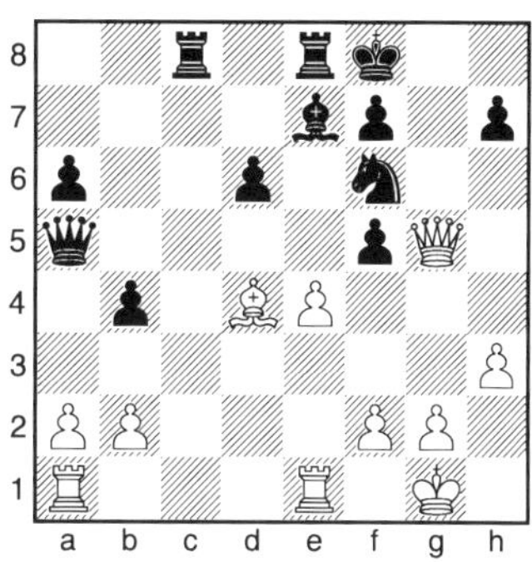

25...♗d8?

Nach der rettenden Pointe 25...♖c4! und der Folge 26.♗xf6 ♗xf6 27.♕xf6 ♖cxe4 28.♕xd6+ ♔g8 muss Schwarz noch kämpfen, sollte sich aber halten können.

26.♗xf6 ♗xf6 27.♕xf6 ♕e5 28.♕h6+ ♔g8 29.exf5 ♕xf5 30.♕xd6+– a5 31.♖ad1 ♖e6 32.♖xe6 ♕xe6 33.♕d4 ♖e8 34.♖d3 ♕e1+ 35.♔h2 ♕e5+ 36.♖g3+ ♔h8 37.♕c4 ♕e6 38.♕f4 ♖g8 39.♖xg8+ ♔xg8 40.♕g4+ 1-0

1 PP für die Entscheidung 23...gxf5!

1 PP für die Berechnung bis 25...♖c4!

P02.06

So, Wesley (2788)
Naroditsky, Daniel (2633)
Saint Louis 2015

33.♘xc4!

Nach 33.♖xc4? ♖xd2+! 34.♔xd2 ♘xc4+ 35.♔d3 ♘xa3 (35...♘e5+!?) kann nur Schwarz auf Gewinn spielen.

33...g5 34.♖d4!

Nach dieser taktischen Pointe behauptet Weiß den Vorteil von zwei Leichtfiguren gegen einen Turm.

34...♖xd4 35.♘xa5 ♖a4 36.♘c6 ♖xa3?!

Nicht das zäheste, aber Schwarz hat ohnehin einen sehr schweren Stand. So sollte auch 36...♖c4 37.♘xa7 ♖xc3 38.♔d2 ♖c4 (38...♖xa3?? 39.♗d4+ +−) 39.♔d3 ♖a4 40.♘b5 auf lange Sicht verlieren.

37.♔d3+− ♖a2 38.♖h3 ♖g2 39.♗d4+ ♔g8 40.♘e5 ♖e6 41.♘d7 ♖d6 42.♘f6+ ♔f7 43.♘e4 ♖d5 44.♖xh7+ ♔g6 45.♖g7+ ♔h6 46.♖xa7 b5 47.♖a6+ 1-0

1 PP für die Berechnung bis 35.♘xa5.

P02.07

Wang, Hao (2512)

Harikrishna, Pentala (2645)

China 2005

12...♗h3!−+

Das war zum Zeitpunkt der Partie eine theoretische Neuerung, die den riskanten weißen Aufbau widerlegt.

1) Ganz verfehlt wäre 12...♕e7?? wegen der Folge 13.♘1c3! c6 14.♗xf7+! ♘xf7 15.♕xf7+ ♕xf7 16.♘xd6+ +−.

2) Auch nach 12...♕d7!? steht Schwarz strategisch überlegen, aber der Partiezug ist deutlich besser.

13.♗xf7+ ♔d7!

13...♔e7?? 14.♕h4+ +−

14.♘1c3

14.♘d4 ♕e7 15.♘c3 g5 16.♕f2 ♘h6 17.♗b3 ♖af8−+; 14.♖f2? g5!−+

14...g5!

Danach kann Weiß den Übergang in ein verlorenes Endspiel nicht mehr verhindern.

15.♕xe5

15.♕f2 ♘h6 16.♗b3 ♖f8 17.♕e2 ♗xf1 18.♖xf1 ♖xf1+ 19.♕xf1 ♕f8−+

15...dxe5 16.♖ad1+ ♔e7 17.♘d5+ ♔f8 18.♘bxc7 ♔g7 19.g4 ♗xg4 20.♘xa8 ♘h6 0-1

1 PP für 12...♗h3!

P03.01

Seirawan, Yasser (2643)

Adams, Michael (2716)

Bermuda 1999

Die Antwort ist ein klares ‘Nein!’, denn nach ...

36.♖g6+?

... bekommt Schwarz eine Menge Gegenspiel. Da Weiß ohnehin schon einen Mehrbauern hat, braucht er nicht weiter materialistisch zu spielen.

Wichtiger ist die Vermeidung von Gegenspiel und in diesem Sinne hätte das staubtrockene 36.♖f4 glatt gewonnen.

36...♔f7 37.♖xh6 ♘f6

Und schon sind die schwarzen Figuren aktiv, während sich der Turm auf h6 verlaufen hat. Zudem werden die Bauern c4 und d5 fallen.

38.h3 ♖xc4 39.♗b8?

Danach wird der Turm auf h6 gefangen, während 39.g4= wenigstens noch einen halben Punkt gesichert hätte.

39...♔g7−+ 40.♖xf6 ♔xf6 41.h4 b5 0-1

1 PP für die Erkenntnis, dass 36.♖g6+? nicht gut ist.

1 RP für den klarsten Gewinn 36.♖f4!

P03.02
Wang, Hao (2743)
Swidler, Peter (2769)
Stavanger 2013

30.♘xa7!

Pragmatiker nehmen solche Bauern gerne weg, wenn die Varianten klar berechenbar sind.

Nach der Alternative 30.♘a5?! c5!? 31.dxc5 ♖xe5 32.b4 hätte Schwarz noch Chancen, während Weiß nach dem Textzug klar auf Gewinn steht.

30...♗d7 31.♖f1!

Das ist am genauesten, obwohl Weiß nach 31.d5+− sogar zwei Mehrbauern hätte. Allerdings kann er es sich leisten, einen davon zurückzugeben, um sich zu konsolidieren.

31...f5

31...♖a8 32.e6! ♗e8 (32...♗xe6 33.♘c6+−) 33.♘c6 ♗xc6 34.♖xf7+ ♔e8 35.d5+−

32.exf5 gxf5 33.♔c3 ♖a8 34.e6! ♗xe6 35.♘c6

Weiß hat nicht nur einen Bauern mehr, sondern steht auch positionell besser.

35...♔g7 36.d5 (36.♘b4+−) **36...♗xd5 37.♘d4 ♗e4 38.♘xf5+ ♔g6 39.♘d4 ♖a5 40.♘e6 ♗f5 41.♘d4 ♗d7 42.♖f2 h5 43.♔d3 ♖g5 44.♘f3 ♖a5 45.♔d4 ♖a4+ 46.♔e3 ♗f5 47.♘d4 ♗d7 48.♖c2 ♖a7 49.h4 ♔f6 50.♖c5 ♗e8 51.♖f5+ ♔e7 52.♖e5+ ♔d7 53.♘b3 ♗f7 54.♘c5+ ♔d6 55.♔d4 ♖a8 56.♖f5 ♔e7 57.a4 ♖g8 58.♖f4 ♖g2 59.b4 ♖d2+ 60.♔c3 ♖a2 61.a5 ♖a1 62.a6 ♗e8 63.♖e4+ 1-0**

2 PP für 30.♘xa7! ♗d7 31.♖f1! oder 31.d5.

1 PP für 30.♘a5.

P03.03
Caruana, Fabiano (2796)
Adams, Michael (2740)
Dortmund 2013

17...♖h2+!

Eine sehr gute praktische Entscheidung, denn Schwarz bekommt gefährliches Gegenspiel. Nach anderen Zügen konsolidiert Weiß seine Stellung und verbleibt mit riesigem Raumvorteil.

So wäre beispielsweise 17...♘d5?! 18.♘xd5 cxd5 19.♘f3 klar besser für Weiß.

18.♔g3 ♖xc2 19.♘h7

Diesen Zug musste man vorhersehen. Zwar gewinnt Weiß eine ganze Figur, aber dafür wird Schwarz jetzt sehr aktiv.

Eine wichtige Alternative lautete 19.e6 f6 20.♘h7 c5 21.♘xf8 ♗c6 22.♘g6 ♘xg6 23.fxg6 ♖g2+ 24.♔f4 ♖f2+ = (Adams in CBM 156).

19...c5!

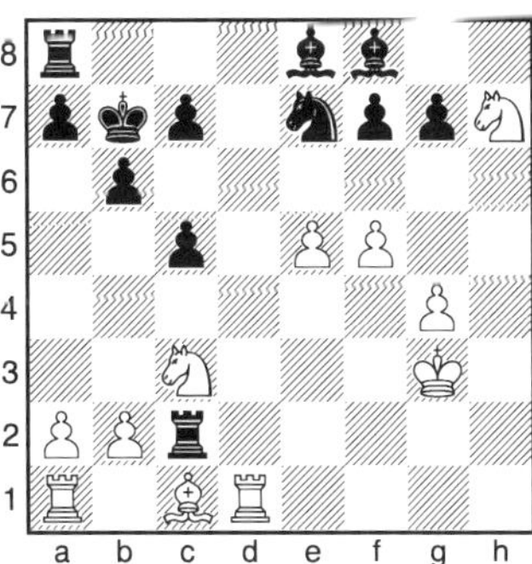

Diese Öffnung der langen weißen Diagonale ist die Pointe des aktiven Verteidigungskonzepts

20.♘xf8

20.♖d2!? ♖xd2 21.♗xd2 ♗c6 22.♖d1=/∞ (Adams)

20...♗c6

Das schwarze Gegenspiel reicht aus, um Ausgleich zu wahren.

21.f6?

Das geht zu weit. Laut Adams sollte Weiß sich nach 21.♗g5 ♘xf5+ 22.gxf5 ♖g2+ 23.♔f4 ♖f2+ 24.♔e3 ♖xf5 25.♘h7 ♖h8= bzw. 24.♔g4 ♖g2+ = mit Remis begnügen.

21...♖g2+ 22.♔f4 gxf6 23.exf6 ♖f2+ 24.♔e3 ♖xf6−+ 25.♘h7 ♖f3+ 26.♔d2 ♖d8+ 27.♔c2 ♖xc3+! 28.bxc3 ♗a4+ 29.♔b2 ♖xd1 30.♗g5 ♘c6 31.♖xd1 ♗xd1 32.♗f4 ♗xg4 33.♘f6 ♗f3 34.♘e8 ♘a5 35.♘xc7 ♗c6 36.♔c2 ♔c8 37.♔d3 ♔d7 38.♔c2 ♘c4 39.♘a6 ♗b7 40.♘b8+ ♔c8 41.♔d3 b5 0-1

1 PP für die Entscheidung 17...♖h2+.

1 PP und **1 AP** für 19...c5!

P04.01
Müller, Karsten (2490)
Lutz, Christopher (2565)
Dudweiler 1996

19...♗xf1

Natürlich sollte man zunächst das angebotene Material mitnehmen.

20.♖xf1

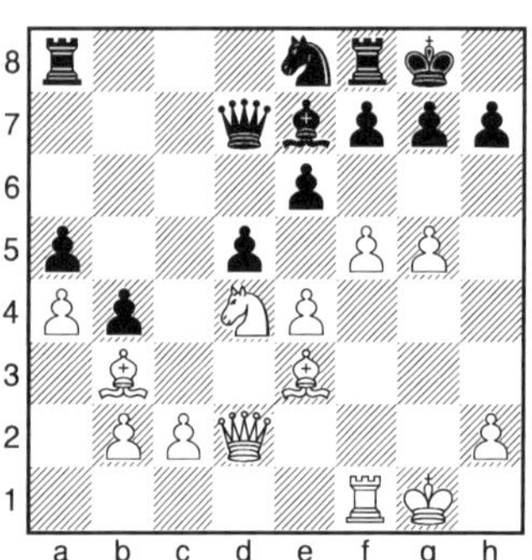

Die Spannung ist auf dem Siedepunkt. Objektiv sollte das Qualitätsopfer jedoch nicht durchschlagen.

20...♘d6?

Nach diesem ebenso logischen wie verfehlten Zug geht der weiße Plan allerdings auf.

1) Nach der starken prophylaktischen Maßnahme 20...♔h8! wäre der Angriff hingegen ins Leere gelaufen und Schwarz hätte Materialvorteil behalten; z.B. 21.exd5 (21.e5 exf5 22.♘xf5 ♘c7−+) 21...exd5 22.♕g2 ♗c5 23.♖f4 g6−+.

2) Das direkt stabilisierende 20...♖d8 ist laut Computer ebenfalls besser für Schwarz, wirkt aber nicht so überzeugend.

3) 20...exf5? 21.♘xf5 spielt Weiß in die Karten.

4) Und auch 20...♘c7 21.f6 ♗c5 gewährt ihm unnötig viel Gegenspiel.

21.fxe6 fxe6 22.♘xe6!+−

Nach dieser Pointe verliert Schwarz zwei Bauern und die Partie.

22...♖xf1+ 23.♔xf1 ♔h8

23...♘xe4 24.♕xd5+−

24.♕xd5 ♕b7 25.♕xb7 ♘xb7 26.♗d5 ♖a6 27.♗d4 ♘d8 28.♘xg7 ♗c5 29.♗f6 ♖xf6+ 30.gxf6 ♗d4 31.♘h5 1-0

2 PP und **1 RP** für 20...♔h8!

1 PP für den zweitbesten Zug 20...♖d8.

P04.02
Adams, Michael (2716)
Rozentalis, Eduardas (2577)
Belgrad 1999

33...♖8d7?

Dieser passive Zug reicht nicht, um die weißen Drohungen zu parieren.

Nur mit dem aktiven Opferansatz 33...♖xe5!! war die Umklammerung abzuschütteln.

(33...♗xe5? 34.fxe5 ♕xe5 35.♗xg6+−)

1) Nach 34.fxe5 ♗xe5 ...

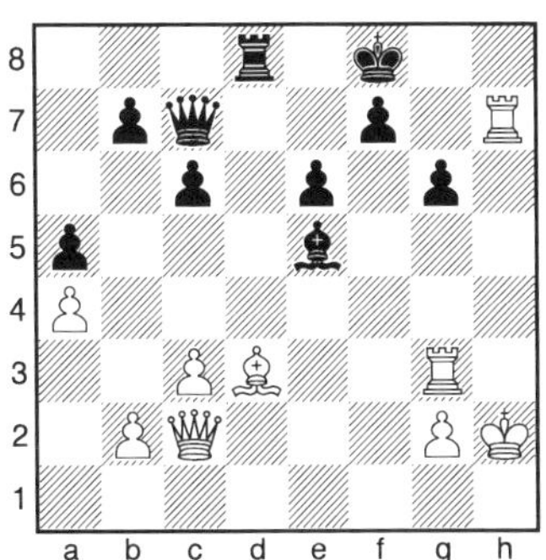

... kann Weiß sich nicht aus der Fesselung befreien und sollte daher selbst mit 35.♗xg6 Remis forcieren.

(35.♖hh3? ♗xg3+ 36.♖xg3 ♔e7! Δ♖h8+; Δ37.♔h3 ♕f4−+)

35...♗xg3+ 36.♔h3 ♖d7 37.♖h8+ ♔g7 38.♖h7+ ♔f8=

2) Auf sogleich 34.♗xg6 folgt mit 34...♖e1! ein weiterer wichtiger Zug, nach dem das schwarze Gegenspiel zum Remis reicht.

a) 35.♗h5 (35.♗xf7? ♖dd1−+) 35...♕xf4 36.♖hxg7 ♕h4+ 37.♖h3 ♕f4+ Δ38.♖gg3? ♖d2−+; ⌓38.♖hg3=

b) 35.♖xg7 ♔xg7 36.♗xf7+ ♔f8! 37.♕h7 ♕xf4 38.♗h5 ♕h4+ 39.♖h3 ♕f4+ =

34.♗xg6 fxg6 35.♕xg6 ♖f7 36.♕h5 ♗xe5 37.♕h6+ ♖g7 38.fxe5 ♕xe5 39.♕xg7+ 1-0

1 PP für 33...♖xe5!!

1 PP für 34...♖e1!

Gesamtauswertung ‘Pragmatiker’

Pragmatikerpunkte 34
Reflektorpunkte 2
Aktivspielerpunkte 2
Maximale Gesamtpunktzahl 38

Entsprechend sieht die objektive Betrachtung – also ohne Berücksichtigung des konkret gegebenen Spielertyps – wie folgt aus:

33–38	Punkte:	ELO 2500+
29–32	Punkte:	2400-2500
24–28	Punkte:	2300-2400
19–23	Punkte:	2150-2300
14–18	Punkte:	2000-2150
9–13	Punkte:	1800-2000
0–9	Punkte:	unter 1800

Diese Pragmatiker–Elo sollte allerdings nicht überbewertet werden und kann auch als Spielerei angesehen werden.

Kapitel 5

Tests mit Themenzuordnung

In den folgenden Testaufgaben sind den Spielertypen zahlreiche verschiedene Themen zugeordnet.

Aktivspieler: Direkter Königsangriff, intuitive Opfer, Aktivierung der Kräfte

Pragmatiker: Berechnungsaufgaben, Kombinationen, Verteidigung, praktische Aspekte

Reflektoren: Abtauschfragen, Koordination und Harmonie, Dominanz und Restriktionsmethoden, aktive Prophylaxe

Theoretiker: Fragen zur Kunst der Bauernführung, Springervorposten, Läuferpaar, Strategie gemäß der Bauernstellung, theoretische Endspiele

Das ist natürlich sehr holzschnittartig, aber so kann man klarer sehen, wo man Stärken und Schwächen hat. Denn jeder Spieler hat mehr oder weniger von allen Qualitäten der vier Spielertypen und am Ende wird dann deren individuell gegebene Verteilung deutlich.

Hinweise zu den Tests

Anders als in unserem Spielertypenbuch haben wir hier nicht darauf geachtet, ob die jeweilige Lösung von dem entsprechenden Spielertyp stammt. Denn hier soll es ja um das Zusammenführen und somit um Universalität gehen, während wir im ersten Buch die Trennung überbetont haben. Es kann also z.B. sein, dass es für den richtigen Zug von dem *Reflektor* Magnus Carlsen einen *AP* gibt. Ebenso kann es sein, dass es bei einer Aufgabe Punkte aus verschiedenen Kategorien gibt.

Nehmen Sie sich maximal 30 Minuten für die jeweils acht Aufgaben eines Tests und schreiben Sie Ihre Lösungen auf. Diesmal werden auch Punkte vergeben, damit Sie einen Überblick bekommen, wie Ihre Qualitäten diesbezüglich verteilt sind. Natürlich darf das nicht überbewertet werden, schließlich beruht eine Elozahl auf wesentlich mehr Faktoren, als auf solch vereinfachte Weise getestet werden kann.

Beispielsweise kann eine der Hauptstärken von Theoretikern (die genaue Kenntnis ihrer Eröffnungen und Strukturen) auf diese Weise gar nicht abgefragt werden. Auch wenn man von diesem Ansatz nicht viel hält, hoffen wir, dass man das Buch in jedem Fall als Testbuch verwenden kann und dann eben nur seine Gesamtpunktzahl bewertet.

Neben der erzielten Punktzahl kann übrigens auch die Art Ihrer Fehler durchaus interessante Hinweise geben, was aber leider nicht in die Punktzahl miteinbezogen werden kann. Beispielsweise sagen folgende Überlegungen sehr viel über den jeweiligen Typus bzw. dessen Stil aus, mitunter sogar mehr als korrekt gelöste Aufgaben:

- Theoretiker und Pragmatiker sind in der Tendenz etwas zu materialisitisch;
- Aktivspieler sind zu wenig materialistisch und spielen oft pseudoaktive schwächende Bauernzüge;
- Reflektoren können nicht so gut rechnen.

Je universeller man ist, desto weniger solche ausgeprägten Schwächen gibt es natürlich.

Bei den ersten 48 Aufgaben wird angegeben, welchem Spielertyp diese am meisten liegen müssten. Entsprechend gibt es hinter dem Anzugshinweis folgende Kürzel:

A = Aktivspieler;

T = Theoretiker;

R = Reflektor;

P = Pragmatiker.

Durch diese Hinweise, in welche Richtung die Suche in etwa gehen sollte, werden diese Tests natürlich etwas einfacher.

Hinter dem Kürzel für den Spielertyp wird der Schwierigkeitsgrad einer Aufgabe angegeben. Je mehr Sternchen, desto schwieriger ist die Aufgabe und desto mehr Punkte sind bei richtiger Lösung zu holen. Natürlich können die Angaben zu Spielertyp und Schwierigkeitsgrad auch ignoriert werden und der Leser kann das Ganze wie ein 'normales' Testbuch behandeln. Auch für diesen Fall gibt es am Ende von Kapitel 5 eine entsprechend angepasste Auswertung.

(Lösungen ab Seite 97)

Test 01.01

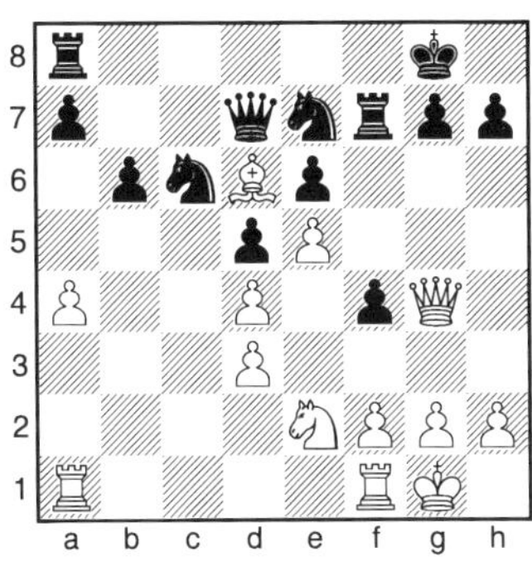

Schwarz am Zug (T*)

Test 01.02

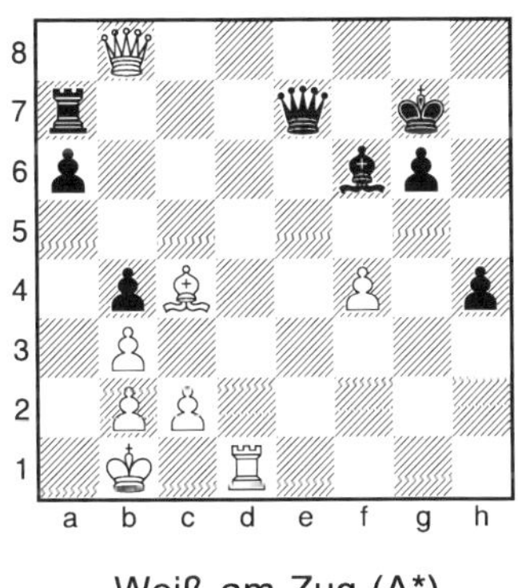

Weiß am Zug (A*)

Test 01.03

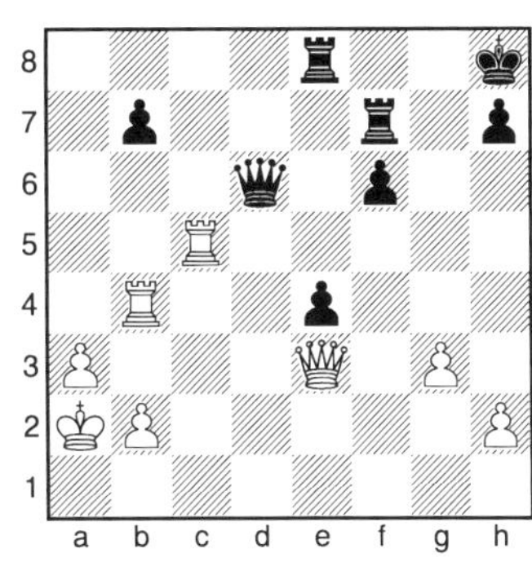

Weiß am Zug (P*)

Test 01.04

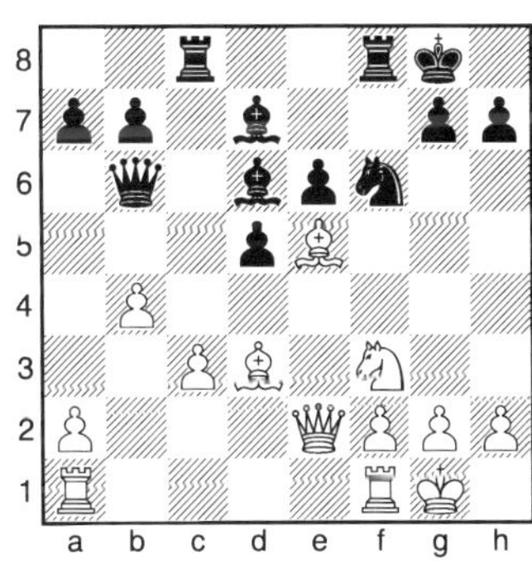

Weiß am Zug (R*)

Test 01.05

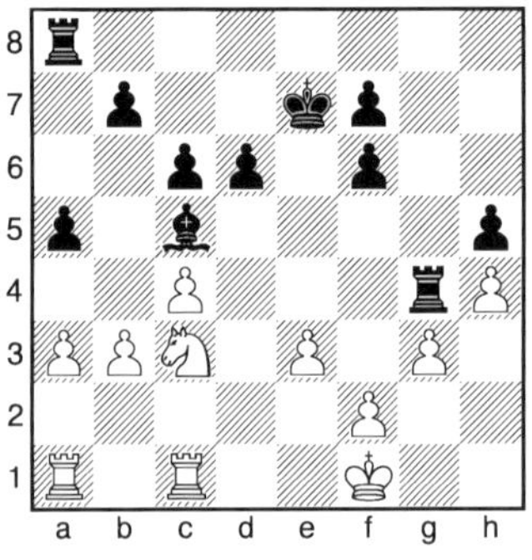

Weiß am Zug (T*)

Test 01.06

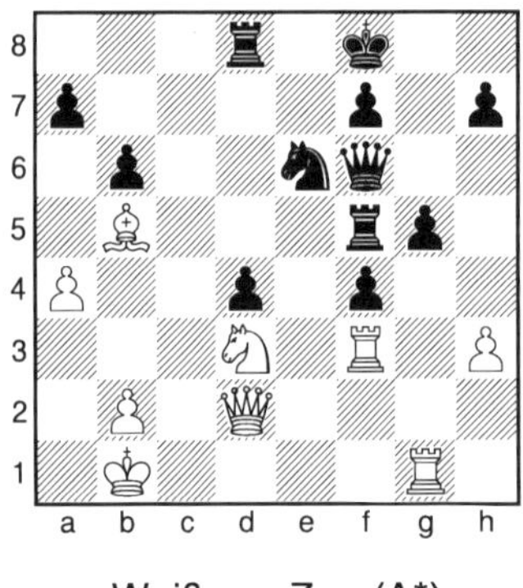

Weiß am Zug (A*)

Test 01.07

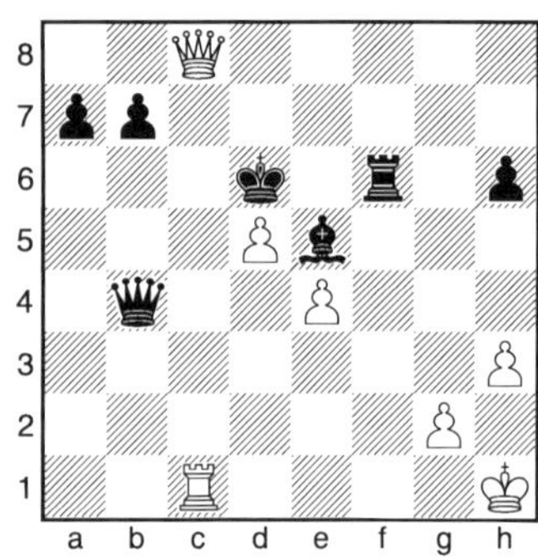

Schwarz am Zug (P*)

Test 01.08

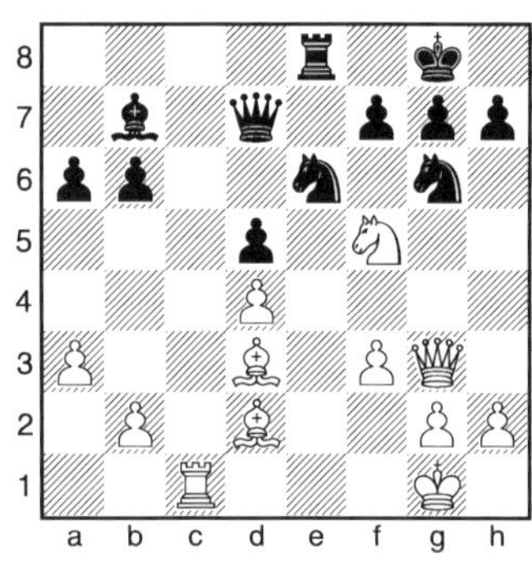

Weiß am Zug (R*)

Lösungen

Test 01.01

Vehi Bach, Victor Manuel (2365)

Psakhis, Lev (2590)

Manresa 1996

18...f3!

Dieser Zug sollte einem leicht von der Hand gehen, denn er sichert dem Springer e7 den Superstützpunkt f5, während die weiße Struktur in Trümmern liegt.

Auch 18...♘f5?! 19.♘xf4 ♘cxd4 20.♘e2 ist besser für Schwarz, aber nicht so gut wie die Partiefolge.

19.gxf3 ♘f5 20.♗a3?!

Das ist sicher nicht das Beste, aber die weiße Stellung ist auch nach anderen Zügen wie z.B. 20.♖fc1 eine Ruine.

20...h5!−+

Nach dieser Ablenkung fällt erst d4 und danach bricht die weiße Stellung völlig zusammen.

21.♕xh5 ♘fxd4 22.♘xd4 ♘xd4 23.♗d6?! ♖f5 24.♕h3 ♘xf3+ 25.♔g2 ♕f7 26.♖ac1 ♖h5 27.♕xf3 ♖xh2+ 28.♔xh2 ♕xf3 29.♖c2 ♔h7 30.♖g1 ♖h8 0-1

1 TP für 18...f3!

Test 01.02

Adams, Michael (2716)

Swidler, Peter (2713)

Dos Hermanas 1999

31.♖g1!

Nach diesem Turmschwenk vor den König ist der Bauer g6 nicht zu halten und Schwarz verliert schnell.

31.♕g8+? kann dagegen mit 31...♔h6 32.♗d3 (32.♖g1 ♕g7) 32...♕f7 mit Remischancen abgewehrt werden.

31...♔h6 32.♗d3 ♖d7 33.♕g8 1-0

1 AP für 31.♖g1!

Test 01.03

Iwantschuk, Wassily (2740)

Khalifman, Alexander (2660)

Elista 1998

31.♖xe4 ♖xe4 32.♖c8+!

Nach diesem entscheidenden Zwischenschach verbleibt Weiß mit einem Mehrbauern und sollte das Damenendspiel gewinnen.

32...♔g7

32...♖f8 33.♖xf8+ ♕xf8 34.♕xe4+−

33.♕xe4 f5 34.♕c4 h5 35.♖h8 ♕g6 36.♕d4+ ♖f6 37.♖d8 ♕f7+ 38.b3 ♕e6 39.♖d7+ ♔g6 40.♖xb7 h4 41.a4 ♕c6 42.♖b8 h3 43.♖g8+ ♔f7 44.♖h8 ♔g7 45.♖h4 ♔g6 46.♕e3 ♔f7 47.♕a7+ ♔g8 48.♕h7+ 1-0

1 PP für die Berechnung bis 32.♖c8+!

Test 01.04
Nimzowitsch, Aron
Salwe, Georg
Karlsbad 1911

16.♗d4!

Die richtige Umgruppierung. Es ist sehr wichtig, diesen starken Läufer auf dem Brett zu halten, da er die gesamte weiße Stellung zusammenhält.

16.♗xd6? ♕xd6 17.♖ac1 ♘g4 18.h3 ♖xf3 19.hxg4 ♖f7=

16...♕c7 17.♘e5 ♗e8 18.♖ae1?!

Statt dieser gekünstelt wirkenden Fortsetzung war 18.♖fe1 nicht nur natürlicher, sondern auch genauer.

Und auch 18.f4 kam stark in Frage.

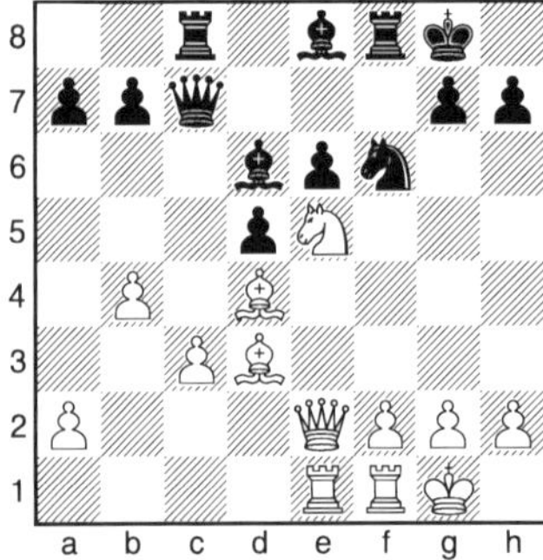

18...♗xe5?

Dieser Abtausch kann einfach nicht gut sein, weil Weiß nun auf den schwarzen Feldern ein Powerplay aufziehen kann.

18...♘e4! war angesagt und hätte praktische Remischancen ergeben.

19.♗xe5 ♕c6 20.♗d4 ♗d7 21.♕c2 ♖f7 22.♖e3+-

Strategisch ist die Partie gelaufen.

22...b6 23.♖g3 ♔h8?

Hier kommt der König vom Regen in die Traufe.

23...♘e4 war zäher.

24.♗xh7!+-

Nun kann Weiß aus seiner Zentralstrategie gezielt am Königsfügel Kapital schlagen. Wenn das Spiel von Theoretikern aufgeht, haben ihre Partien oft einen roten Faden ähnlich einer Geschichte, welche Nimzowitsch bezüglich dieser Partie in seinem Meisterwerk *Mein System* nacherzählt.

24...e5

24...♘xh7 25.♕g6 e5 26.♕xf7+-

25.♗g6 ♖e7 26.♖e1 ♕d6 27.♗e3 d4 28.♗g5 ♖xc3 29.♖xc3 dxc3 30.♕xc3 ♔g8 31.a3 ♔f8 32.♗h4 ♗e8 33.♗f5 ♕d4 34.♕xd4 exd4 35.♖xe7 ♔xe7 36.♗d3 ♔d6 37.♗xf6 gxf6 38.♔f1 ♗c6 39.h4 1-0

1 RP für 16.♗d4!

Test 01.05
Giri, Anish (2714)
Iwantschuk, Wassily (2775)
Reggio Emilia 2012

24.♘e2!

Der Beginn eines für Theoretiker typischen Manövers: Der Springer nimmt Kurs auf grünere Weidegründe.

24...♖gg8 25.♘f4 ♖h8 26.♘d3

Hier steht der Springer optimal, denn er nimmt Einfluss auf beide Flügel. Theoretiker sind sehr stark darin, ihre Figuren der Bauernstuktur angemessen zu platzieren.

26...♗b6 27.♖ab1 ♔d7 28.♖c2

Sofort 28.b4!? kam auch in Frage.

28...♗c7 29.♘f4 ♖ae8 30.b4 axb4?!

Die Öffnung der a-Linie spielt Weiß in die Karten, weil er dann leichter am Damenflügel eindringen kann.

30...a4 31.b5 ♖a8 war zäher.

31.axb4 ♖a8 32.b5 ♖a4 33.♖bb2 ♖a5 34.♔g2 ♖a4 35.♔f3 ♖aa8 36.♖a2 ♖xa2 37.♖xa2 d5 38.bxc6+ bxc6 39.cxd5 c5 40.♖a6 ♗xf4 41.♔xf4+- ♖c8 42.♖c6 ♖xc6 43.dxc6+ ♔xc6 44.g4 c4 45.e4 ♔d6 46.f3 ♔e6 47.♔e3 ♔e5 48.gxh5 f5 49.h6 f4+ 50.♔d2 ♔f6 51.h5 1-0

1 TP für 24.♘e2!

Test 01.06

Caruana, Fabiano (2822)

Firouzja, Alireza (2723)

Wijk aan Zee 2020

31.h4!

Weiß öffnet in typischer Weise Zugstraßen für seinen Angriff.

31...h6

Nach 31...gxh4 lautete eine Beispielvariante 32.♖gf1 ♖d6 33.♕h2 ♕g6 34.♔a2 ♕f6 35.♗c4+-.

32.hxg5 hxg5 33.♖h3 f3 34.♗c4 ♔e7 35.♗xe6 ♔xe6 36.♕h2

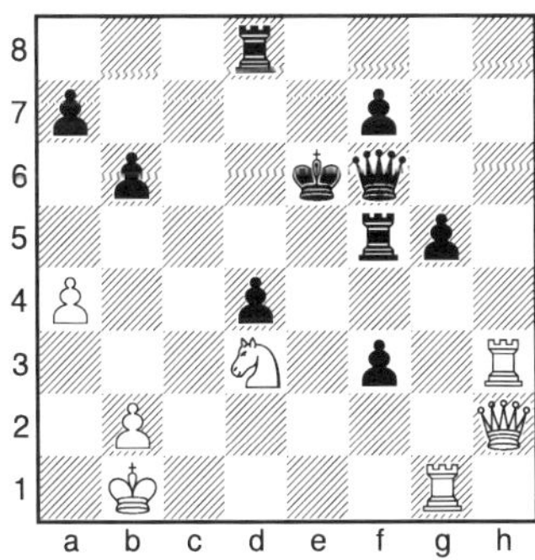

Nun wird ersichtlich, dass die Angriffsstrategie von Weiß aufgegangen ist, denn seine Figuren werden in Kürze über den schwarzen König herfallen.

36...f2 37.♖f1 ♔d7 38.♖h6 ♕e7 39.♖xf2 ♖xf2 40.♕xf2 ♔c8 41.a5 bxa5 42.♕c2+ ♔b8 43.♘c5 ♖d6 44.♖h8+ ♖d8 45.♕b3+ ♔c7 46.♕b7+ ♔d6 47.♖h6+ f6 48.♘e4+ 1-0

1 AP für 31.h4!

Test 01.07

Barejew, Jewgeny (2702)

Fedorow, Alexei (2646)

Shenyang 2000

38...♕b6?

Der Aktivspieler Fedorov verpasst die einzige Verteidigung.

Nach 38...♔e7! hat Weiß plötzlich kein einziges Schach mehr und Schwarz gewinnt glatt; z.B. 39.♕g8 ♕xe4 40.♕g7+ ♖f7 41.♕xh6 ♕f5-+.

39.♕b8+ ♔d7 40.♕xe5 1-0

1 PP für 38...♔e7!

Test 01.08

Keymer, Vincent (2558)

Anton Guijarro, David (2703)

Bicl 2020

26.h4!

Nach diesem typischen Reflektorzug droht der weitere Vorstoß h4-h5 die Verteidigung über den Haufen zu rennen. Weiß steht natürlich ohnehin sehr gut, aber dieses für Reflektoren charakteristische Vorgehen ist klar am energischsten.

26.♕d6!? kann stark mit 26...♕d8! beantwortet werden, obwohl Weiß auch hier gewinnen solltc.

26...h5

26...♖c8 27.♖e1 ♘e7 28.♘h6+ ♔f8 29.♗xh7 gxh6 30.♕e5+−

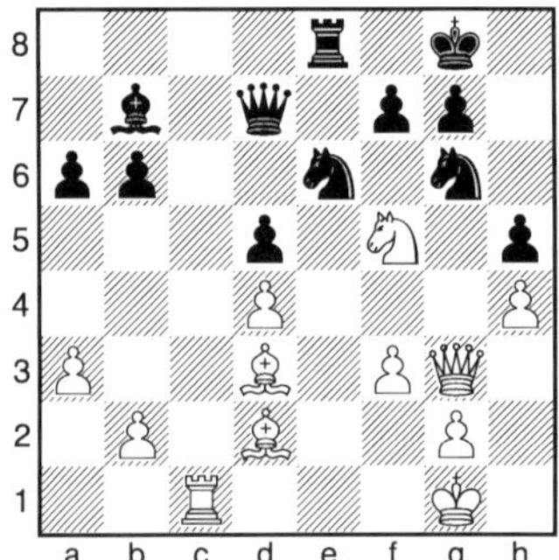

Es folgt eine ‘kleine Kombination’ im Stil des großen Reflektors Capablanca.

27.♘d6 ♖d8 28.♘xf7! ♕xf7 29.♗xg6+− ♕f6 30.♔h2 ♕xd4 31.♖e1 ♗c8 32.♖xe6 und **1-0** angesichts der möglichen Folge 32...♗xe6 33.♗c3 ♕e3 34.♗h7+ ♔f7 35.♕xg7+ ♔e8 36.♗g6+ ♗f7 37.♕xf7#.

1 RP für 26.h4!

(Lösungen ab Seite 103)

Test 02.01

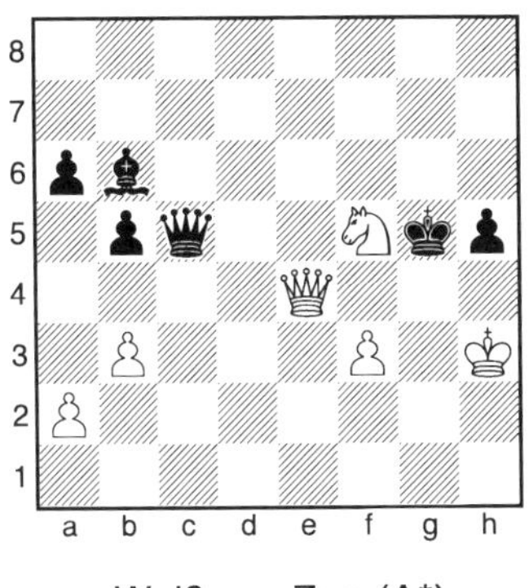

Weiß am Zug (A*)

Test 02.02

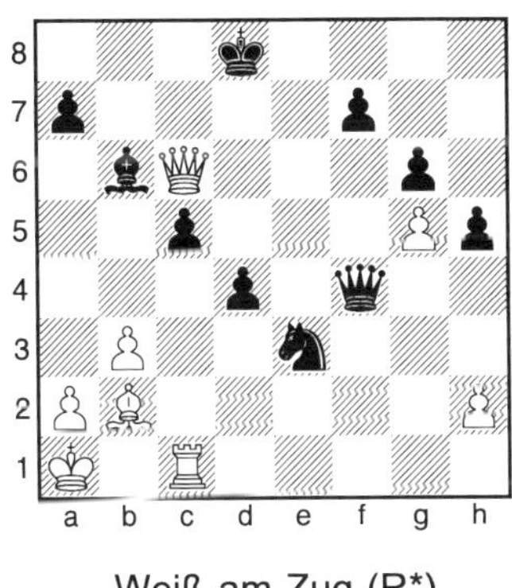

Weiß am Zug (R*)

Test 02.03

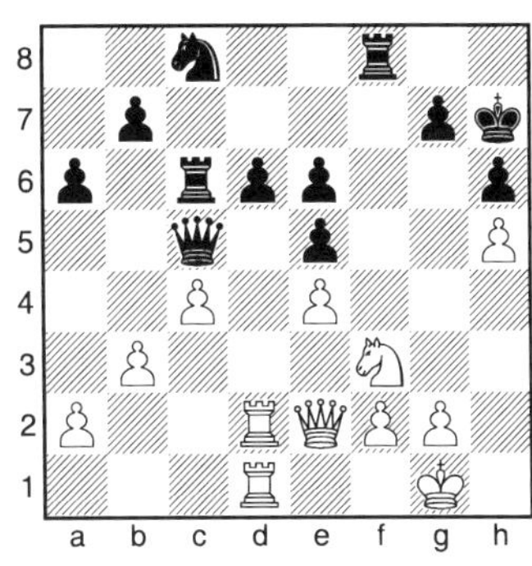

Weiß am Zug (T*)

Test 02.04

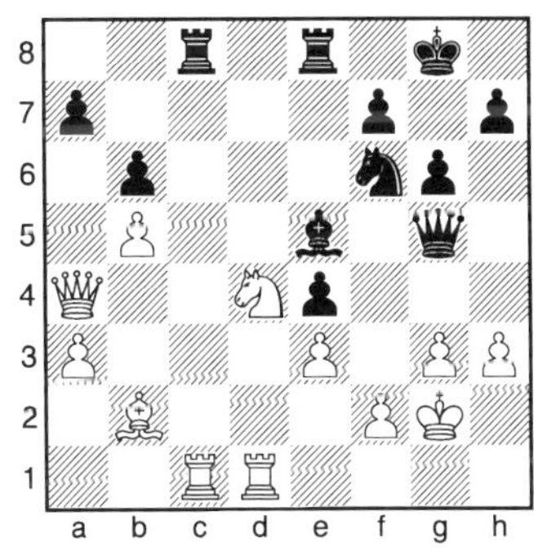

Weiß am Zug (P*)

Test 02.05

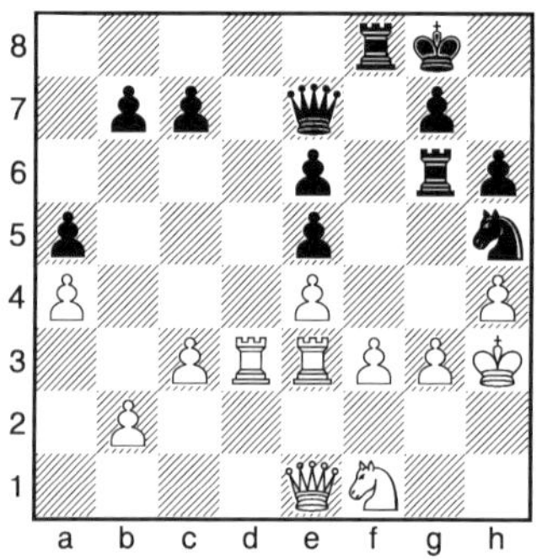

Schwarz am Zug (A**)

Test 02.06

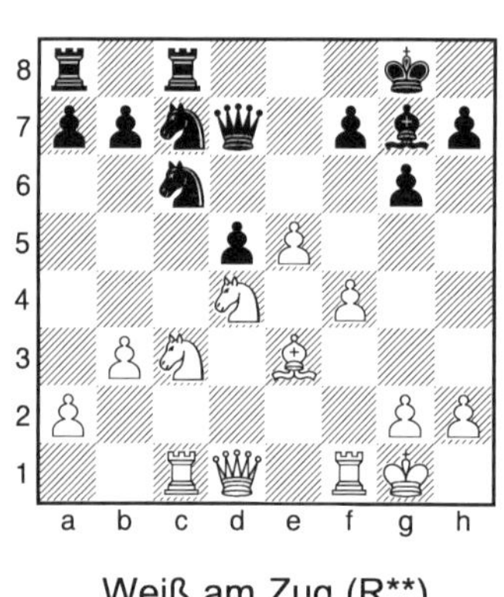

Weiß am Zug (R**)

Test 02.07

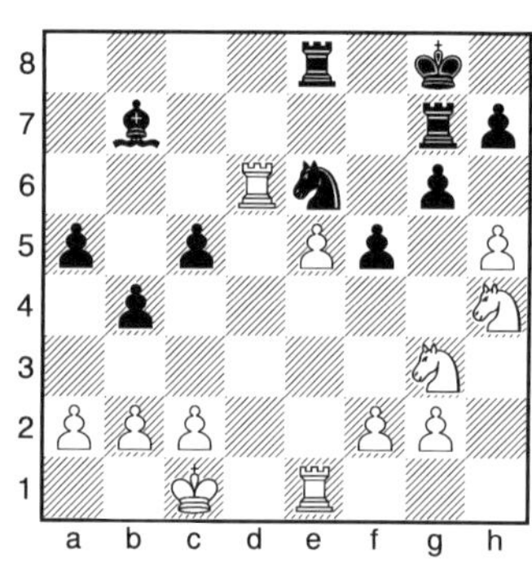

Weiß am Zug (T**)

Test 02.08

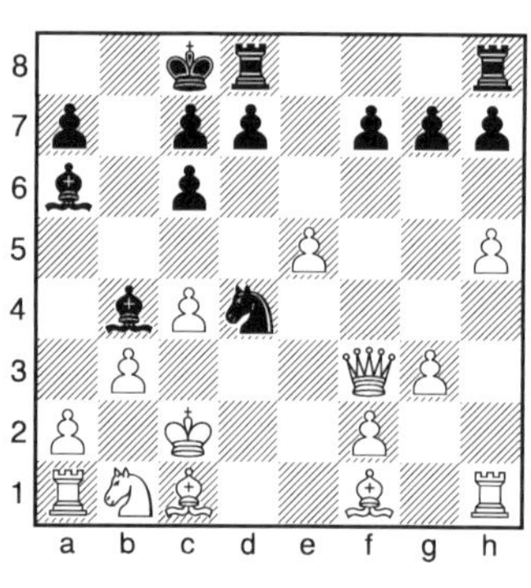

Weiß am Zug (P**)

Lösungen

Test 02.01
Anand, Viswanathan (2791)
Radjabow, Teimour (2761)

Linares 2009

56.♘e7!+–

Nun kann der schwarze König dem berüchtigten Team 'Dame & Springer' nicht mehr entkommen.

Die Alternative 56.♘h4? mit dem Plan, den Bauern h5 zu gewinnen, ist zu materialisitisch; ein fehlerhaftes Herangehen, das vor allem bei Theoretikern und gewissen Pragmatikern anzutreffen ist.

(56.f4+? ♔f6 57.♘g3 ♕e3=)

Nach 56...♔f6 57.♕g6+ ♔e5 58.♕xh5+ ♔d4= entkommt der König und der Mehrbauer ist aufgrund des schwachen Damenflügels nicht zu verwerten.

56...♔f6

56...♗c7 57.♕h4+ ♔h6 58.♕f6+ +–

57.♘d5+ ♔g7

57...♔f7 58.♕f5+ ♔e8 59.♕e6+ +–

58.♕e5+ ♔h6 59.♕f6+ ♔h7 60.♕f7+ ♔h6

60...♔h8 61.♘e7+–

61.♘e7 ♕g1 und **1–0** angesichts der Folge **62.♘g8+ ♔g5 63.♕f6#**

Ein gutes Beispiel für Capablancas These: Dame und Springer bilden ein starkes Angriffsduo, das unter entsprechenden Umständen dem aus Dame und Läufer bestehenden überlegen ist.

1 AP für 56.♘e7!

Test 02.02
Kasparow, Garry (2851)
Adams, Michael (2715)

KasparovChess Internet 2000

39.a4!

Damit nimmt Kasparov die Schwachstelle der Verteidigungskoordination aufs Korn, wonach gegen die Drohung a4–a5 nichts mehr zu erfinden ist.

39...♕c7

39...♕f5 40.a5+–

40.♕f6+

40.♕a8+ ♔d7 41.♗xd4+–

40...♕e7

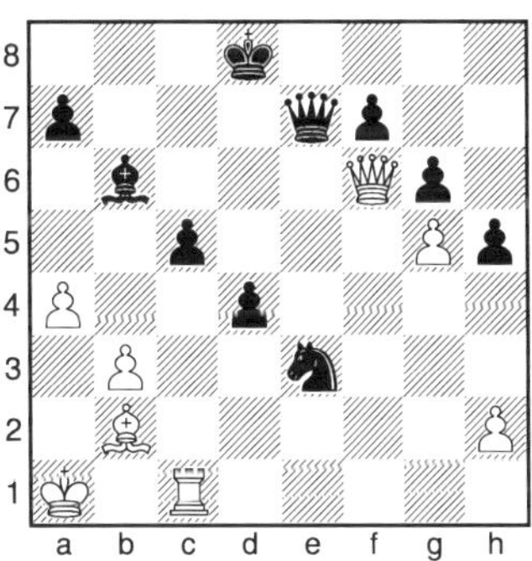

41.♗xd4!

Die Pointe des vorangegangenen Schachgebots auf f6.

41...♕xf6

41...cxd4?! 42.♖c8+ ♔d7 43.♕c6#

42.♗xf6+ +– ♔d7 43.h3 ♘d5 44.♖d1 ♔e6 45.♖e1+ ♔d7 46.♗e5 ♗a5 47.♖e2 ♗d8 48.h4 ♗a5 49.♔b2 ♘e7 50.♗g3 ♘f5 51.♗f2 ♔c6 52.♖e5 ♗b4 53.♔c2 ♔d6 54.♖e8 a5 55.♔d3 ♔d7 56.♖a8 ♔e6 57.♖a6+ ♔d5 58.♖f6 ♘d6 59.♗e3 c4+ 60.bxc4+ ♘xc4 61.♗f4 ♘b2+ 62.♔c2

♘xa4 63.♖xf7 ♘c5 64.♖f6 ♗e1 65.♖xg6 ♗xh4 66.♖d6+ ♔e4 67.g6 ♔xf4 68.g7 ♘e4 69.♖c6 ♘f6 70.♖xf6+ ♗xf6 71.g8♕ h4 72.♔d3 ♗g5 73.♕f7+ ♔g3 74.♔e4 h3 75.♕f3+ ♔h2 76.♕f2+ ♔h1 77.♕g3 1-0

1 RP für 39.a4!

Test 02.03
Anand, Viswanathan (2792)
Leko, Peter (2740)
Wijk aan Zee 2006

28.♘e1!

Die Einleitung eines für Theoretiker typischen Manövers: Da der Springer auf f3 nicht viel geleistet hat, muss seine Stellung verbessert werden.

1) Auch 28.♘h4! ♘e7 29.♕e3!+− ist stark, erfordert jedoch deutlich mehr Berechnungen als die Partiefortsetzung.

2) Und das für Hyperaktivspieler typische Herangehen mit 28.g4? ist zu radikal, denn nach 28...b5! sind alle drei Ergebnisse möglich.

28...♖c7?

28...♘b6 war etwas zäher, aber nach z.B. 29.♘d3 ♕a3 30.♕g4 ♖f6 31.f3 ♘d7 32.♕g3 ♕a5 33.b4 ♕c7 34.c5 d5 35.a4+− hat Weiß unverändert großen strategischen Vorteil.

29.♘d3 ♕c6 30.c5!+−

Auf diesen tödlichen Hebel, nach dem die schwarze Struktur auseinanderfällt, hat Weiß mit dem Springermanöver hingearbeitet. In Fragen der Bauernstruktur sind Theoretiker sehr gut.

30...♘e7 31.♕g4 ♖f6 32.b4 d5 33.♘xe5 ♕a4 34.♕g3 ♖c8 35.♘g4 ♖f7 36.♕d6 ♖cf8 37.♕xe6 ♕xb4 38.exd5 ♕xc5 39.d6 ♘c6 40.d7 ♘d8 41.♕e4+ ♕f5 42.♖e2 ♕xe4 43.♖xe4 b5 44.f3 a5 45.♘e5 ♖f6 46.♘g6 ♖g8 47.♖e8 ♖f7 48.♖d5 b4 49.♘e7 1-0

1 TP für 28.♘e1!
oder
1 PP für die alternative Lösung 28.♘h4 ♘e7 29.♕e3!

Test 02.04
Barejew, Jewgeny (2707)
Leko, Peter (2713)
Wijk aan Zee 2002

28.♖xc8

28.♘c6? wäre die richtige Idee in der falschen Ausführung, denn nach 28...♗xb2 29.♘e7+ ♖xe7 30.♖xc8+ ♘e8= hat Weiß nichts in der Hand.

28...♖xc8 29.♘c6!+−

Diese kleine Kombination gewinnt die Qualität. Starke Pragmatiker erkennen solche Taktikmotive sofort.

29...♗xb2

29...♖xc6 30.bxc6 ♗xb2 31.c7+−

30.♘e7+ ♔g7 31.♘xc8 ♕f5 32.♘d6 ♕f3+ 33.♔g1 ♗e5 34.♕c2 h5 35.h4 (35.♕b3!+−) **35...♕g4 36.♔g2 ♕f3+ 37.♔g1 ♕g4 38.♕b3! ♗xg3 39.♕xf7+ ♔h6 40.♕f8+ ♔h7 41.♕e7+ 1-0**

1 PP für die Berechnung bis 29.♘c6!

Test 02.05
Ding, Liren (2777)
Giri, Anish (2772)
Wenzhou 2017

28...♖xg3+!

Dieses naheliegende Opfer leitet den Schlussangriff ein, während es nach neutralen Zügen nicht recht weitergegangen wäre; z.B. 28...c5? 29.♖d2 c4 30.♖g2 ♖gf6 31.♘h2∞.

29.♘xg3 ♘f4+ 30.♔h2 ♕xh4+ 31.♔g1

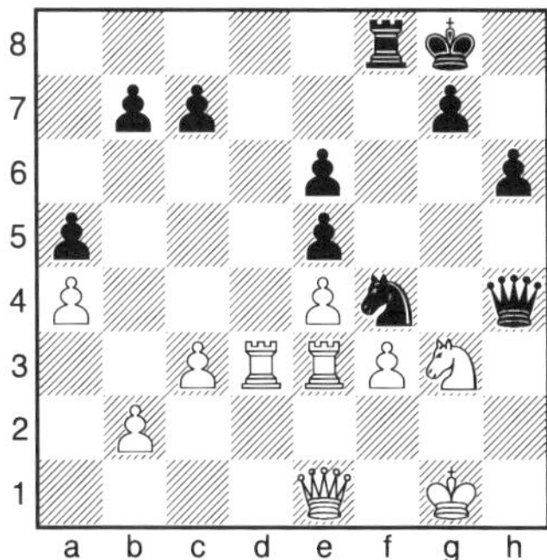

31...♖f6!–+

Die Hinzuziehung der letzten Figur verstärkt den Angriff entscheidend, denn gegen ♖g6 ist nichts mehr zu erfinden. Es ist typisch für Aktivspieler, dass sie gern so viele Figuren wie möglich heranholen.

32.♖d8+ ♔h7 33.♖d2 ♖g6 34.♖g2 h5 35.♖h2 ♖xg3+ 36.♔h1 ♕g5 37.♕f1 h4 38.♖e1 h3 39.♖d1 ♕h5 40.♖d7 ♕xf3+ 41.♕xf3 ♖xf3 42.♖hd2 ♔h6 43.♖d8 ♔h5 44.♖h8+ ♔g4 45.♖d1 ♘e2 0-1

2 AP für die Berechnung bis 31...♖f6!

Test 02.06
Adams, Michael (2706)
Williams, Simon Kim (2511)
Canterbury 2010

17.♘xc6! bxc6

17...♕xc6? 18.♘e4 ♕d7 19.♘d6 ♖cb8 20.♕f3+–

18.♘e4!

Unter Nutzung der Fesselung auf der d-Linie wird der Springer auf bessere Felder geführt. Die schwarzen Felderschwächen machen sich nun schnell bemerkbar.

18.♘a4? macht deutlich weniger Druck, denn nach 18...♘e6 steht Weiß nur geringfügig besser.

18...♘e8

18...♘e6? 19.f5!+–

19.♘c5 ♕e7 20.♘d3 ♕e6 21.♕f3 a5?!

Dieser für Aktivspieler typische Fehler erzeugt nur noch mehr Schwächen. Gute Alternativen waren jedoch sowieso nicht in Sicht.

Allerdings macht die schwarze Stellung auch nach dem besseren 21...♗f8 keinen guten Eindruck.

22.♘c5+–

Die Partie ist strategisch entschieden, denn früher oder später wird Schwarz seine vielen Schwächen nicht mehr decken können.

22...♕e7 23.♗f2 ♖ab8 24.♕h3 f5 25.♕c3 ♖a8?! 26.♘a4 ♖a6 27.♕d3 1-0

1 RP für 17.♘xc6!

1 RP für 18.♘e4!

Test 02.07
Saric, Ivan (2662)
Grischuk, Alexander (2785)
Heraklion 2017

27.♖ed1?

Die d–Linie ist hier bedeutungslos. Weiß hat zwar einen Bauern mehr, aber das Hauptproblem sind seine Springer, die durch die schwarzen Bauern stark eingeschränkt werden. Daher sollte er sich zunächst um diese kümmern.

1) Mit 27.♘f1! konnte er eine starke Umgruppierung einleiten, der Schwarz nichts entgegenzusetzen hätte.

a) 27...f4 28.hxg6 hxg6 29.♘h2 ♔f7 30.♘g4+–

b) 27...♘f8 28.f4 ♘e6 29.g3 ♘d4 30.♘e3+–

2) Auch 27.hxg6 hxg6 28.♘f1+– ist stark, selbst wenn Schwarz etwas mehr Möglichkeiten erhält.

3) Eine weitere gute Option ist 27.♘e2+–, denn die Idee bleibt dieselbe: Der Springer g3 muss umgesetzt werden.

27...f4 28.hxg6 hxg6

28...fxg3 29.♖xe6!+–

29.♘e2 ♔h7?

Mit 29...g5 30.♘f5 ♖h7 konnte Schwarz sich Gegenspiel verschaffen.

30.b3 (30.♖b6!?) **30...♖ge7 31.♔b2 ♗e4?**

31...♖f7 war zäher.

32.f3 ♗b7 33.♖xe6 ♖xe6 34.♘xf4 ♖xe5 35.♘hxg6 ♖e1 36.♖d7+ ♔h6 37.♖xb7 ♖d8 38.♘d3 ♖xd3 39.cxd3 ♖e2+ 40.♔b1 ♔xg6 41.♖b5 ♖e1+ 42.♔c2 ♖e2+ 43.♔c1 ♖xa2 44.♖xc5? (44.g4+–) **44...♖xg2 45.♖xa5 ♖g1+ 46.♔d2 ♖g2+ 47.♔e3 ♖b2 48.♔d4 ♖xb3 49.♖e5 ♔f6 50.f4 ♖b1 51.♖b5 ♖f1 52.♔e4 ♖b1 53.♖b6+ ♔e7 54.♔e5 ♔d7 55.f5 b3 56.♔f6 b2 57.♔f7 ♖f1 58.♖xb2 ½-½**

2 TP für 27.♘f1!

1 TP für 27.hxg6 hxg6 28.♘f1 oder 27.♘e2.

Test 02.08
Smeets, Jan (2593)
Adams, Michael (2735)
London 2008

18.♔b2!

Da der König hier am sichersten steht, kann Weiß in der Folge seine Stellung konsolidieren und verbleibt mit seinen strategischen Vorteilen.

In der Partie folgte 18.♔d3?, wozu Adams (im CBM) anmerkt:

„Während der Partie hielt ich den Spaziergang des Königs für erzwungen, aber der Computer, der einem stets verlässlich die Lieblingspartien ruiniert, weist darauf hin, dass es sich um einen Fehler handelt." (Adams in CBM)

Nach 18...♘xf3 stand Schwarz klar besser und gewann nach 19.♔e4?! ♘xe5 (19...c5!–+) eine instruktive Partie.

18...♘xf3 19.♗e2!

Der einzige Zug, der den Vorteil festhält, denn Schwarz darf sich nicht auf e5 bedienen.

Hingegen spielt 19.♗f4? ♖he8 Schwarz in die Karten.

19...♘d4

19...♘xe5? 20.f4+–

20.♗g4 ♗b7 21.♖d1 ♘e6 22.♗e3 ♔b8 23.♘c3 und Weiß steht positionell klar besser.

2 PP für 18.♔b2! ♘xf3 19.♗e2!

18.♔b2 kann man auch durch die Eliminierung aller anderen Kandidatenzüge finden.

(Lösungen ab Seite 110)

Test 03.01

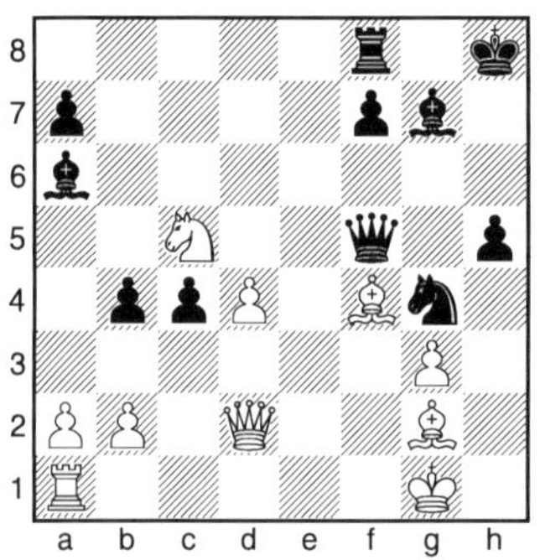

Schwarz am Zug (P*)

Test 03.03

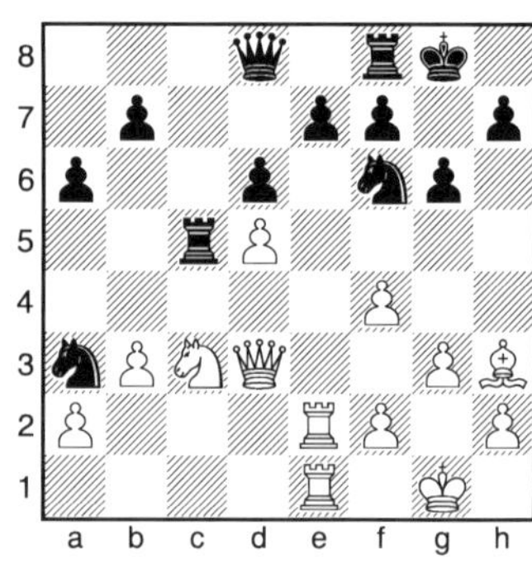

Weiß am Zug (A*)

Test 03.02

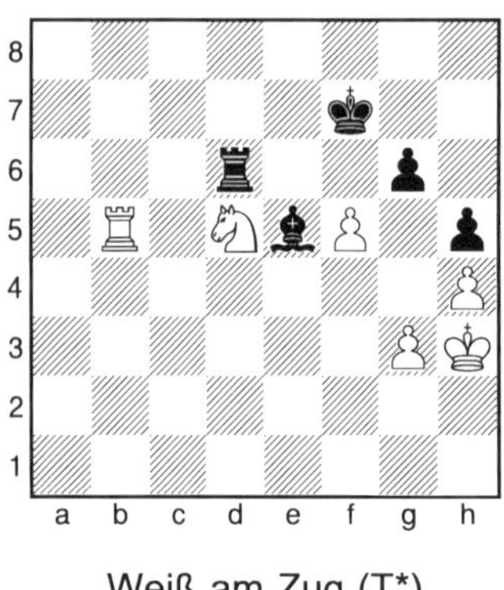

Weiß am Zug (T*)

Test 03.04

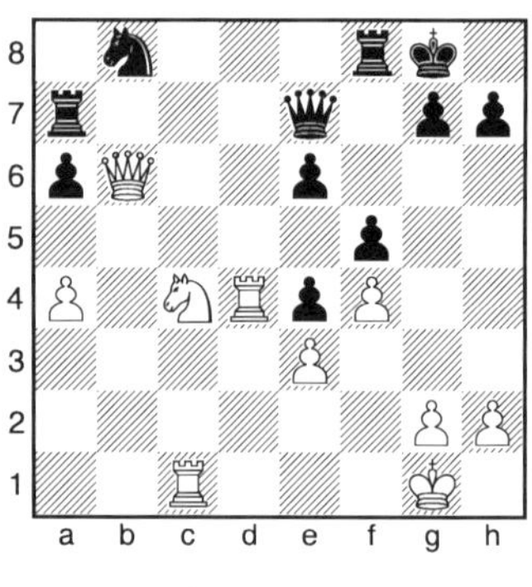

Weiß am Zug (R*)

Test 03.05

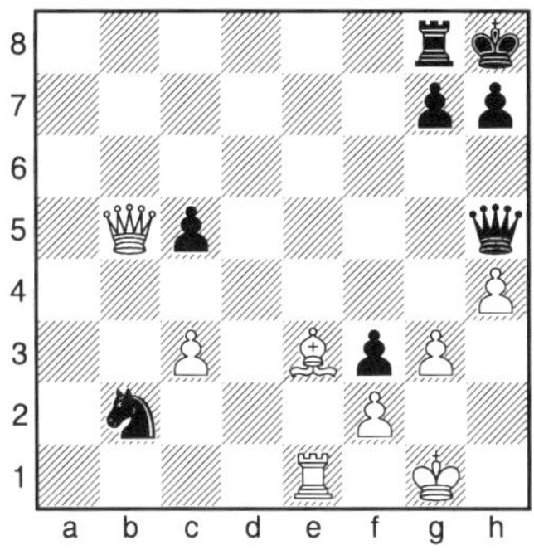

Schwarz am Zug (P*)

Test 03.07

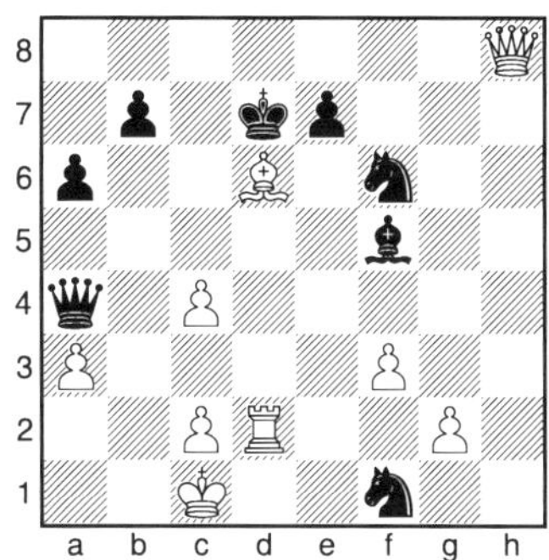

Weiß am Zug (A**)

Test 03.06

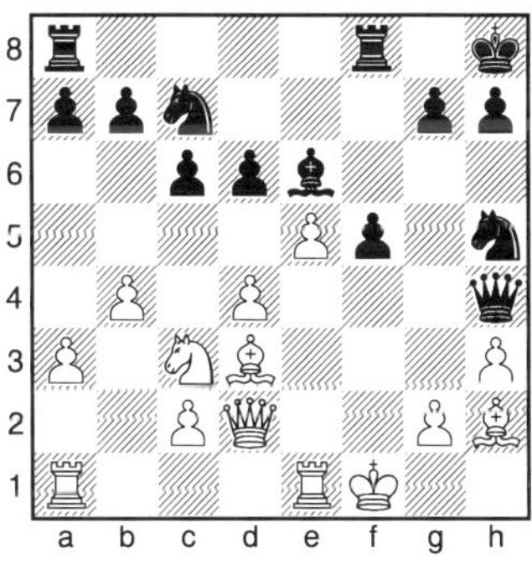

Schwarz am Zug (T***)

Test 03.08

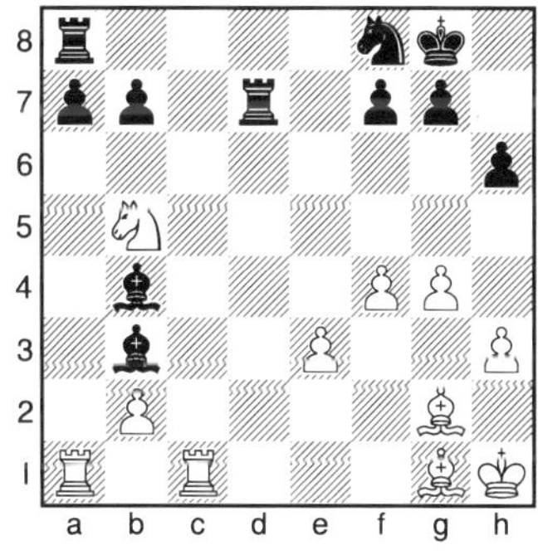

Weiß am Zug (R**)

Lösungen

Test 03.01
Caruana, Fabiano (2680)
Kobalia, Mihail (2637)
Russland 2010

29...♖d8!

Das zielt direkt auf die Achillesferse d4 und mit dieser fällt die gesamte weiße Stellung.

Auch 29...♗b5 30.♘e4!? ♖d8 31.♘d6 ♖xd6!−+ ist objektiv gewonnen, jedoch nicht annähernd so klar wie die Partiefolge.

30.♘xa6 ♗xd4+ 31.♔h1

31.♔f1 ♘h2+ 32.♔e1 c3−+

31...c3

31...♘f2+ 32.♔h2 h4−+

32.bxc3 bxc3 33.♕e2 c2 34.♖c1

34.♖f1 ♘f2+ 35.♔h2 h4−+

34...♘f2+ 35.♔h2 ♘g4+ 36.♔h1 ♘f2+ 37.♔g1 ♘d3+ 38.♔h1 ♘xc1 39.♗xc1 ♗e5 40.♔h2 ♖d1 41.♗h3 ♗xg3+ 42.♔g2

42.♔xg3 ♖d3+ −+

42...♕d5+ 43.♔xg3 ♖xc1 44.♕e3 ♖g1+ 0-1

1 PP für 29...♖d8!

Test 03.02
Tiwjakow, Sergei (2651)
Atalik, Suat (2562)
Jakarta 2014

81.♘e3!

Dieses gekonnte Springermanöver gewinnt forciert einen weiteren Bauern. Der Theoretiker Tiwjakow profitiert davon, dass er die schwarze Bauernkette unterminieren konnte und der Läufer nicht in der Lage sein wird, dem Springer das Feld f4 zu verwehren.

Mit 81.♖b7+ ♔f8 82.♘e7? gxf5 83.♘xf5 ♖f6 84.♘g7 ♗xg3! 85.♘xh5 ♗xh4!= geht Weiß knapp am Gewinn vorbei.

81...♗d4

81...♔f6 82.♖xe5! ♔xe5 83.♘c4+ +−

82.♘g2

82.fxg6+ ♖xg6 83.♘g2 ♖h6 84.♘f4+−

82...♖c6 83.♘f4 gxf5 84.♖xf5+ ♔g7 85.♘xh5+ ♔h6 86.♘f4+− ♖c3 87.♘e2 ♖c4 88.♖f4 1-0

1 TP für 81.♘e3!

Test 03.03
Giri, Anish (2469)
Leon Hoyos, Manuel (2542)
Wijk aan Zee 2009

22.♘e4!

„Tauscht den letzten Verteidiger ab! Schwarz ist hier bereits verloren.“ (Giri in CBM 129)

1) „Nach 22.♖xe7?! ♖xc3! 23.♕xc3 ♘xd5 24.♕b2 ♘xe7 25.♕xa3 steht Weiß immer noch besser, aber Schwarz ist wieder im Spiel, und ich würde eine solche Stellung bestimmt liebend gerne spielen.“ (Giri)

2) Nach 22.f5? ♕a5!∓ erhält Schwarz sehr unangenehmes Gegenspiel.

22...♘xe4

22...♖c7 23.f5+−

23.♖xe4 ♖c7 24.f5+−

Schwarz hat dem Angriff wenig entgegenzusetzen.

24...♘b5 (24...g5 25.f4+−) **25.fxg6 hxg6**

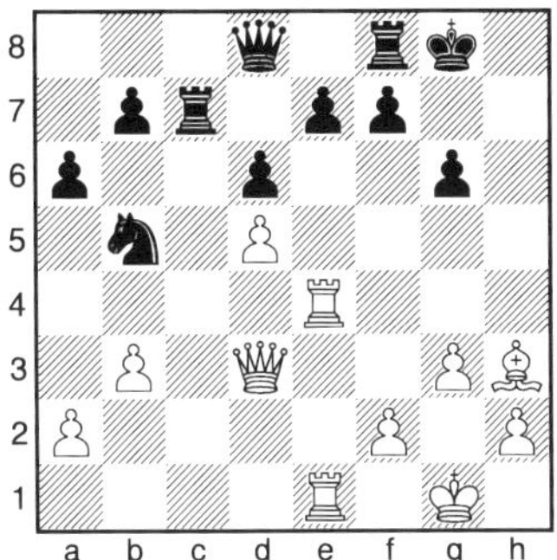

26.a4!

„Nach diesem präzisen Zug wird der weißen Dame das Feld d4 zur Verfügung stehen." (Giri)

26...♘a7 27.♕d4 b5 28.♖h4 f6 29.♕e3 g5 30.♕e4! f5 31.♕e6+ ♔g7 32.♕h6+ ♔f7 33.♗xf5 1-0

1 AP für 22.♘e4!

Test 03.04

Kramnik, Wladimir (2730)

Waganjan, Rafael (2645)

Horgen 1995

28.♘d6!

Eine beliebte Strategie von Reflektoren: die Ausübung vollkommener Dominanz. Nun kann Schwarz Materialverlust nicht mehr vermeiden.

28.♖d6? ♖b7 29.♖xe6 ♕f7 30.♕d6 ♖c7=

28...♖d7 29.♖c8

Nun ist der Springer dominiert und umzingelt und geht entsprechend verloren.

29...♖xc8 30.♘xc8 ♕a3 31.♕xe6+ ♔f8 32.♕xf5+ ♔e8 33.♕e6+ ♔d8 34.♕b6+ ♔e8 35.♘d6+ 1-0

1 RP für 28.♘d6!

Test 03.05

Adams, Michael (2738)

Schirow, Alexei (2630)

Douglas 2017

31...♕f5

So leitet Schwarz eine Zwangsfolge ein, mit der sein Springer gerettet werden kann. Diese Variante kann durch das Ausschlussverfahren gefunden werden.

31...♕g4? 32.♔h2 ♘c4 33.♗f4+−

32.♔h2 ♘d3 33.♖d1 ♘e5

Nach Rettung des Springers hat Schwarz sehr gute Remischancen.

Hingegen könnte er nach dem Fehler 33...♖d8? und der Antwort 34.♗xc5+− die Fesselung nicht mehr abschütteln.

34.♕xc5 h5?!

34...h6!? 35.♗d4 ♘g4+ 36.♔g1 ♕xc5 37.♗xc5 ♖e8= (Adams in CBM 181)

35.♗d4

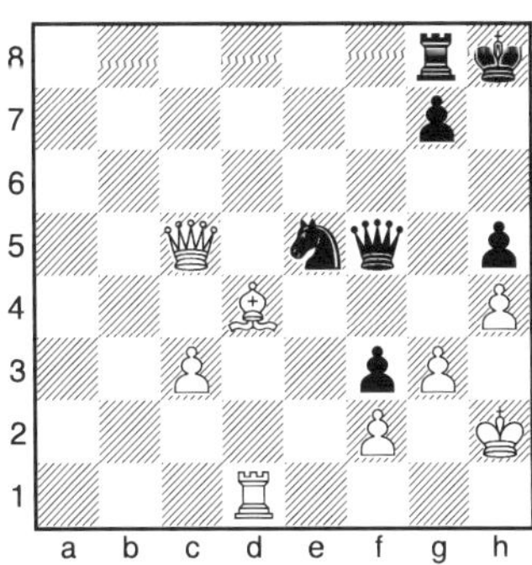

35...♖e8?

Bisher hat Schirow sich zäh verteidigt, aber nun kommt er vom Kurs ab.

Möglicherweise will er als Aktivspieler das dritte Ergebnis (also seinen Gewinn) im Spiel halten, was hier aber illusorisch ist.

35...♘g4+ 36.♔g1 ♕xc5 37.♗xc5 ♖e8 mit Remischancen war vonnöten.

36.♗xe5 ♖xe5 37.♖d8+ ♔h7 38.♕f8+– ♔g6 39.♖d6+ ♔h7 40.♖d8 ♔g6 41.♕g8 ♕e6 42.♕xe6+ ♖xe6 43.♖f8 1-0

1 PP für die Berechnung bis 33...♘e5.

Test 03.06

Sasikiran, Krishnan (2661)

Sargissian, Gabriel (2668)

Antwerpen 2009

20...♕xd4?

Nach diesem Fehler kann Weiß seine Stellung in Ordnung und sein Läuferpaar zur Geltung bringen.

1) Mit dem ruhigen Ansatz 20...d5! konnte Schwarz alle strategischen Trümpfe am Königflügel in der Hand behalten. Die Schwierigkeit bestand hier nicht so sehr darin, diesen positionell guten Zug zu finden, sondern vielmehr darin, sich *gegen* die optisch verlockenden Alternativen zu entscheiden.

21.♕f2 ♕g5 22.♖e3 f4 23.♖f3 ♕e7 24.♔g1 g5 25.♖f1 ♖f7

Schwarz steht klar besser, denn in den nächsten Zügen kann er die weißfeldrigen Läufer tauschen, seine Springer z.B. nach f5 und e6 stellen und dann die Bauern vorschieben. Der weiße Plan hingegen ist nicht so klar.

2) Ein Aktivspieler würde sich hier womöglich für 20...f4? entscheiden, wonach der Angriff allerdings nicht ganz durchschlägt; z.B. 21.exd6 f3 22.♖e4! (Eine starke Verteidigung statt des Fehlers 22.dxc7? ♘g3+ –+.)

22...♘g3+ 23.♔g1 ♘xe4 24.♘xe4 ♘d5 25.♗g3 und Weiß steht klar besser.

21.♘e2!

21.exd6? f4∞

21...♕h4 22.exd6 f4?

22...♘d5 hält den Schaden in Grenzen.

23.♘d4+– ♕f6 24.♕f2 ♗xh3 25.dxc7 ♗g4 26.♔g1 ♕d6 27.♗e2 ♗xe2 28.♖xe2 ♘g3 29.♖ee1 ♖f6 30.♖ad1 ♕xc7 31.♘e6 ♕f7 32.♘d8 ♕g8 33.♘xb7 ♘f5 34.♗xf4 ♖af8 35.♗e5 ♖g6 36.♖d8 ♖xd8 37.♘xd8 ♕d5 38.c4 ♕d3 39.♗h2 1-0

2 TP für 20...d5!

1 PP für die Entscheidung gegen 20...♕xd4? und 20...f4?

Test 03.07

Anand, Viswanathan (2765)

Gelfand, Boris (2695)

Biel 1997

29.♕f8!

Das zielt direkt auf die schwarze Achillesferse, den Bauern e7.

Selbst 29.♕b8?! ♕c6 30.♕f8+– ist gut spielbar.

Nicht jedoch 29.♗xe7+? ♔xe7 30.♕g7+ ♔e6 31.♖e2+ ♗e4!∞.

29...♘d5

29...♘xd2 30.♕xe7+ ♔c6 31.♕c7#

30.♗xe7 ♘xd2 31.♕d8+ ♔e6 32.cxd5+ ♔e5 33.♕d6+ ♔d4 34.♕c5+ ♔e5 35.♕d6+ ♔d4 36.♕f4+ ♘e4 37.♕xf5 1-0

2 AP für 29.♕f8!

Test 03.08
Bischoff, Klaus (2509)
Lutz, Christopher (2591)
Altenkirchen 1999

28.♘d4!

Mit dieser stärksten Fortsetzung schnappt Weiß sich das Läuferpaar und hält die schwarze Aktivität im Zaum. Nach allen anderen Zügen steht Weiß nur etwas besser und das aktive Gegenspiel sollte zum Remis reichen.

- 28.f5? ♗d2 29.♖c5 ♗b4 30.♖c7 a5
- 28.♖c7? a5 29.♖xd7 ♘xd7 30.♘d4 ♘c5
- 28.♖xa7? ♖xa7 29.♘xa7 ♖d2
- 28.♘xa7? ♘e6 29.♘b5 ♖xa1 30.♖xa1 ♖d2

28...♗d5 29.e4 ♗c6 30.♘xc6 bxc6 31.e5

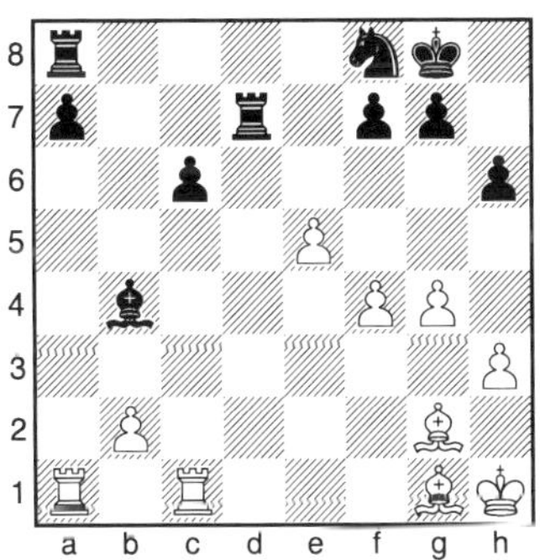

Das weiße Läuferpaar ist ein sehr starker Trumpf, insbesondere in den Händen eines starken Reflektors.

31...♗d2?

Das verliert relativ glatt, aber die schwarze Lage war ohnehin sehr kritisch, wie ein Blick auf zwei Alternativen bestätigt.

1) 31...♖c8 32.♖xc6 ♖xc6 33.♗xc6 ♖d3 34.♗xa7 ♖xh3+ 35.♔g1 ♘g6 36.♖a4 ♗f8 37.♗d5+−

2) 31...♖d2!? 32.♗xc6 ♖ad8 33.♖xa7 ♖xb2 34.f5 war noch am zähesten, doch auch hier hat Weiß sehr gute Gewinnchancen.

32.♖xc6+− ♖b8 33.f5 ♖xb2?

33...♗g5!?

34.e6! fxe6 35.fxe6 ♘xe6 36.♖xe6 a5 37.♖e8+ ♔f7 38.♖e2 ♔g8 39.♖xa5 1-0

2 RP für 28.♘d4! ♗d5 29.e4 ♗c6 30.♘xc6.

(Lösungen ab Seite 116)

Test 04.01

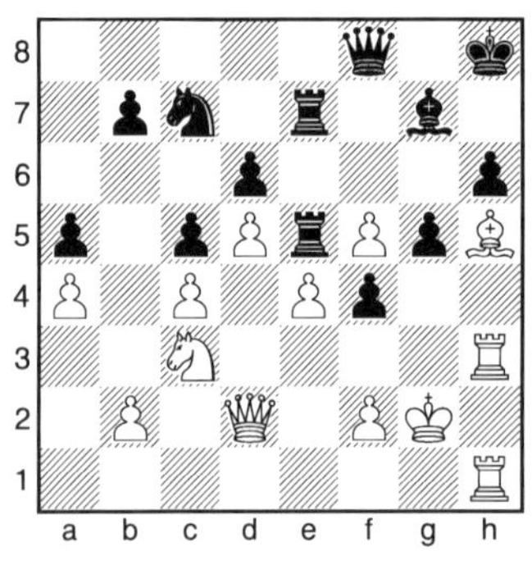

Weiß am Zug (T*)

Test 04.02

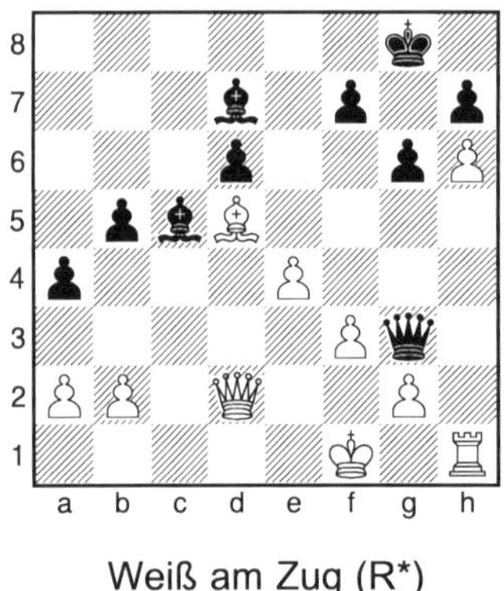

Weiß am Zug (R*)

Test 04.03

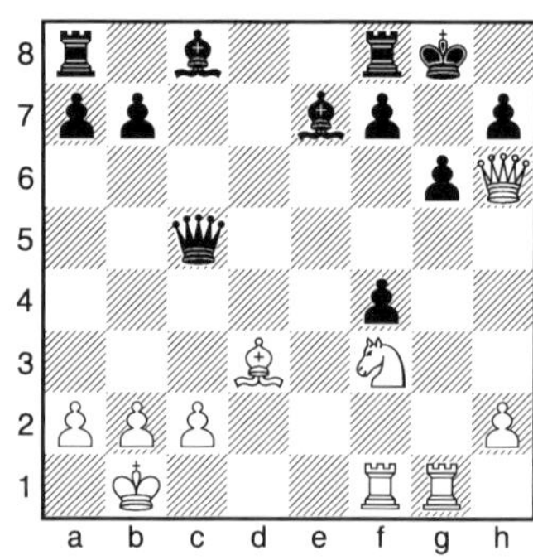

Weiß am Zug (A*)

Test 04.04

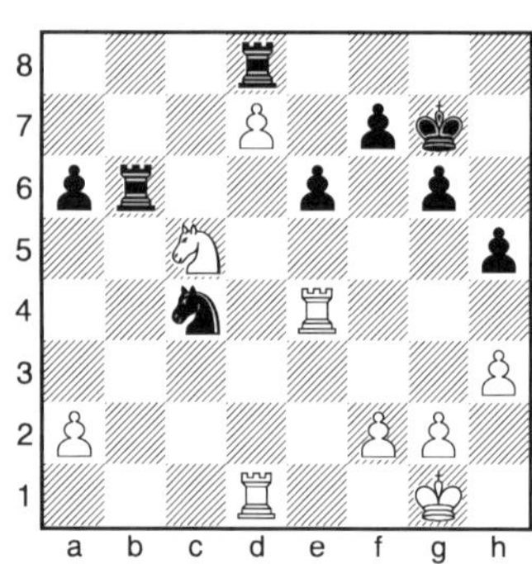

Schwarz am Zug (P*)

Test 04.05

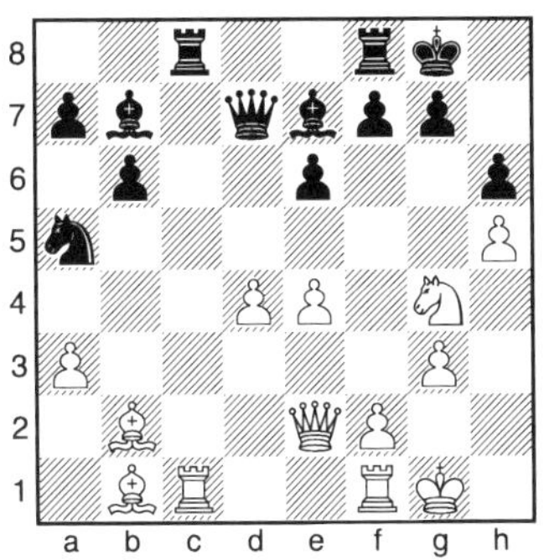

Weiß am Zug (T**)

Test 04.06

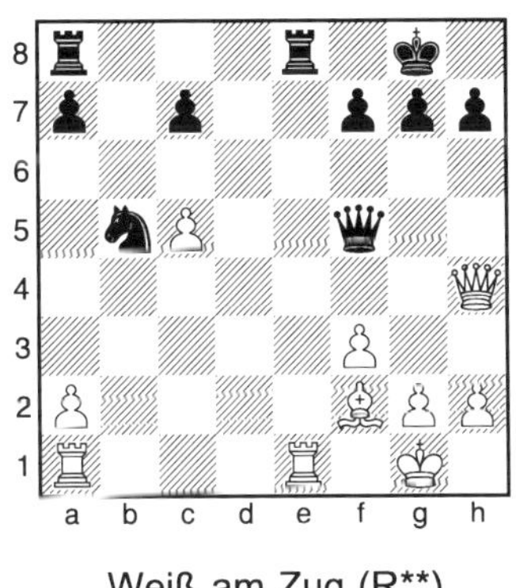

Weiß am Zug (R**)

Test 04.07

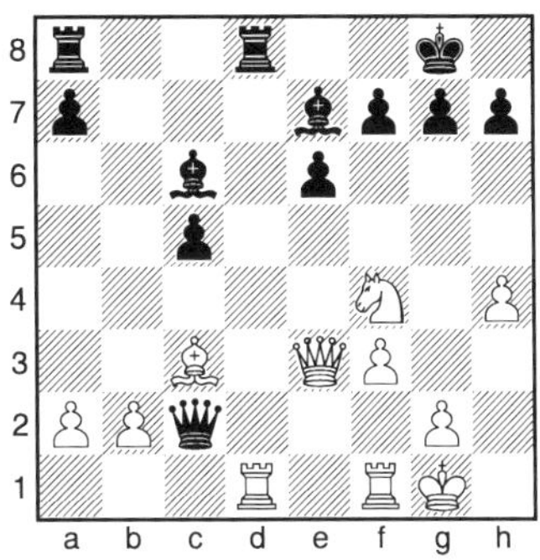

Weiß am Zug (A**)

Test 04.08

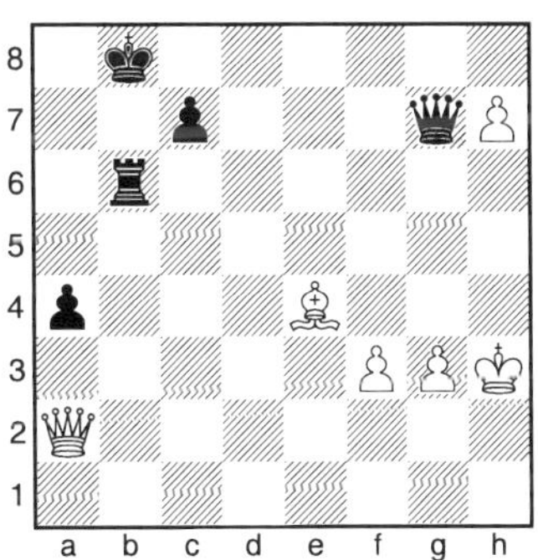

Schwarz am Zug (P**)

Lösungen

Test 04.01
Bischoff, Klaus (2554)
Nikolaidis, Ioannis (2502)
Fürth 2002

39.f3!

Sichert die Bauernstruktur und bereitet die Überführung des Springers nach g4 vor, wonach die schwarze Verteidigung zusammenbricht.

39...♘e8

39...♘a6 40.♘d1 b6 (40...♘b8 41.♕xa5+−) 41.♘f2 ♘b8 42.♘g4 ♘d7 43.♗g6 ♘f6 44.♘xh6+−

40.♗xe8 ♖xe8 41.♖h5 ♕f6 und **1-0** angesichts der möglichen Folge 42.♘d1 g4 43.♘f2 gxf3+ 44.♔xf3 ♔g8 45.♖g1 ♔f8 46.♖g6 ♕f7 47.♕xf4+−.

1 TP für 39.f3 mit dem Plan, den Springer nach g4 zu bringen.

Test 04.02
Bologan, Viktor (2683)
Moldovan, Daniel (2411)
Frankreich 2005

27.♕e1!

Damit schüttelt Weiß den Druck ab.

27.b4? axb3

1) 28.axb3 b4 29.♕e1 ♗b5+ 30.♗c4 ♗xc4+ 31.bxc4 ♕f4∞

2) Und auch 28.♕b2!? ♔f8! ist unklar, da der König nach 29.♕g7+? ♔e7 30.♕xf7+ ♔d8 entkommt.

27...♕f4

27...♕g5 28.g3 ♕f6 29.♕e2 ♗d4 30.b3 a3 31.♔g2+−

28.♖h4 und **1-0** aufgrund von 28...♕e5 29.♕c3 b4 30.♕xe5 ♗b5+ 31.♔e1 dxe5 32.♔d2 ♔f8 33.♖h1+−.

1 RP für 27.♕e1!

Test 04.03
Khalifman, A. (2688)
Barejew, E. (2707)
Wijk aan Zee 2002

20.♖g5! und sogleich **1-0**, weil es keine Verteidigung mehr gibt.

– 20...♕d6 21.♖h5!+−

– 20...♗xg5 21.♘xg5 ♕xg5 22.♕xg5+−

– 20...f5 21.♖xg6+ (21.♗c4+ +−) 21...♔f7 22.♖g7+ ♔e8 23.♖e1 ♖f7 24.♗b5+ ♕xb5 25.♖xf7 ♔xf7 26.♕xh7+ +−

1 AP für 20.♖g5!

Test 04.04
Adams, Michael (2675)
Lutz, Christopher (2595)
Dortmund 1994

31...♘d6?

Die richtige Idee, allerdings in falscher Ausführung, denn Schwarz übersieht einen taktischen Schlag.

Der Monsterspringer c5 musste unbedingt unverzüglich mit 31...♘a5! 32.♖a4 ♘b7 befragt werden; z.B. 33.♘xb7 (33.♘xa6 ♔f8=) 33...♖xb7 34.♖xa6 ♖dxd7=.

32.♖xe6!+–

Danach ist die Partie im höheren Sinne bereits vorbei!

Hingegen hätte die schwarze Idee nach 32.♖a4 ♘b7= funktioniert.

32...fxe6 33.♘xe6+ ♔f7 34.♘xd8+ ♔e7 35.♘e6 ♔xd7 36.♘f8+ ♔c7 37.♘xg6 ♖b2 38.a3 ♖a2 39.♘f4 h4 40.♘d5+ ♔d7 41.♘c3 1-0

1 PP für 31...♘a5!

Test 04.05

Galliamowa, Alisa (2505)

Tiwjakow, Sergei (2640)

Elista 1998

23.d5!

Ein für diese Struktur typisches Bauernopfer.

1) 23.e5?? ♖xc1 24.♖xc1 ♕d5–+ geht vollkommen nach hinten los.

2) Und nach 23.♕d3 ♖xc1 24.♖xc1 ♖c8 ist nicht klar, wie Weiß seinen leichten Vorteil ausbauen soll; z.B. 25.e5? ♔f8! 26.♕h7 ♔e8!=.

23...♖xc1

Nach 23...exd5 24.e5 würde sich das typische Ergebnis des thematischen Bauernopfers zeigen. Mit solchen Mustern sind Theoretiker bestens vertraut. Der weiße Angriff ist zu stark und kann nur unter Materialopfern abgewehrt werden; z.B. 24...♕e6 (24...♖c4 25.♕d3 ♖e4 26.f3+–) 25.♕d3 g6 26.♘f6+ ♗xf6 27.exf6 ♕f5 28.hxg6 ♕xg6 29.♕xg6+ fxg6 30.♗xg6+–.

24.♗xc1

24.♖xc1! ist noch stärker; z.B. 24...♘b3 25.♖d1 ♘c5 26.e5 ♖d8 27.♕c2 ♔f8 28.♕h7 ♔e8 29.♗g6! ♗f8 30.♖d4 fxg6 31.hxg6 ♗xd5 32.♖f4 ♕e7 33.♘f6+ gxf6 34.exf6 ♕xh7 35.gxh7+–.

24...exd5 25.e5 ♕a4

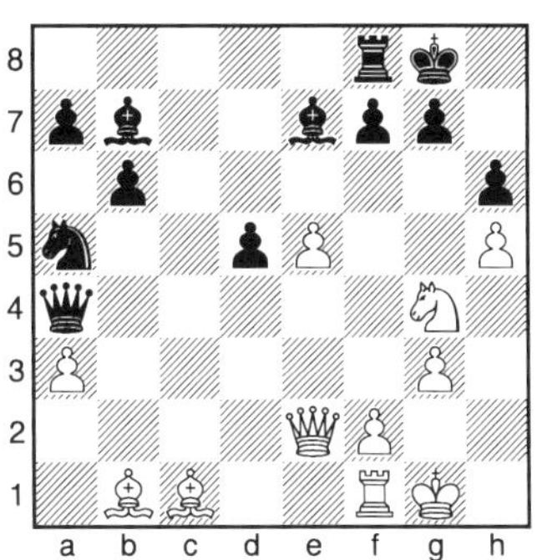

26.♖e1?

26.♗f4! gewinnt wegen der Sperrung der 4.Reihe: 26...♔h8 27.e6 f5 28.♘e5+–.

26...♕c4 27.♕f3? (27.♕d1+–) **27...♗c8 28.♘f6+ gxf6?**

28...♔h8 war zäher.

29.exf6 ♗d8?

29...♗c5 leistet deutlich mehr Widerstand.

30.♗xh6+– ♕g4 31.♕xd5 ♗xf6 32.♗xf8 ♗h7 33.♖e8 ♕a4 34.♗h7+ ♔xh7 35.♕xf7+ 1-0

2 TP für 23.d5! exd5 24.e5.

Test 04.06

Kasparow, Garry (2812)

Adams, Michael (2716)

Sarajevo 1999

26.♕b4!

In der Folge nutzt Kasparow die Disharmonie im schwarzen Lager gnadenlos aus.

26.♕a4? c6=; 26.♖e7? h6=; 26.♕c4? c6 27.♗g3 ♕f6=

26...♕d3

Auch nach 26...c6 kommt der Springer nicht zur Ruhe; z.B. 27.a4 ♘c7 28.♕b7 ♖ec8 29.♕xc6 ♘e6 30.♕d6+−.

27.♖ed1 a5 28.♕a4 ♕e2 29.♖e1 ♕d3?

29...♘c3 war angesagt, rettet die Partie aber auch nicht; z.B. 30.♕c6 ♕b5 31.♕xc7 ♘e2+ 32.♔h1+−.

30.♖xe8+ ♖xe8 31.♖d1 1-0

2 RP für 26.♕b4!

Test 04.07

Aronian, Levon (2773)

Grischuk, Alexander (2777)

Lichess.org INT 2020

23.♖c1!

23.♖xd8+? ♖xd8 24.♕e5 ♗f8 25.♕c7 ♖d1! 26.♕xc6 ♖xf1+ 27.♔xf1 ♕c1+ 28.♔f2 ♕xf4=

23...♕a4

23...♕f5 24.g4+−

24.♘xe6!+−

Nach dieser Pointe geht Schwarz im Angriff unter oder verliert Material.

24...fxe6?!

24...♖d5!? war zäher; z.B. 25.♘c7 ♕xh4 26.♘xd5 ♗xd5 27.♕e5 ♕g5 28.♖fe1+−.

25.♕xe6+ ♔f8 26.♗xg7+! ♔xg7 27.♕xe7+ ♔g8 28.♕e6+ ♔h8 29.♖c4 1-0

2 AP für die Berechnung bis 26.♗xg7+! in der Partie − bzw. bis 25.♘c7! in der Variante mit 24...♖d5.

Test 04.08

Adams, Michael (2715)

Sokolov, Ivan (2637)

Sarajevo 2000

59...♕h6+?

59...♖h6+ 60.♔g2

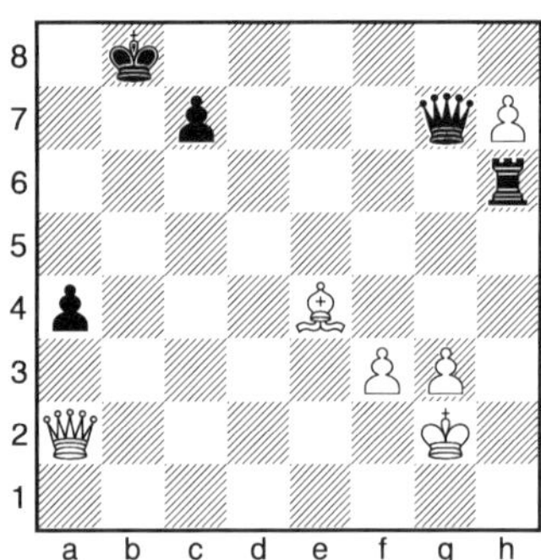

60...♕c3!

Von hier aus hat die Dame alles im Griff. Der einzige Zug kann auch durch das Eliminierungsverfahren gefunden werden, das Pragmatiker aufgrund ihrer Rechenstärke gerne anwenden.

(− 60...♕d4? 61.♕g8+ ♔a7 62.♕a8+ ♔b6 63.♕b7+ ♔a5 64.♕xc7+ +−

− 60...♖xh7? 61.♕b1+ +−)

61.♕g8+ (61.g4 ♕e5=) 61...♔a7 62.♕a8+ ♔b6 63.♕b8+ ♔a5=

60.♔g2 ♖b3 61.♕a1 ♕d2+ 62.♔f1 ♖xf3+ 63.♗xf3 ♕d3+ 64.♔f2 ♕c2+ 65.♔g1 1-0

2 PP für 59...♖h6+ 60.♔g2 ♕c3!

(Lösungen ab Seite 121)

Test 05.01

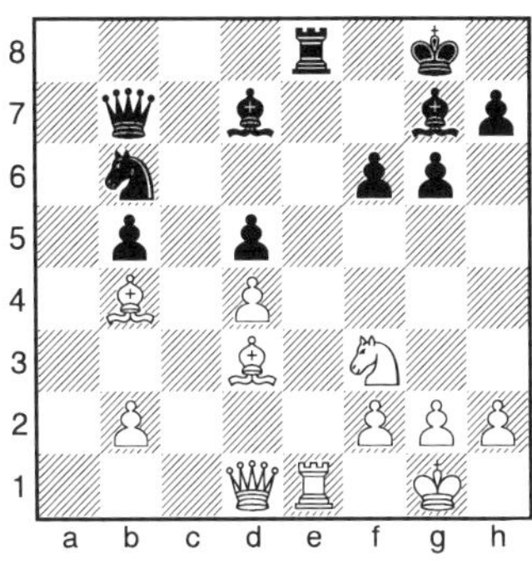

Weiß am Zug (T*/R*)

Test 05.02

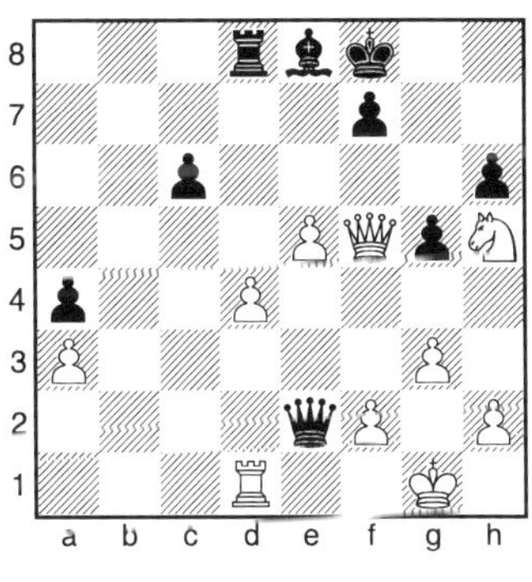

Weiß am Zug (P*)

Test 05.03

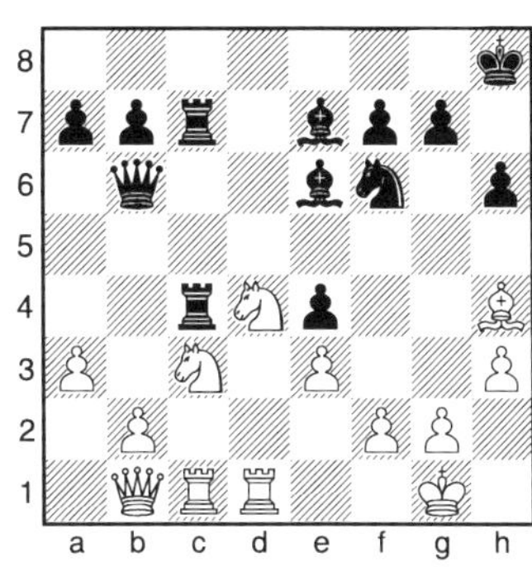

Weiß am Zug (R*)

Test 05.04

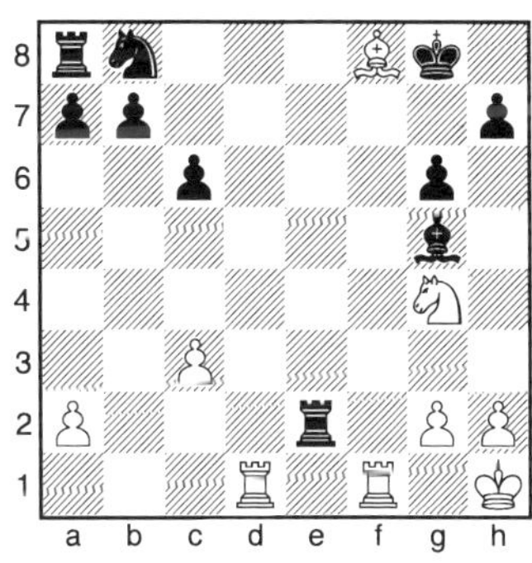

Weiß am Zug (A*)

Test 05.05

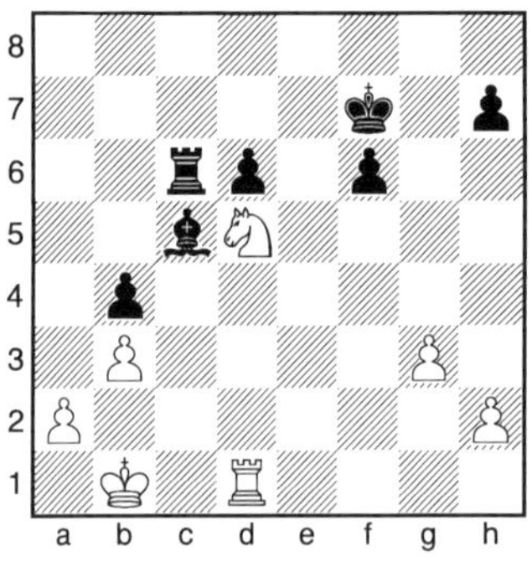

Weiß am Zug (T**)

Test 05.06

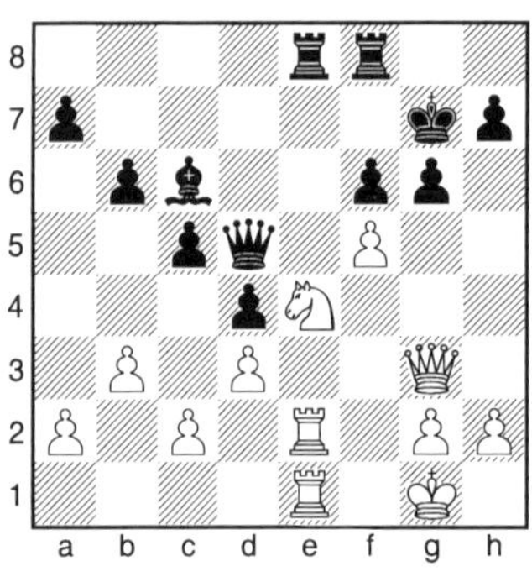

Schwarz am Zug (P**)

Test 05.07

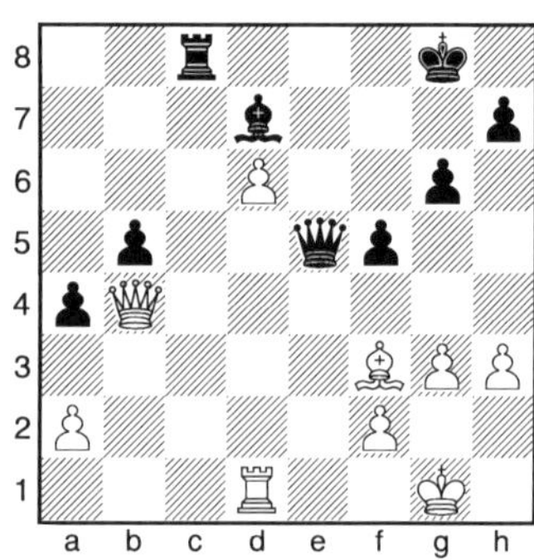

Schwarz am Zug (R**)

Test 05.08

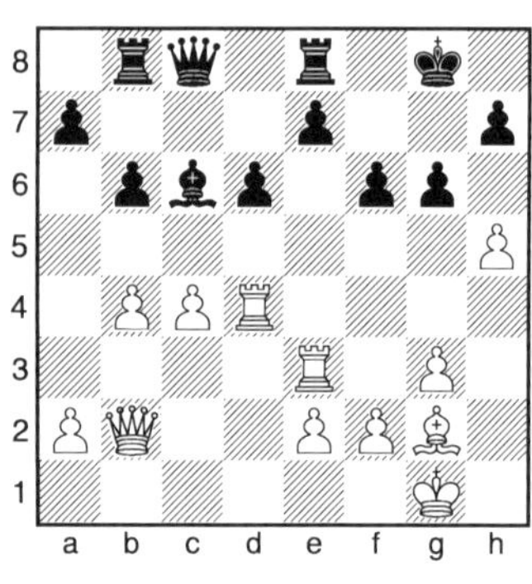

Weiß am Zug (A**)

Lösungen

Test 05.01
Barejew, Jewgeny (2675)
Leko, Peter (2550)
Wijk aan Zee 1995

24.h4!

Dieser direkte Vorstoß ist am genauesten. Weiß macht sich in typischer Theoretikermanier die geschwächte schwarze Bauernstruktur zunutze und schafft neue Angriffsmarken.

1) Der Reflektoransatz 24.b3!? zwecks vollständiger Einschränkung des Springers b6 (K. Dehning-Busse), ist objektiv etwas schlechter, aber auch gut und durchaus typisch.

2) Selbst nach 24.♖xe8+?! ♗xe8 25.♕e2 ♕c6 behält Weiß klaren Positionsvorteil, obwohl es unnötig ist, ohne konkreten Grund Figuren zu tauschen und somit das Gewinnpotenzial zu reduzieren.

24...♖xe1+?!

24...♗f8 war zäher, aber am deutlichen weißen Vorteil bestehen auch dann keine Zweifel; z.B. 25.♗xf8 ♔xf8 26.h5 ♖xe1+ 27.♕xe1 gxh5 28.♕e3+–.

25.♕xe1 ♕c8 26.♕e7?!

Sofort 26.h5+– war genauer.

26...♗e8 27.h5!+–

Endlich erfolgt dieser Schlüsselzug, nach dem die schwarze Verteidigung zusammenbricht.

27...gxh5?!

Nach 27...♕d7 28.♕c5 ♘c8 29.♘h4 f5 30.b3+– ist Schwarz vollständig gelähmt.

28.♗c5 ♕d7 29.♕e2 ♘a8

29...♘a4 30.♗f5! ♕c6 31.♕e7 ♗f7 32.♗a3+–

30.♗f5! ♕c6 31.♗e6+ ♗f7 32.♗xf7+ ♔xf7 33.♕e7+ ♔g8 34.♘h4 ♘b6 35.♕d8+ 1-0

1 TP für 24.h4!

1 RP für 24.b3!?

Test 05.02
Giri, Anish (2764)
Carlsen, Magnus (2863)
Chessable Masters 2020

36.♖c1!

Das einzig richtige Feld für den Turm, weil nur so die Fluchtroute des schwarzen Königs abgeschnitten werden kann.

Beispielsweise scheitert 36.♖f1? an 36...♕xh5 37.♕f6 ♖d5 38.♕h8+ ♔e7 39.♕f6+ ♔d7–+.

36...♕xh5 37.♕f6 ♖xd4

37...♖d5 38.♕h8+ ♔e7 39.♕f6+ Δ39...♔d7?? 40.♕xc6+ +–; ⌓39...♔f8=

38.♕h8+ ♔c7 39.♕f6+ ♔f8

39...♔d7?? 40.♕xc6+ ♔e7 41.♕c5+ +–

40.♕h8+ ♔e7 41.♕f6+ ♔f8 ½-½

1 PP für 36.♖c1!

Test 05.03
Iwantschuk, Wassily (2731)
Yu, Yangyi (2724)
Tsaghkadzor 2015

22.♖c2!

So wird eine entscheidende Umgruppierung vorbereitet, nach welcher der schwache Bauer e4 nicht mehr zu halten ist. Solche Feinheiten erkennt ein Reflektor auf den ersten Blick.

22.♖d2? ♘d5! 23.♕xe4 ♘xc3 24.bxc3 ♗xa3∞

22...♘g8?!

22...♔g8 23.♖cd2 ♖c8 24.♗xf6 ♗xf6 25.♕xe4+−

23.♗xe7 ♘xe7

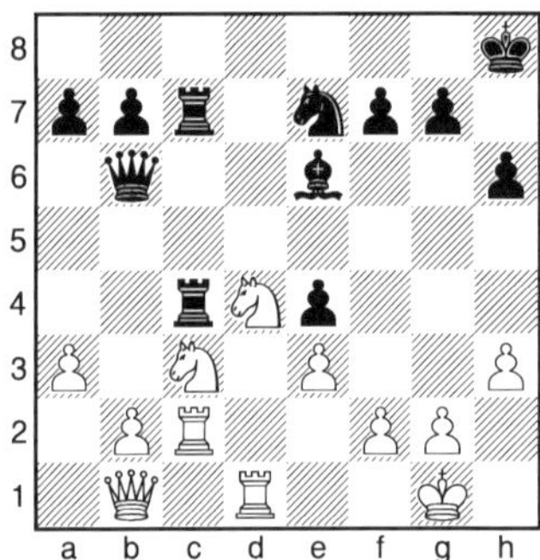

24.♖dc1?!

Ene leichte Ungenaugkeit, die den Vorteil allerdings nicht vergibt.

24.♖cd2! ♖c8 25.♕xe4+− war noch stärker.

24...♗d5?

Auch ohne diesen taktischen Fehler war die schwarze Lage sehr schlecht; z.B. 24...♕a6 25.♘xe4 ♖xc2 26.♖xc2 ♕d3 27.♘d2 ♖xc2 28.♕xc2 ♕xc2 29.♘xc2+−.

25.b3 ♖4c5 26.♘a4+− ♖xc2 27.♖xc2 ♕a5 28.b4 ♕xa4 29.♖xc7 ♘c6 30.♕a1 ♘xd4 31.♕xd4 ♕b3 32.♕xa7 ♔h7 33.♕c5 ♕b1+ 34.♕c1 ♕a2 35.♖c2 ♕b3 36.♖c3 ♕a2 37.♖c2 ♕b3 38.♖d2 ♗e6 39.♖d4 ♗f5 40.♖d2 b5 41.♕b2 ♕e6 42.♕d4 1-0

1 RP für 22.♖c2!

Test 05.04
Khalifman, Alexander (2660)
Fishbein, Alexander (2510)
New York 1998

22.h4!

Denn wenn der Läufer die Deckung von h6 aufgeben muss, ist die Partie vorbei.

Der voreilige Ansatz 22.♘h6+? wird mit 22...♗xh6 23.♗xh6 ♖e8 abgewehrt.

22...♗d2

- 22...♗xh4 23.♘h6+ ♔h8 24.♖f7+−
- 22...♘a6 23.hxg5 ♖xf8 24.♘h6+ ♔g7 25.♖d7+ +−

23.♖xd2!

Weiß beseitigt den Hauptverteidiger.

23...♖xd2 24.♘h6+ und **1-0** angesichts von 24...♔h8 25.♖f7 ♖d7 26.♗g7#.

1 AP für 22.h4! ♗d2 23.♖xd2!

Test 05.05
Nijboer, Friso (2553)
Acs, Peter (2623)
Wijk aan Zee 2003

33.♖f1?

Nicht der schwache f-Bauer sollte das Hauptziel sein, sondern vielmehr der Bauer b4! Nach 33.♖c1! ♖a6 34.♖c4 geht dieser verloren, ohne dass Schwarz Gegenspiel schaffen könnte; z.B. 34...♖a7 35.♘xb4 ♔e6 36.♖e4+ ♔f5 37.♖h4+−.

Hingegen lässt 33.♖e1?! ♖c8 34.♖e7+ ♔g6 35.♖b7 ♖e8 unnötig viel Gegenspiel zu.

33...♔e6 34.♘xf6 d5?

34...♖c7 war angesagt.

35.♘xh7 ♗e7 36.g4 d4 37.g5 d3 38.g6? (38.♖d1+−) **38...d2?** (38...♔d5=) **39.g7+− ♖c1+ 40.♖xc1 dxc1♕+ 41.♔xc1 ♔f7 42.♘f8 ♔xg7 43.♘d7 ♔f7 44.♔c2 ♔e6 45.♘b6 ♗c5 46.♘a4 ♗f2 47.♔d3 ♔d5 48.♘b2 1-0**

2 TP für 33.♖c1! ♖a6 34.♖c4.

Test 05.06
Benjamin, Joel (2608)
Ni, Hua (2533)
Shanghai 2002

23...♕e5?

Dieser Entlastungsversuch wird direkt taktisch widerlegt.

1) Nach dem passiven 23...♗d7? (23...♕d7? 24.♘xf6!+−) regiert das weiße Prachtross; z.B. 24.a4 g5 25.♘d6 ♖xe2 26.♖xe2 ♗xf5 27.♖e7+ ♔g6 28.♖xa7 h5 29.h4+−.

2) Einzig mit 23...♕d8! war das Gleichgewicht zu wahren.

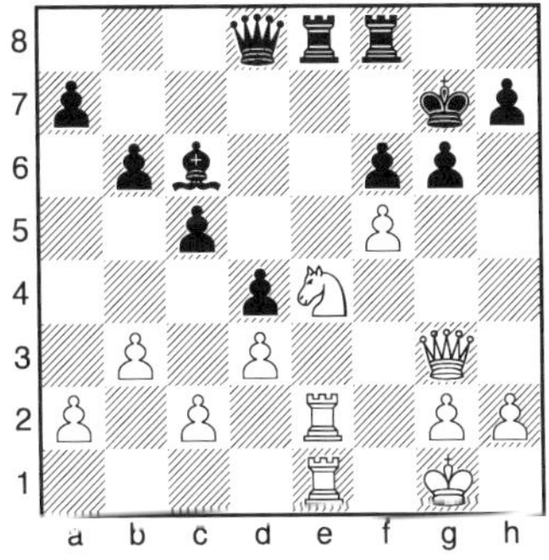

Die Dame deckt alle wichtigen Felder und Schwarz erhält augenblicklich die Option ♗xe4.

a) 24.h4 ♖e5=; 24.♘d6 ♖xe2 25.♖xe2 g5 26.h4 h6=

b) 24.fxg6 ♗xe4!

(24...hxg6? 25.♘d6 ♖xe2 26.♖xe2+−)

25.♖xe4 (25.gxh7+? ♗g6−+) 25...hxg6=

24.♘d6!+−

Danach gewinnt Weiß Material und somit die Partie.

24...♕xe2

24...♕xg3 25.♘xe8+ ♗xe8 26.hxg3+−

25.♘xe8+ ♕xe8 26.♖xe8 ♗xe8 27.♕b8 gxf5 28.♕xa7+ ♗f7 29.♕xb6 ♖e8 30.a4 ♗d5 31.♕a7+ ♗f7 32.a5 1-0

2 PP für die Verteidigung 23...♕d8! 24.fxg4 ♗xe4!

Test 05.07
Leko, Peter (2737)
Naiditsch, Arkadij (2710)
Dortmund 2013

28...♖c3?

Danach dringt die weiße Dame entscheidend ein.

1) Nach 28...♕c3! 29.♕f4 ♔g7 oder sogar 29...h6!? ist die schwarze Verteidigung gut koordiniert. Insbesondere die Dame hat alle Einbruchsrouten unter Kontrolle.

2) 28...f4? 29.g4 ♕c3 30.♕e4 ♖e8 31.♕b7+−

29.♕a5! ♔g7 30.♕a7 ♖xf3?

30...♕e6 war zäher, rettet aber auch nicht; z.B. 31.♗g2 ♖c2 32.♕d4+ ♕f6 33.♕d5 ♔f8 34.♗f1 ♕f7 35.♕d4 ♕g7 36.♕a7 ♖c8 37.♕b7 ♖d8 38.♗xb5+−.

31.♕xd7+ ♔h6 32.♕c6 ♕e2 33.♕c1+ f4 34.♕d2 1-0

2 RP für 28...♕c3!

Test 05.08
Aronian, Levon (2581)
McShane, Luke (2546)
Goa 2002

26.♗f1?

„Das ist zu langsam! Nachdem ich in den Zügen 23-26 zu viel Zeit für die Suche nach einem zwangsläufigen Gewinn verloren hatte, gab ich schließlich auf. Wie immer in solchen Fällen war dies der Moment, in dem ich meinen Vorteil in einen vollen Punkt hätte umwandeln können.“ (Aronian in MEGABASE)

Hier lässt den Aktivspieler Aronian in der Tat seine Intuition im Stich.

Das direkte 26.hxg6! hxg6 27.♕c2! (oder analog 27.♕b1) hätte gewonnen.

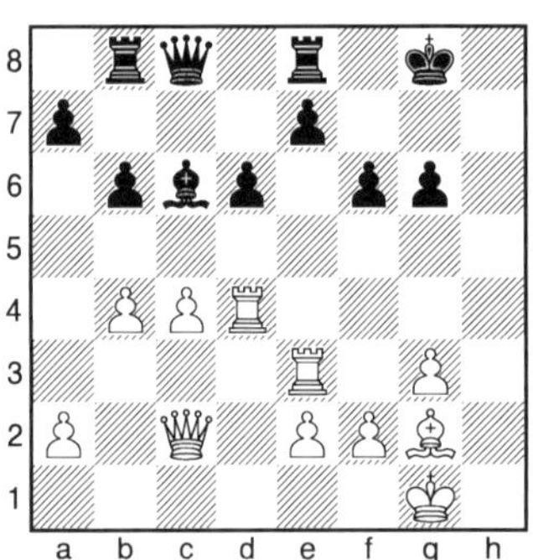

Denn Schwarz muss weitere Zugeständnisse am Königsflügel machen, um seine Schwächen zu decken.

1) 27...f5 28.♗xc6 ♕xc6 29.♖g4! ♔f7 30.♖xg6! ♔xg6 31.♖e6+ ♔g7 32.♕xf5+− (Aronian)

2) Und nach 27...♔g7 (27...♔f7 28.♖h4!+−) 28.♗xc6 ♕xc6 29.♖g4 g5 30.♕f5!+− ist gegen ein baldiges Turmopfer auf g5 kein Kraut mehr gewachsen.

26...♕f5?

Das prophylaktische 26...♔g7 war angesagt.

27.♖h4 gxh5 28.♗h3 ♕g6 29.b5 ♗a8 30.♗d7+− ♔f8 31.♗xe8 ♔xe8 32.♕b3 ♖c8 33.♕d3 ♖c7 34.♔h2 ♔d7?! 35.g4 ♖c5 36.♕xg6 hxg6 37.gxh5 gxh5 38.♖a3 a5 39.bxa6 ♖g5 40.f3 ♔c7 41.♖h3 ♖e5 42.e4 ♔b8 43.a7+ ♔c7 44.♖g3 ♖g5 45.f4 h4 46.♖xg5 fxg5 47.fxg5 1-0

2 AP für 26.hxg6 hxg6 27.♕c2! oder 27.♕b1!

(Lösungen ab Seite 127)

Test 06.01

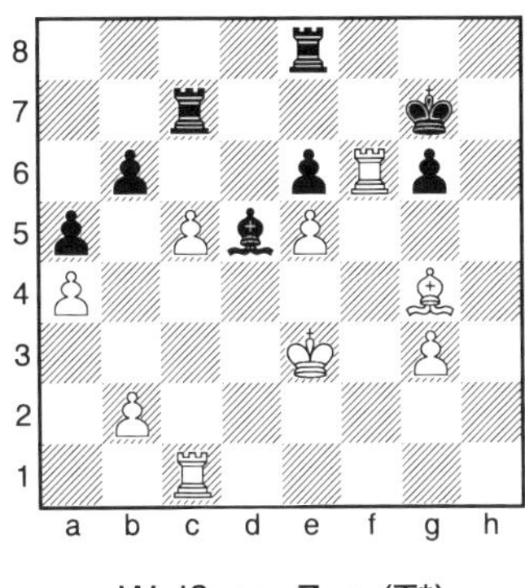

Weiß am Zug (T*)

Test 06.02

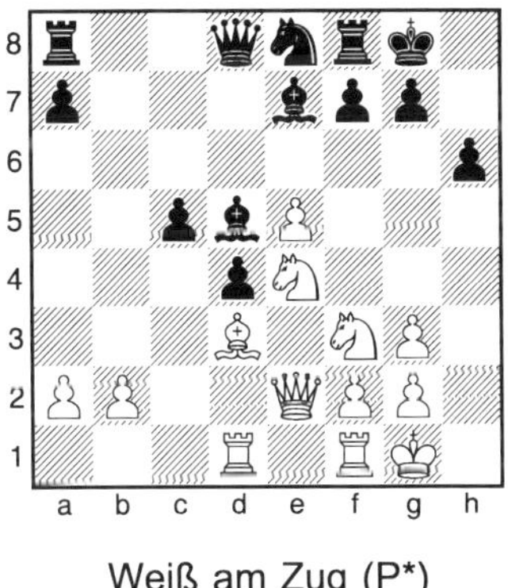

Weiß am Zug (P*)

Test 06.03

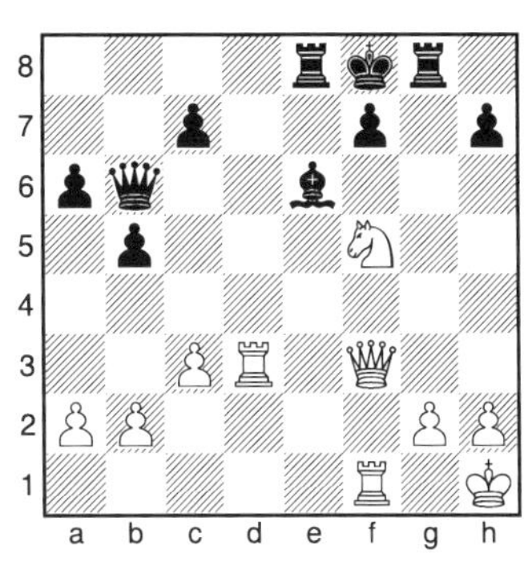

Weiß am Zug (A*)

Test 06.04

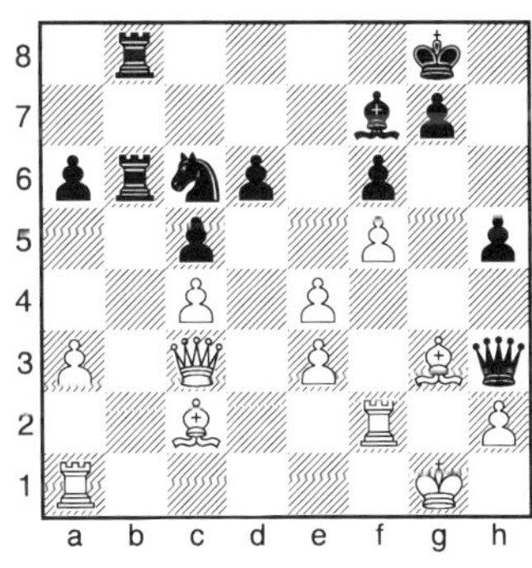

Schwarz am Zug (R*)

Test 06.05

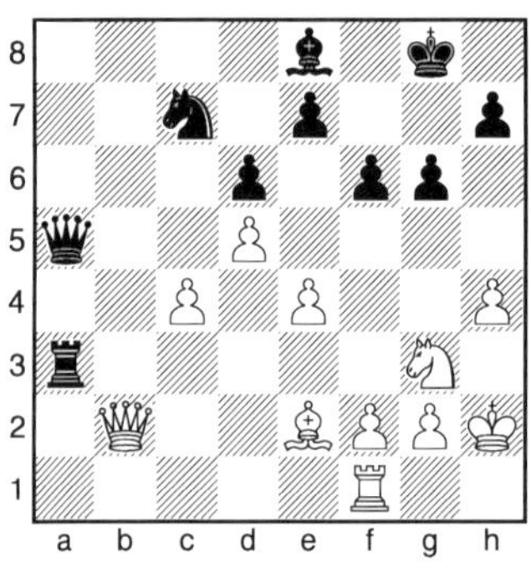

Weiß am Zug (T**)

Test 06.06

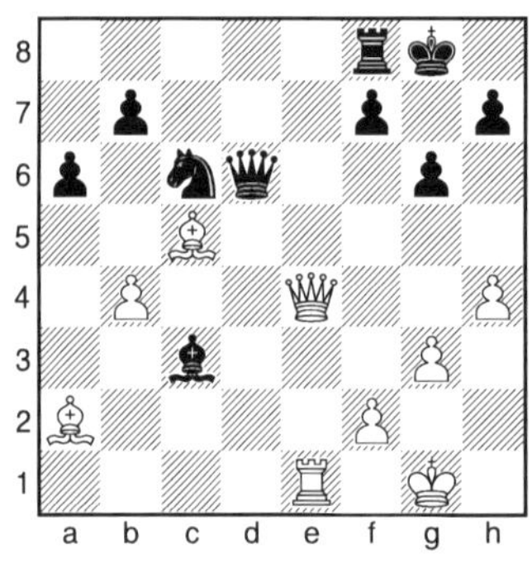

Schwarz am Zug (P**)

Test 06.07

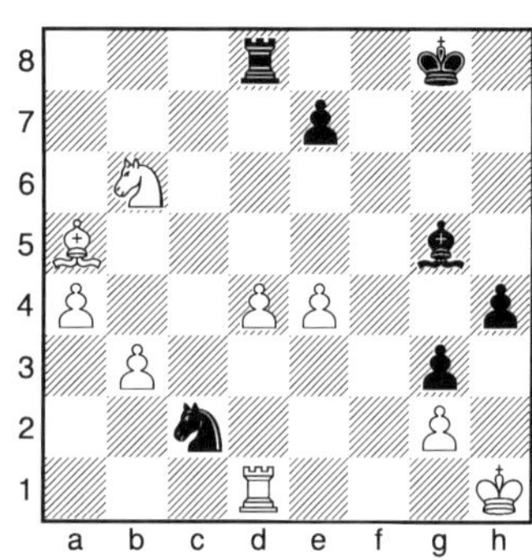

Schwarz am Zug (A**)

Test 06.08

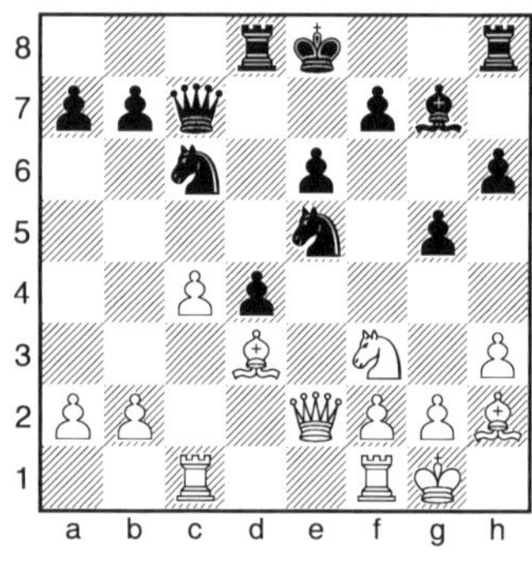

Weiß am Zug (R**)

Lösungen

Test 06.01
Sargissian, Gabriel (2658)
Swidler, Peter (2740)
Rogaska Slatina 2011

48.♔f4!

Der König greift mit entscheidender Wirkung aktiv in den Angriff ein. Schwarz wird seine schwachen Bauern nicht mehr decken können.

48.c6 ♖xc6 49.♖xc6 ♗xc6 50.♔f4 ♗xa4 51.♗xe6 ♗c2 52.g4!+− gewinnt auch, ist jedoch deutlich komplizierter.

48...♖xc5 (48...bxc5 49.♔g5+−) **49.♖xc5 bxc5 50.♔g5+− ♗b3 51.♖xg6+ ♔h7 52.♖h6+ ♔g7 53.♖f6 ♗xa4 54.♗xe6 1-0**

1 TP für 48.♔f4! oder für 48.c6!?

Test 06.02
Moiseyenko, Alexander (2627)
Sargissian, Gabriel (2572)
Istanbul 2003

19.♘fd2?

Das ist nicht druckvoll genug.

Nach hingegen 19.b4! cxb4 20.♘xd4 würde der Druck spürbar.

(siehe nächstes Diagramm)

Schwarz kann Materialverlust nicht vermeiden; z.B. 20...♕c7 21.♘f5 g6 (21...♕xe5? 22.♘c3! ♕xe2 23.♗xe2+−) 22.♘ed6! ♘xd6 (22...gxf5 23.♘xf5+−) 23.exd6 ♗xd6 24.♘xd6 ♕xd6 25.♗e4 ♖fe8 26.♖xd5 ♕xd5 27.♗xd5 ♖xe2 28.♗xa8 ♖xa2 29.♖b1+−.

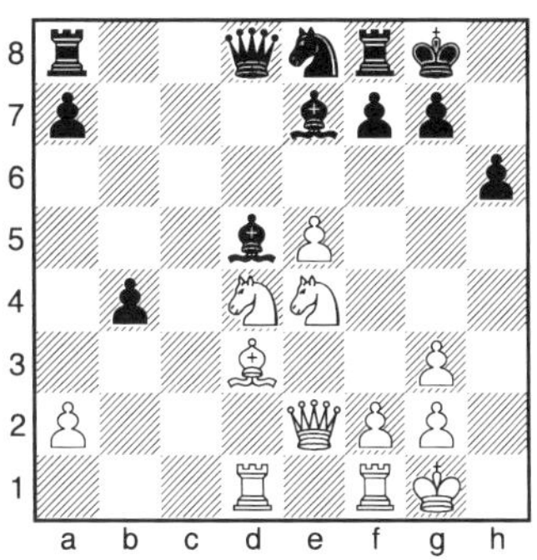

19...♕b8?

19...f5 20.exf6 ♘xf6 21.♖fe1 ♘xe4 22.♗xe4 ♗xe4 23.♕xe4 ♖e8 ist nur etwas besser für Weiß.

20.f4 und **1−0** nach einigen weiteren Zügen.

1 PP für 19.b4!

Test 06.03
Karpow, Anatoly (2725)
Kortschnoi, Wiktor (2665)
Baguio City 1978

25.♘h6 ♖g7

25...♖e7 26.♖d8+ ♖e8 27.♕xf7+ ♗xf7 28.♖xf7#

26.♖d7!+−

Schwarz kann den Punkt f7 nicht mehr halten.

26...♖b8

− 26...♗xd7 27.♕xf7+ ♖xf7 28.♖xf7#

− 26...♖e7 27.♖xe7 ♔xe7 28.♕f6+ +−

27.♘xf7 ♗xd7 28.♘d8+ 1-0

1 AP für die Berechnung bis 26.♖d7!

Test 06.04
Agrest, Jewgenij (2591)
Adams, Michael (2734)
Frankreich 2003

26...♖d8?

Das ist zu passiv.

Der sehr natürliche Zug 26...♘e5! sollte direkt gespielt werden. Die Türme bleiben aktiv auf der b-Linie und Weiß behält große strategische Nachteile.

Nach 27.♗xe5 dxe5 ...

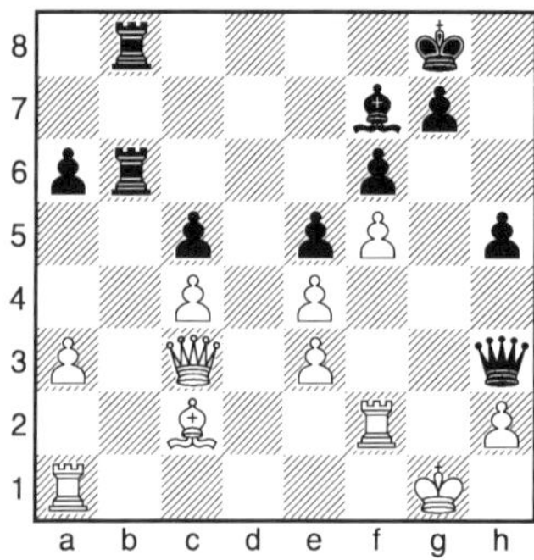

... dringt Schwarz früher oder später durch; z.B. 28.♖af1 ♖b2 29.♖f3 ♕g4+ 30.♖g3 ♕e2 31.♖g2 ♕xc4 32.♕xc4 ♗xc4 33.♖d1 ♗b3 34.♗xb3+ ♖2xb3−+.

27.♗f4 ♘e5 28.♗d3?

28.♖g2 war das geringere Übel.

28...♖db8−+

Jetzt ist bei Schwarz wieder alles im Lot.

29.♗f1 ♖b1 30.♖xb1 ♖xb1 31.♕c2 ♖a1 32.♕b2 ♖d1 33.♕c2 ♖xf1+? (33...♘f3+−) **34.♖xf1 ♗xc4 35.♖f2?**

35.♖b1! ♗d3 36.♖b8+ ♔h7 37.♕g2=

35...♗d3 36.♕a4 ♔h7 37.♕d1 ♗xe4 38.♕f1 ♕xf1+?

38...♕g4+ 39.♖g2 ♗xg2 40.♕xg2 ♕xf5 −+

39.♖xf1 ♘c4?

39...♘f3+ bot bessere Chancen.

40.♖d1 d5 41.♖c1 ♗xf5 42.♗b8 ♘xa3 43.♖xc5 ♗e4 44.♔f2 ♘c4 45.♗c7 ♔g6 46.♖c6 a5 47.♖a6 ♔f5 48.h3 ♔g5 49.♖a7 ♗f5 50.♗d8 g6 51.♔g3 h4+ 52.♔f2 ♗xh3 53.♖a6 ♗f5 54.♖xf6 ♔g4 55.♖f8 ♘d6 56.♗xa5 ♘e4+ 57.♔g1 ♘g5 58.♖h8 h3 59.♖d8 ♗e4 60.♖f8 ♘f3+ 61.♔f2 g5 62.♖xf3 ♗xf3 63.♗c7 ♗e4 64.♗d6 ♗f5 65.♗c7 ♗e6 66.♗b8 ♔f5 67.♗c7 ♔e4 68.♗b8 g4 69.♗c7 ♔d3 70.♗b8 ½-½

1 RP für 26...♘e5!

Test 06.05
Sokolov, Ivan (2677)
Miroschnischenko, Jewgenij (2525)
Kallithea 2002

29.c5!!

Weiß steht auch nach ruhigeren Zügen klar besser, aber dieser energische Durchbruch ist am überzeugendsten. Die Blockade wird gesprengt und die schwarze Struktur zerstört.

1) 29.♖b1! ♕c5 30.e5!! gewinnt ebenfalls; z.B. 30...fxe5 31.♘e4 ♕a7 32.♕d2 ♗f7 33.♕h6+−.

2) Hingegen lässt 29.f4?! deutlich mehr Gegenspiel zu, obwohl Weiß nach beispielsweise 29...♕a7 30.e5?! dxe5 31.fxe5 ♘xd5! 32.cxd5 ♖a4 33.♔h3 ♕d7+ 34.♘f5 gxf5 immer noch deutlich besser steht.

29...dxc5

29...♕c3 30.♖b1 ♕xb2 31.♖xb2 dxc5 32.♖b7+−

30.d6! ♘b5

30...exd6 31.♕xf6 ♗f7 32.♖b1+−

31.♗xb5 ♗xb5 32.dxe7 ♔f7 33.♖b1 ♗e8 34.♕c1 1-0

2 TP für 29.c5!! oder 29.♖b1 ♕c5 30.e5!!

Test 06.06
Adams, Michael (2752)
Borowikow, Wladislav (2570)
Kallithea 2002

35...♕f6?

Schwarz übersieht die gegnerische Hauptdrohung.

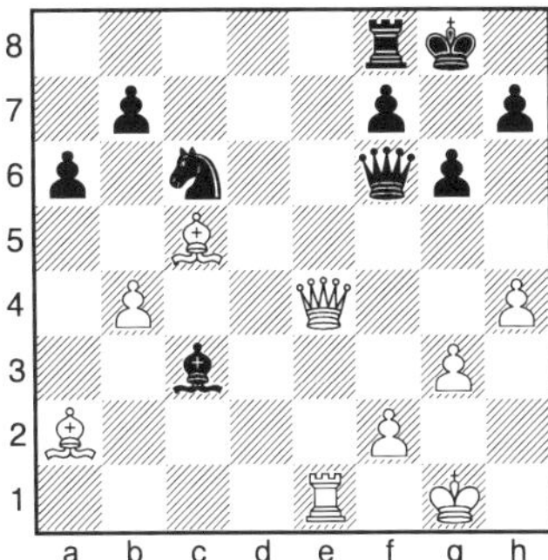

1) 35...♕d7! war der einzige Zug, denn die Dame muss das Feld e8 gedeckt halten. Weiß hat nach 36.♗xf8 ♗xe1 37.♗c5 ♗c3 Kompensation für den Bauern, aber nicht mehr. Ein Pragmatiker findet das entweder durch Eliminierung oder durch die Berücksichtigung der Tatsache, dass die Drohung ♕e8 im Auge behalten werden muss.

2) 35...♕e5? 36.♕xe5 ♗xe5

(36...♘xe5 37.♖e3 ♗b2 38.♗xf8 ♔xf8 39.♗d5+-)

37.♗xf8 ♔xf8 38.♗d5 ♗c3 39.♖e4 ♘d8 40.♖c4+- und das Endspiel sollte auf lange Sicht verloren sein.

3) 35...♕d2? 36.♖e2 ♕d1+ 37.♔g2 ♖d8 38.♕c4+-

36.♖e3?

Weiß verpasst das tödliche 36.♕e8!+-.

36...♗d2? (36...♗d4=) **37.♖e2?!** (37.♖d3+-) **37...♖d8? 38.♕e8+ 1-0**

2 PP für 35...♕d7!

Test 06.07
Burmakin, Wladimir (2552)
Swidler, Peter (2725)
Sotschi 2005

41...♖f8!

Der Turm muss aktiviert werden, denn danach ist der Angriff nicht mehr zu stoppen. Auf die Anzahl der weißen Mehrbauern kommt es hier nicht an.

41...♘e3? 42.♖b1 ♖xd4 (42...♖f8 43.♗d2!=) 43.♗e1 ♖xe4 44.a5 ♖e6 45.♗c3 ♗f6 46.♗xf6 ♖xf6 47.♘c4 ♘c2 48.♔g1 ♘d4 49.♖b2=

42.♘c4 ♖f2 43.♗b6 h3 44.♖g1

44.d5 ♖xg2 45.♗c7 ♗h4 46.♖d3 ♖h2+ 47.♔g1 ♖e2 48.♗xg3 ♖g2+ 49.♔h1 ♗xg3-+

44...♖e2 45.♗a5 ♘xd4 0-1

2 AP für 41...♖f8!

Test 06.08
Caruana, Fabiano (2736)
Iturrizaga Bonelli, Eduardo (2649)
Moskau 2012

19.♔h1!

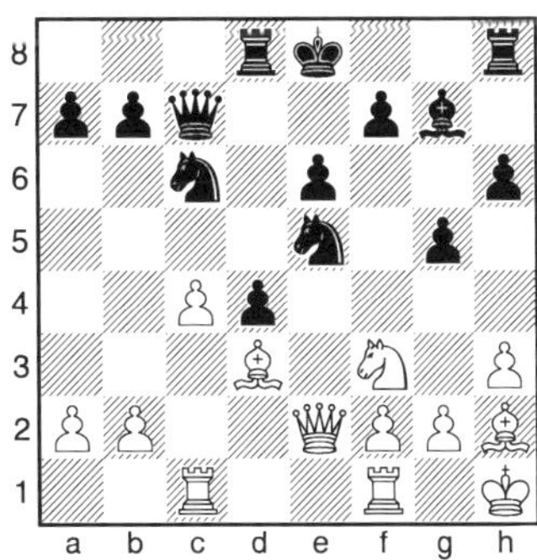

Aktive Prophylaxe, damit Schwarz nicht die Fesselung nicht so leicht abschütteln kann.

1) 19.b4? ♘xf3+ 20.♕xf3 ♗e5 läuft ins Leere und Schwarz steht sogar schon etwas besser.

2) Auch nach 19.♖fe1 ♘xf3+ 20.♕xf3 ♕e7 hat Weiß sehr gute Kompensation, aber immerhin ist Schwarz aus der Fesselung herausgekommen.

19...f6

Nach 19...♕a5 musste man noch den Zug 20.b4!+− vorhergesehen haben, denn sonst käme Schwarz aus der Fesselung heraus. Jetzt hingegen verliert er Material.

20.♘xe5 ♘xe5 21.♖ce1?!

21.♗xe5! war noch genauer; z.B. 21...♕xe5 22.♕h5+ ♔f8 23.♖fe1 ♕d6 24.c5 ♕d7 25.b4+−.

21...♕e7 22.♗xe5 fxe5 23.♗g6+ ♔d7 24.♖c1+−

Auch hier verwaltet Schwarz eine Ruine und auf lange Sicht ist diese Stellung für einen Menschen kaum haltbar.

24.b4!?

24...♖c8 25.♖fd1 ♖c7 26.♖d3 ♖f8 27.♗e4 b5 28.♖b3 ♖b8 29.♖c2 b4 30.a3 ♕c5?

30...♗f8 war angesagt.

31.♕h5 ♔d6 32.♕g6 a5 33.axb4 ♖xb4 34.♖xb4 axb4 35.b3 ♖a7 36.♖d2 (36.♗f5!?) **36...♕c7?! 37.c5+!**

Der Schleusenöffner.

37...♕xc5 38.♖c2 ♕b5 39.♖c6+ ♕xc6 40.♗xc6 ♔xc6 41.♕xe6+ ♔b5 42.♕c4+ ♔b6 43.♕xb4+ ♔c6 44.♕c4+ ♔d6 45.♕d3 ♖e7 46.f3 e4 47.fxe4 ♖c7 48.♔g1 ♖c3 49.♕a6+ ♔e5 50.♕g6 ♖c7 51.♕f5+ ♔d6 52.♕d5+ ♔e7 53.e5 ♖d7 54.♕c5+ ♔f7 55.♕c4+ ♔f8 56.e6 ♖e7 57.♕c8+ ♖e8 58.♕d7 ♖e7 59.♕d8+ ♖e8 60.♕d6+ 1-0

2 RP für 19.♔h1!

1 PP für die Variante 19...♕a5 20.b4!

(Lösungen ab Seite 133)

Test 07.01

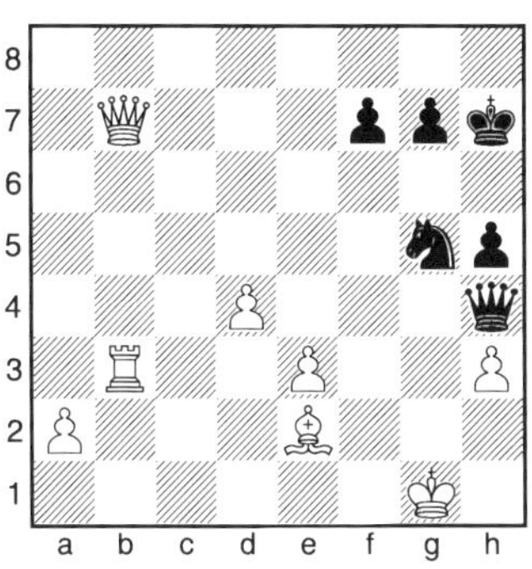

Schwarz am Zug*

Test 07.02

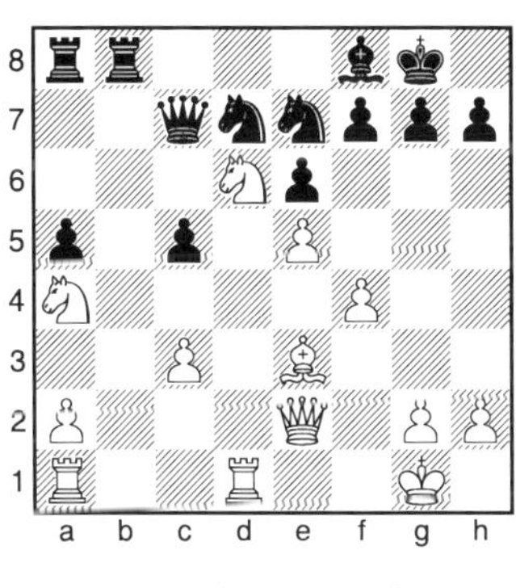

Weiß am Zug*

Test 07.03

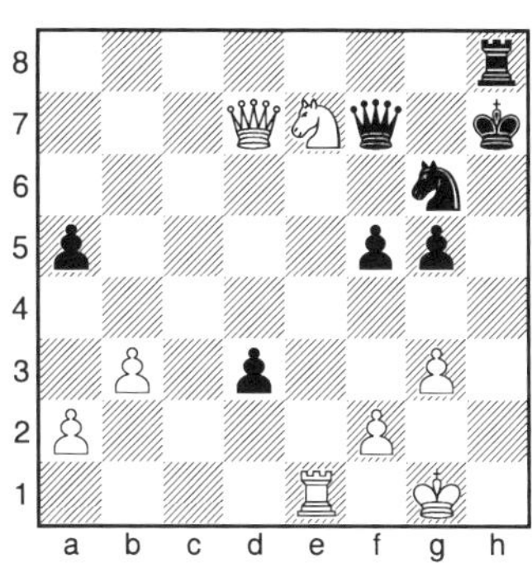

Weiß am Zug*

Test 07.04

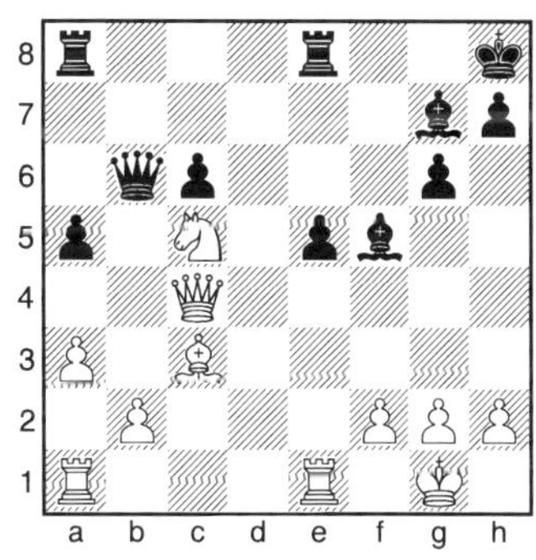

Weiß am Zug*

Test 07.05

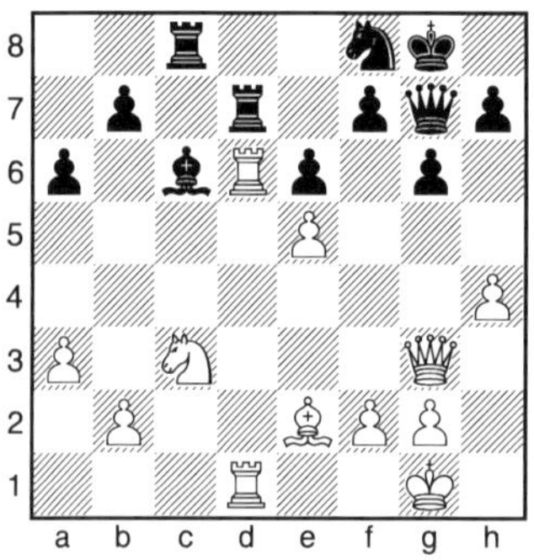

Weiß am Zug**

Test 07.07

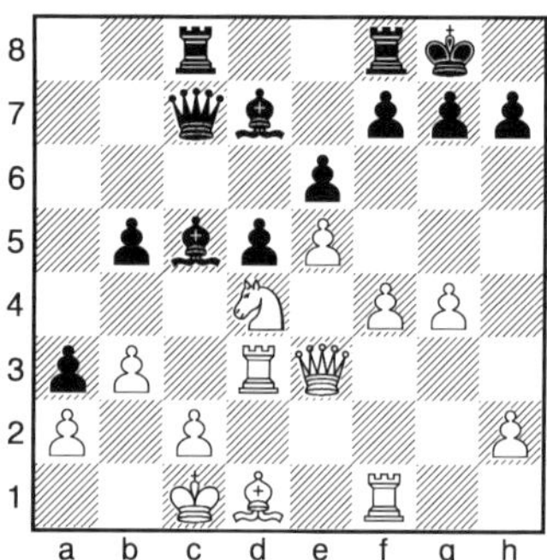

Schwarz am Zug**

Test 07.06

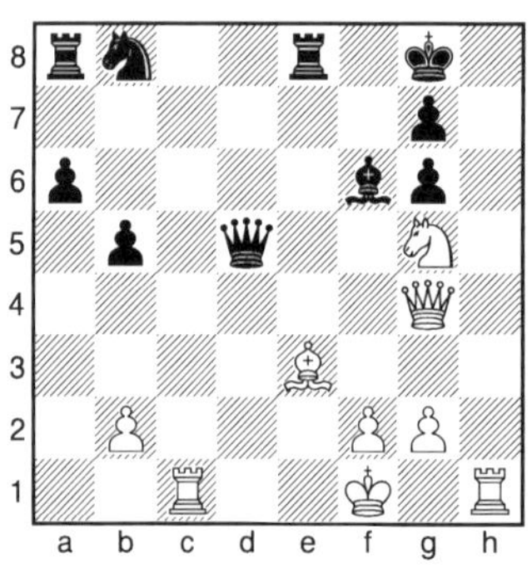

Weiß am Zug**

Test 07.08

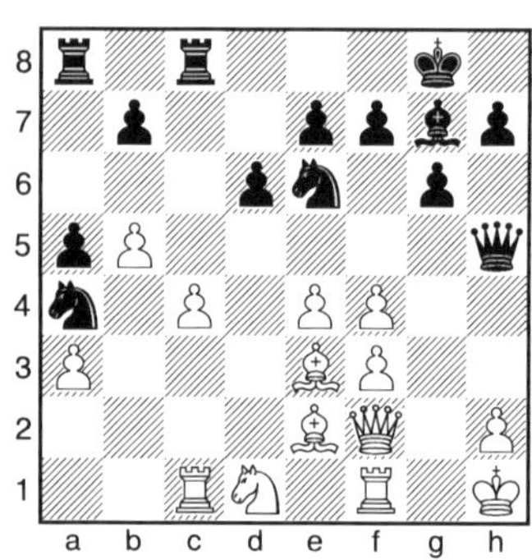

Weiß am Zug**

Lösungen

Test 07.01
Bischoff, Klaus (2530)
Müller, Karsten (2505)
Gladenbach 1997

39...♕e1+

Mit einigen genauen Zügen sichert Schwarz sich das Remis durch Dauerschach.

- 39...♘e4? 40.♕xe4+! ♕xe4 41.♗d3+-
- 39...♘xh3+? 40.♔g2+-

40.♗f1

40.♔h2?! ♕xe2+ 41.♕g2? ♘f3+ 42.♔g3 h4+ −+

40...♕g3+ 41.♕g2

- 41.♔h1? ♘f3−+
- 41.♗g2 ♘xh3+ 42.♔h1 ♘f2+ =

41...♘xh3+ 42.♔h1 ♘f2+ 43.♔g1 ♘h3+ ½-½

K.M.: Diese Partie fand am meinem 27. Geburtstag statt und dank des mit Glück geretteten halben Punkts konnte ich am Ende des Turniers meine 1. GM Norm erzielen.

1 PP für die Berechnung des Dauerschachs.

Test 07.02
Jones, Gawain (2578)
Thorfinnsson, Bragi (2417)
Reykjavik 2011

22.c4!

Das legt die Struktur für Weiß sehr günstig fest, so dass er nun ganz nach dem Geschmack von Theoretikern ein positionell schematisches Powerplay aufziehen kann.

22...♘c8

Nach 22...♘f5 23.♘xf5 exf5 24.♘c3+- wird der Springer nach d5 kommen und von dort aus das gesamte Brett kontrollieren.

23.♘b5 ♕c6 24.♘ac3

„In dieser Partiephase führen meine Springer ein Ballett auf, um jeglichen Abtausch zu verhindern." (Jones in CBM 141 extra)

24...a4 25.♖d2 ♘db6 26.♖ad1 ♘e7 27.♘d6 a3?! 28.♘ce4 ♘g6?! 29.♘g5?

29.♕f3! ♕c7 30.h4 h6 31.g3+-

29...♗xd6 30.♖xd6 ♕e8 31.♗xc5 ♘a4 32.♗d4 h6 33.♘e4 ♘xf4?

Dieses gierige Schlagen beschleunigt nur den weißen Angriff.

33...♖b4 war zäher.

34.♕g4 ♘g6

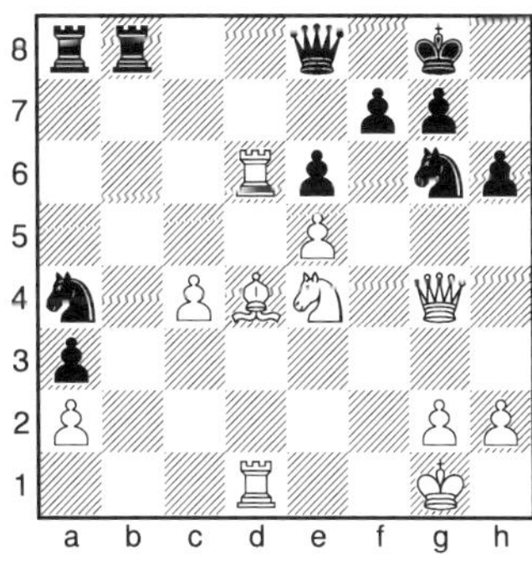

35.h4!+-

Weiß bläst zum Schlussangriff.

35...♔h8 36.♖f1 ♘e7?! 37.♘f6! gxf6 38.exf6 ♘g6 39.h5 e5 40.♗e3 ♕f8 41.hxg6 1-0

1 TP für 22.c4!

Test 07.03

Karpow, Anatoly (2700)
Kortschnoi, Wiktor (2695)
Meran 1981

44.♔g2!

Ein stiller Zug öffnet den Weg für die letzte Figur, die noch nicht am Angriff auf die luftige Königsstellung teilnimmt.

44.♕xf5? ♕xf5 45.♘xf5 ♖c8 46.♖d1 ♘e5=

44...♖e8 45.♖h1+ ♘h4+

Dieser Versuch einer Ausrede führt zu einem verlorenen Endspiel.

45...♔g7 46.♘xf5+ ♔f6 47.♕xf7+ ♔xf7 48.♘d6+ +−

46.gxh4 ♕xe7 47.♕xf5+ ♔g7 48.hxg5+− ♕b7+?! 49.f3 ♖e2+ 50.♔f1 ♔g8 51.♕xd3 ♖e6 52.♕d8+ ♔g7 53.♕d4+ 1-0

1 AP für 44.♔g2!

Test 07.04

Giri, Anish (2752)
Mamedyarow, Shakhriyar (2804)
Wijk aan Zee 2018

25.g4!

Das schickt den Läufer wieder nach Hause.

25...♗c8 26.♖e4 ♕b5 27.♖ae1 ♕xc4 28.♖xc4 ♖b8 29.h3 h5 30.gxh5 gxh5?!

30...e4!? ist zäher, rettet aber auch nicht; z.B. 31.♖exe4 ♖xe4 32.♘xe4 ♗xc3 33.bxc3 gxh5 34.♖c5!+−.

31.♖h4 ♔h7 32.♘e4 1-0

1 RP für 25.g4!

Test 07.05

Kramnik, Wladimir (2770)
Jusupow, Artur (2640)
Dortmund 1997

30.♗f3!

Da der Läufer c6 quasi der Alleskleber ist, der die schwarze Stellung zusammenhält, muss er abgetauscht werden. Derartige Abtauschfragen gehören zu den typischen Stärken von Reflektoren.

30...♖xd6

Nach 30...♗xf3 31.♕xf3 ♖dc7 32.♕e3+− ist Schwarz völlig paralysiert.

31.exd6 ♘d7

31...♗xf3 32.♕xf3 f5 33.d7 ♖d8 34.♕xb7 ♖xd7 35.♖xd7 ♕xd7 36.♕xa6+−

32.♗xc6 ♖xc6 33.♕g5 ♕f8?!

33...f6 34.♕e3 e5 35.♕a7+−

34.♕e7 ♕c8 35.♖d4 ♖c5 36.♘e4 ♖f5

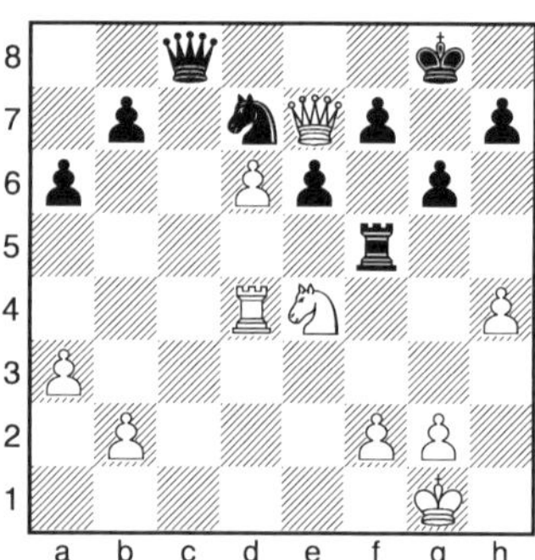

37.♔h2

Nach dieser starken Prophylaxe kann Schwarz überhaupt nichts mehr machen.

37...h5 38.f3 ♕c6 39.♖d3 ♔g7 40.♖c3 ♕b5 41.♖c8 ♕xb2 42.♕xd7 ♖xf3 43.♕d8 ♕e5+ 44.g3 1-0

2 RP für 30.♗f3!

Test 07.06
Nepomniaschi, Jan (2784)
Giri, Anish (2764)
Chessable Masters 2020

23.♔g1?

Das verpasst den typischen Mattangriff 23.♖h8+!! und somit ein Muster, das zum täglichen Brot von Aktivspielern gehört. Nach 23...♔xh8 24.♕h3+ ♔g8 25.♕h7+ ♔f8 26.♗c5+ steht Schwarz vor einer unerfreulichen Wahl.

– 26...♗e7 27.♗xe7+ ♖xe7 (27...♔xe7 28.♕xg7+ +–) 28.♕h8+ ♕g8 29.♕xg8+ ♔xg8 30.♖c8+ ♖e8 31.♖xe8#

– 26...♖e7 27.♕h8+ ♕g8 28.♗xe7+ ♗xe7 29.♖c8+ +–

23...♗xg5 24.♗xg5 ♘c6∞ 25.♗e3 ♘e5 26.♕h3 ♘c4? (26...♔f7=) **27.♕h7+ ♔f7 28.♗h6 ♕e5 29.♖h3 ♖g8 30.♖f3+ ♔e7 31.♖xc4?** (31.♕xg6+–) **31...♖h8?** (31...♕e1+ =) **32.♕xg7+ ♕xg7 33.♖e4+ 1-0**

2 AP für 23.♖h8+!!

Test 07.07
Brkic, Ante (2454)
Jankovic, Alojzije (2477)
Zagreb 2004

24...f6!

Nach Einsatz dieses typischen Hebels erwachen die schwarzen Figuren zum Leben und die weiße Stellung bricht überraschend schnell zusammen.

25.♖e1

25.exf6 ♖xf6 26.♕d2 e5–+

25...fxe5 26.fxe5 ♗e8!

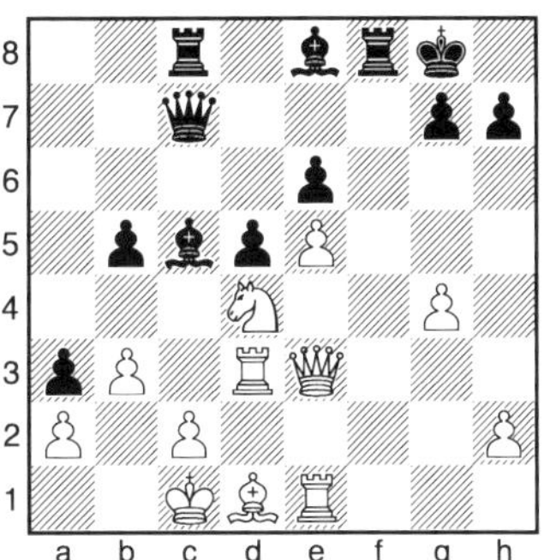

Die taktisch abgesicherte Aktivierung dieses Läufers entscheidet den Tag.

27.♕h3 ♕b6 0-1

2 TP für 25...f6!

Test 07.08
Gabriel, Christian (2570)
Relange, Eloi (2480)
Pula 1997

23.f5!

Dieses dynamische Bauernopfer dient dem Zweck, Linien zu öffnen und eine Blockade zu verhindern. Der weiße Angriff schlägt konkret durch.

23.♖g1? f5∞

23...gxf5

23...♘ec5 24.♖g1+–

24.f4 ♕h3

24...♕h6 25.exf5 ♘ec5 26.♕g2 ♔h8 27.♘f2 ♕f6 28.♖g1 ♖g8 29.♕h3+– und der Angriff ist auf Dauer nicht abzuwehren.

25.♖g1 ♘ac5

25...♔h8 26.♖g3 ♕h6 27.exf5 ♘ec5 28.♕g2 ♖g8 29.♘f2 ♗b2 30.♖g1 ♖xg3 31.♕xg3 ♕f8 32.♘g4 ♘e4 33.♕g2 ♘f6 34.♕xb7+–; 25...fxe4 26.f5 ♘ec5 27.f6+

26.♘c3 ♔h8 27.exf5 ♕xf5 28.♗g4 ♕d3 29.♘d5 ♖e8 30.f5 ♘d4 31.f6 ♕e4+

32.♖g2 exf6 33.♖d1 ♘de6 34.♘xf6 ♕xc4 35.♘xe8 ♖xe8 36.♕xf7 ♖f8 37.♗xe6 ♘xe6 38.♕xb7 ♕b3 39.♖dg1 1-0

2 PP für 23.f5! gxf5 24.f4.

(Lösungen ab Seite 139)

Test 08.01

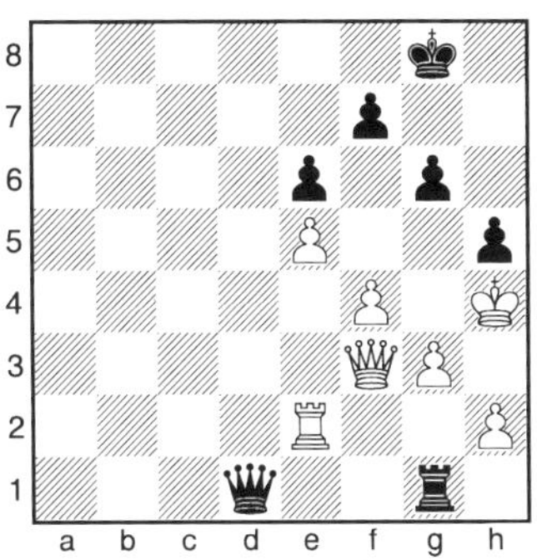

Schwarz am Zug*

Test 08.02

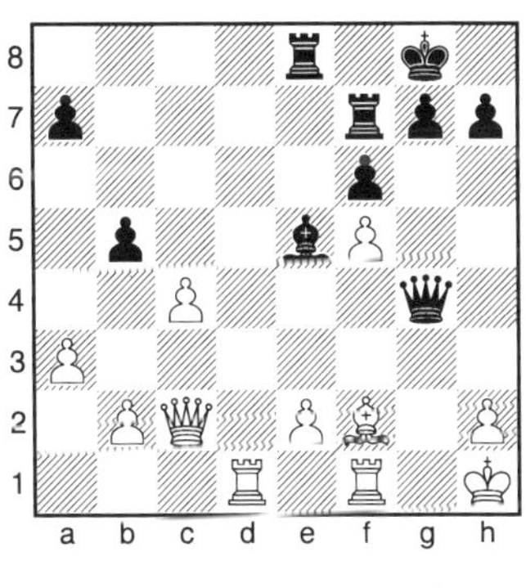

Schwarz am Zug*

Test 08.03

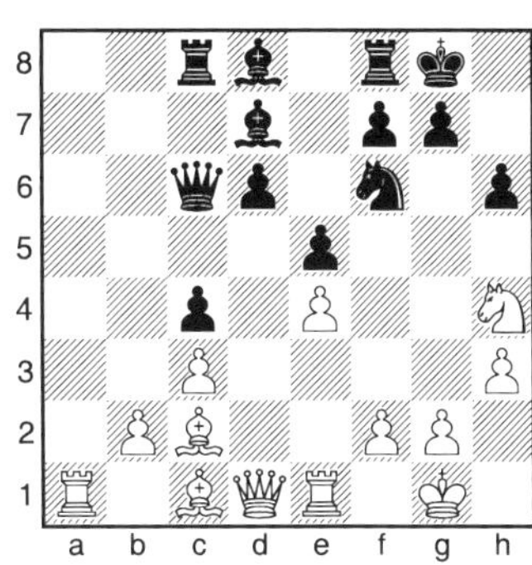

Weiß am Zug*

Test 08.04

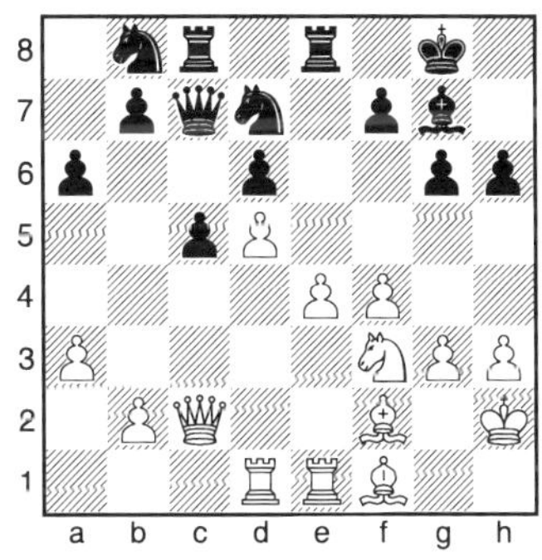

Weiß am Zug*

Test 08.05

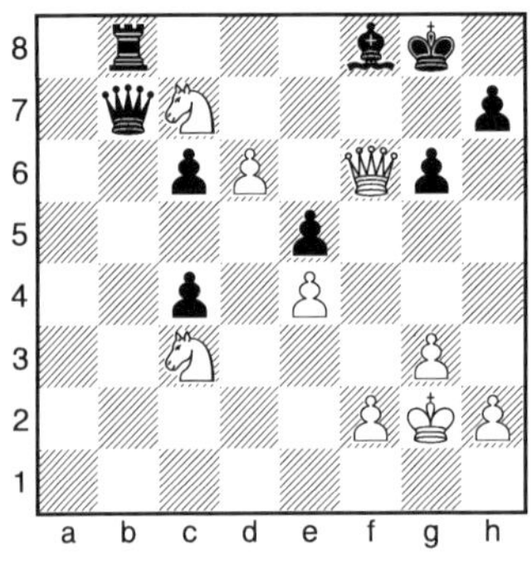

Weiß am Zug**

Test 08.06

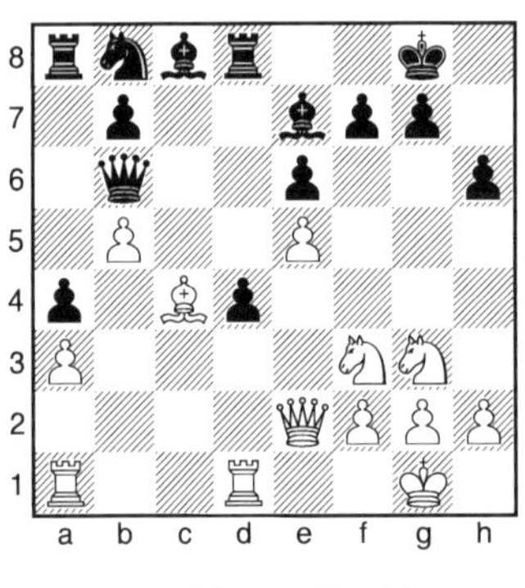

Weiß am Zug**

Test 08.07

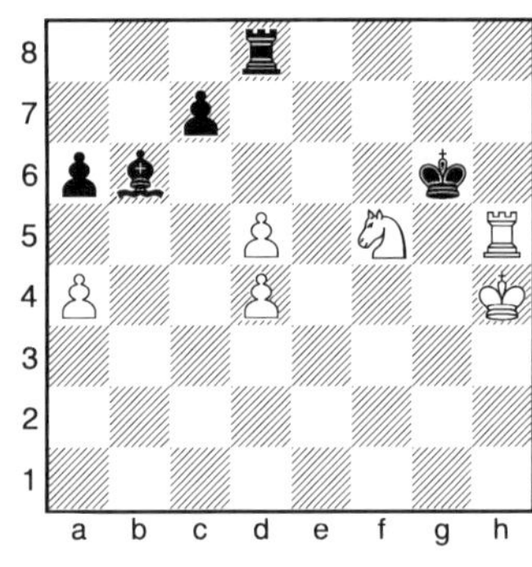

Weiß am Zug**

Test 08.08

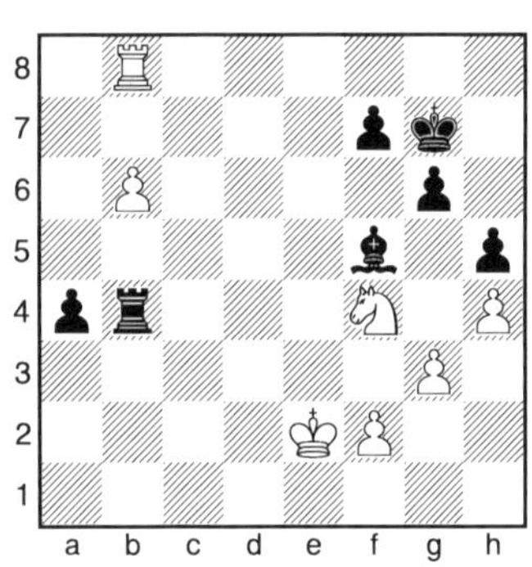

Schwarz am Zug**

Lösungen

Test 08.01

Tiwjakow, Sergei (2628)
Wolokitin, Andrei (2545)
Esbjerg 2002

51...♖f1

Mittels einer witzigen kleinen Kombination kann Schwarz forciert gewinnen.

51...♖h1? 52.♔h3=; 51...♖e1? 52.♖e3=

52.♕a8+

Mit diesem klassischen Racheschach ist der Turmverlust nur um einen Zug hinauszuzögern.

52.♕e4 ♖f2! 53.♖xf2 ♕g4#; 52.♕g2 ♖e1! 53.♖xe1 ♕g4#

52...♔g7 53.♕e4 ♖f2 0-1

1 PP für 51...♖f1.

Test 08.02

Topalov, Veselin (2772)
Caruana, Fabiano (2801)
Saint Louis 2014

30...♕h5!

Dies erzwingt die entscheidende Schwächung der ohnehin unsicheren weißen Königsstellung.

31.h4

Nach 31.♗g1 ♗xh2! 32.♗xh2 ♖xe2-+ funktioniert die Taktik zu schwarzen Gunsten.

31...♕g4!

Nach diesem starken Rückkehrmotiv muss Weiß zur Vermeidung von Matt in ein verlorenes Endspiel abwickeln.

32.♕d3 bxc4 33.♕e3

33.♕f3 ♕xf3+ 34.exf3 ♗xb2-+

33...♖fe7 34.b3 ♗b2 0-1

1 AP für 30...♕h5! 31.h4 ♕g4!

Test 08.03

Computer Hydra
Adams, Michael (2737)
London 2005

23.♗a4!

Nach Abtausch des aktuell passiven Läufers gegen die beste schwarze Leichtfigur ist die weißfeldrige Initiative des Anziehenden kaum abzuwehren.

23...♕c7 24.♗xd7 ♕xd7 25.♘f5 d5

Auf 25...♖c6 kann 26.♕f3 ♔h7 27.♖d1 ♖e8 28.♗e3 mit klarem Vorteil folgen.

26.♖a6!

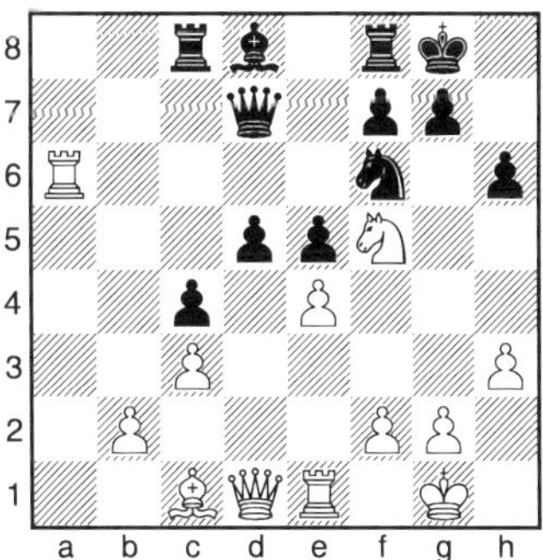

26...♕b7?

Danach geht Adams mit fliegenden Fahnen unter.

26...dxe4 war zäher, rettet aber auch

nicht; z.B. 27.♕xd7 ♘xd7 28.♖xe4 ♗f6 29.♘d6+− mit guten Gewinnchancen.

27.♖d6 ♗e7 28.♗xh6! 1-0

1 RP für 23.♗a4!

Test 08.04

Nogueiras Santiago, Jesus (2545)
Hernandez, Gilberto (2540)
Cienfuegos 1997

26.h4!

Damit bringt Weiß Möglichkeiten wie ♗h3 und/oder h4−h5 ins Spiel und positionell ist die Partie bereits entschieden. Theoretiker haben ein gutes Gespür für solche Optionen.

Der typische Feldfeger 26.e5? dxe5 27.f5 wäre hier wegen der starken Verteidigung 27...g5! verfehlt, wonach die Lage unklar bleibt.

26...h5?!

Auch 26...♘f8 27.h5 ♘bd7 28.hxg6 ♘xg6 29.♗h3+− sieht fürchterlich aus.

27.♗h3 ♖cd8 28.♘g5 ♘f6?!

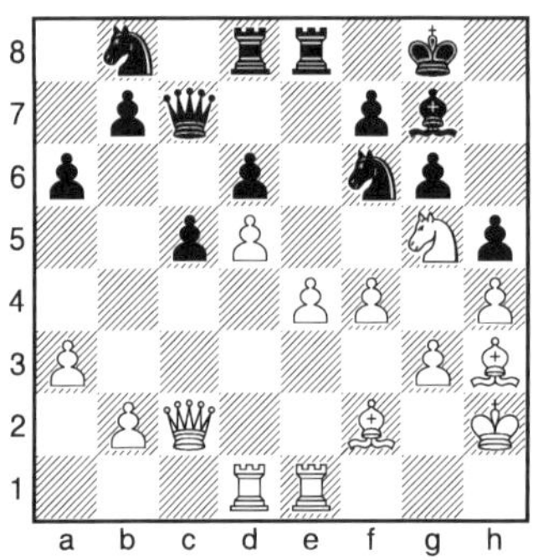

29.e5!+−

Nun bringt dieser Durchbruch die Entscheidung.

29...dxe5 30.fxe5 ♘xd5

30...♖xe5 31.♖xe5 ♕xe5 32.♘xf7! ♔xf7 33.♗e6+ ♔e7 34.♖e1+−

31.e6 f5 32.e7 ♖xe7 33.♘e6?!

33.♖xe7! ♕xe7 34.♗g2 ♗d4 35.♗xd4 cxd4 36.♖xd4 ♘c6 37.♖xd5+

33...♖xe6 34.♖xe6 ♕f7 35.♖e2 b6 36.♕c4? (36.♗g2+−) **36...♘c6 37.♗g2 ♘d4 38.♗xd4 ♗xd4 39.♗xd5 ♖xd5 40.♖de1 ♖d7?**

Nach 40...♗f6 stände Weiß nur etwas besser.

41.♕xa6 ♔g7?

41...c4 war zäher.

42.♕xb6 f4 43.♕c6 ♗e3?! 44.♖f1 ♕f5 45.♖xe3 1-0

1 TP für 26.h4!

Test 08.05

Postny, Evgeny (2630)
Boruchovsky, Avital (2492)
Fagernes 2014

34.♕xe5?

Diese scheinbar tödliche Fortsetzung hätte sich bei aufmerksamer Verteidigung eigentlich als lebensverlängernde Maßnahme herausstellen sollen.

Zum Gewinn führte 34.♕e6+ ♔h8 mit der skurrilen Pointe 35.♘e8! und der nunmehr tatsächlich tödlichen Doppeldrohung d6−d7 und ♘d6.

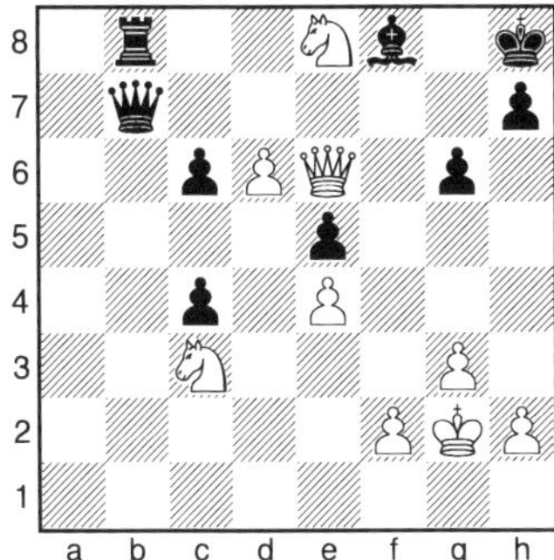

35...♗g7 (35...♖d8 36.♕f6+ +–) 36.d7 ♖d8 37.♘d6 ♕xd7 38.♘f7+ ♔g8 39.♘xd8+ ♕xe6 40.♘xe6+–

34...♕c8?

34...♕b4! mit Doppelangriff auf c3 und d6 hätte der schwarzen Stellung neues Leben eingehaucht; z.B. 35.♕e6+ ♔h8 36.♘a6 ♕xd6 37.♕xd6 ♗xd6 38.♘xb8 ♗xb8 mit Remischancen.

35.♕d4 ♗g7 36.♕xc4+ ♔h8 37.♘e6 ♗f6 38.♘c5 ♕g8 39.♕xg8+ ♖xg8 40.♘3a4 ♗e5 41.d7 ♖d8 42.f4 ♗c7 43.e5 ♔g8 44.♘b2 ♔f7 45.♘bd3 ♗b6 46.g4 h5 47.gxh5 gxh5 48.♔f3 ♖g8 49.f5 ♖g4 50.e6+ ♔f6 51.♘e4+ 1-0

2 PP für 34.♕e6+ ♔h8 35.♘e8!

Test 08.06

Witiugow, Nikita (2720)

Goganow, Aleksey (2594)

Moskau 2020

18.♘h5

Die logische Fortsetzung des Angriffs.

18...g6

Damit wird der gefährliche Springer augenblicklich zurückgetrieben – oder?

Nach 18...♘d7 19.♖xd4 g6 20.♖g4+– wird der schwarze König nicht überleben.

19.♕d2!

Nun zeigt sich die Idee des Einleitungszuges ♘h5. Mit so wenig Verteidigern um den König muss ein solches Opfer einfach durchschlagen.

19...gxh5

19...♔h7 20.♕f4 ♖f8 21.♘f6+ ♔g7 22.♖xd4+–

20.♕xh6 ♘d7

20...♗f8 21.♕xh5 ♗g7 22.♘g5 ♕c7 23.♖d3+–

21.♗d3 f5 22.♕g6+ ♔f8 23.♗c4 ♘c5 24.♘xd4 ♖xd4 25.♖xd4 ♕c7 26.♖e1 ♘b3 27.♖f4 ♗c5 28.♖d1 1–0

2 AP für 18.♘h5 g6 19.♕d2!

Test 08.07

Giri, Anish (2768)

Kovaljow, Wladislav (2660)

Wijk aan Zee 2020

40.♘e7+

40.a5? ♗xa5 41.♘e7+ ♔f6 42.♘c6 ♗e1+!=

40...♔f6 41.♘c6!

„Es war verlockend, den Läufer auf diese Weise mit dem Springer zu dominieren, allerdings habe ich mich dafür erst entschieden, nachdem ich gesehen hatte, dass ich forciert gewinne. Manchmal sind Stellungen zu schön, um gewonnen zu werden, aber das war hier zum Glück nicht der Fall.“ (Giri in CBM 194)

41...♖e8

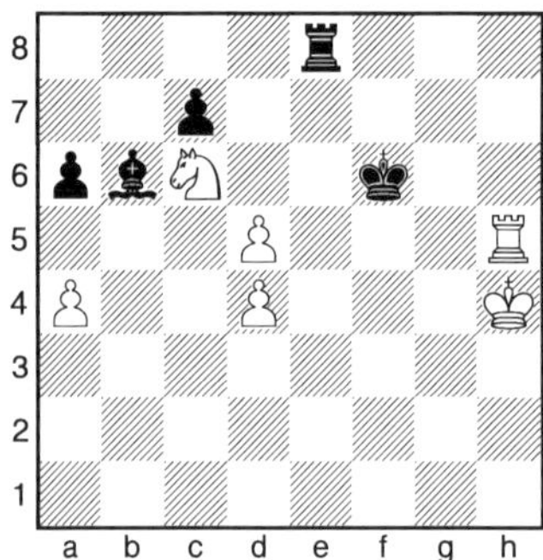

42.♖e5!

Das für Reflektoren typische Vorgehen: Alle gegnerischen Figuren sollen dominiert werden.

42.a5? ♗xd4!=

42...♖h8+ 43.♔g4 a5 44.♖f5+ ♔g6 45.♘e5+ ♔g7 46.♖g5+ ♔h7 47.♖h5+ ♔g7 48.♖xh8 ♔xh8 49.♘c4 ♔g7 50.♔f5 ♔f7 51.d6 1-0

2 RP für 40.♘e7+ ♔f6 41.♘f6!

Test 08.08

Batchuluun, Tsegmed (2513)

Swiercz, Dariusz (2611)

Katowice 2014

43...♗e4!

So wird der Springer eingeschränkt.

43...a3? 44.♖a8 ♖b2+ 45.♔e3 a2 46.♘d5=

44.♘d3 ♖b5!

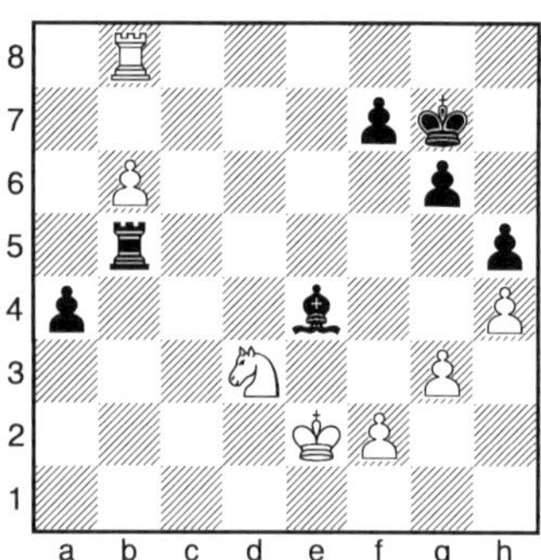

Nun ist Weiß dominiert. Solche technischen Endspiele spielen Theoretiker in aller Regel gut. Für sie trifft in der Tat meist der Standardsatz zu: Der Rest ist eine Sache der Technik.

45.♔e3 ♗c6 46.♔d4 a3 47.♘c1 ♗d5 48.b7 ♗xb7 49.♘a2 ♖b2 50.♘c3 ♔f6 51.♔e3 ♔e7 52.f4 ♔d7 53.♔d4 ♔c7 54.♖f8 f5 55.♖f7+ ♔b6 56.♖f6+ ♔a5 57.♖xg6 a2?

„57...♗a6!! wäre ein toller Gewinnweg gewesen. Allerdings hatte ich schon wenig Zeit und habe diesen Zug überhaupt nicht gesehen."

58.♖f6 ♖d2+ 59.♔c5 ♖g2 60.♔d4 ♖xg3 61.♖xf5+ ♔b4 62.♘d5+ ♔b3−+ (Swiercz in CBM 162)

58.♘xa2 ♖xa2 59.♖g5 ♗e4 60.♖xh5 ♔b4 61.♖g5 ♖a5 62.h5 ♖d5+ 63.♔e3 ♖d3+ 64.♔e2 ♔c3 65.h6 ♖d2+ 66.♔e3 ♖d3+ 67.♔e2 ♖d2+ 68.♔e3 ♖h2 69.g4 und die Partie wurde später remis.

2 TP für 43...♗e4! 44.♘d3 ♖b5!

(Lösungen ab Seite 145)

Test 09.01

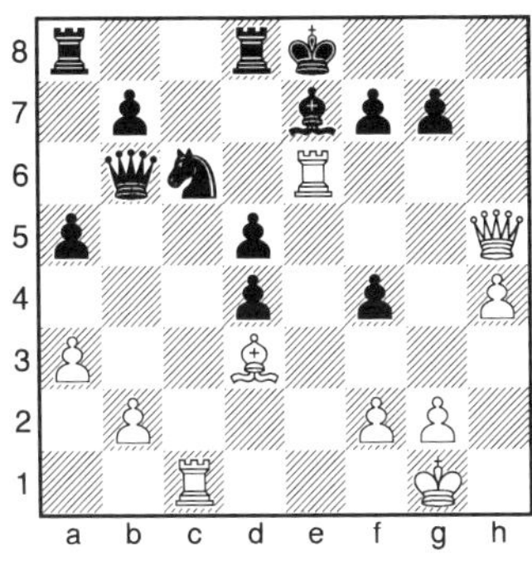

Weiß am Zug**

Test 09.03

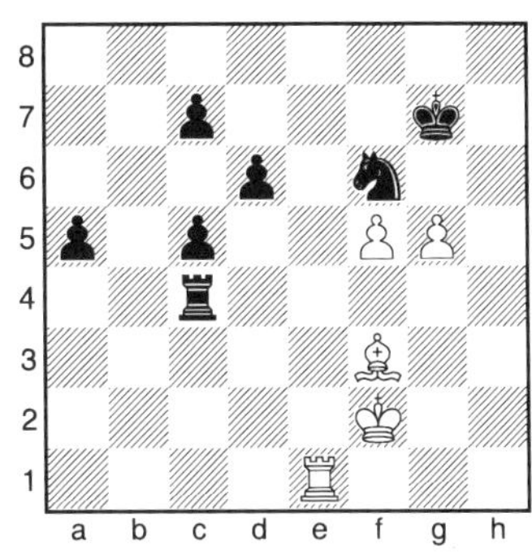

Weiß am Zug**

Test 09.02

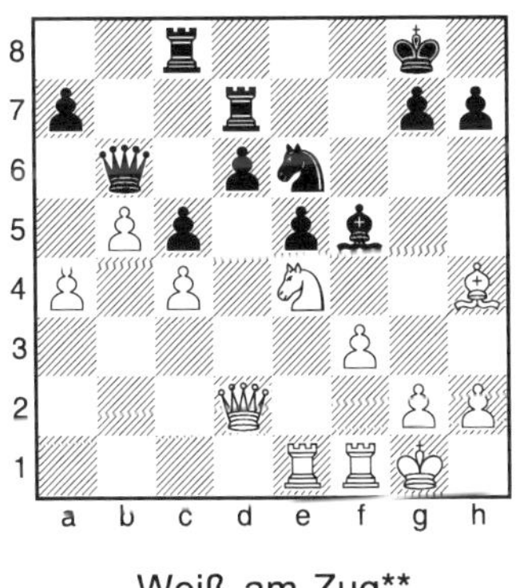

Weiß am Zug**

Test 09.04

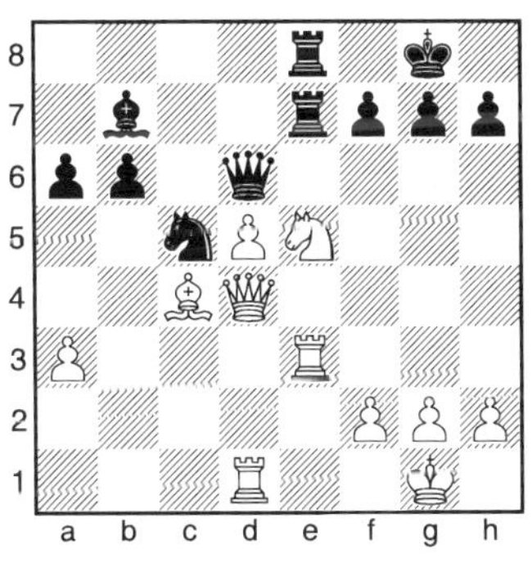

Weiß am Zug**

Test 09.05

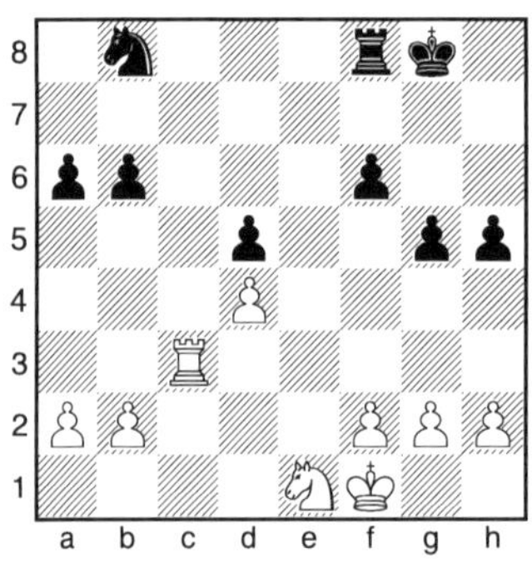

Weiß am Zug**

Test 09.06

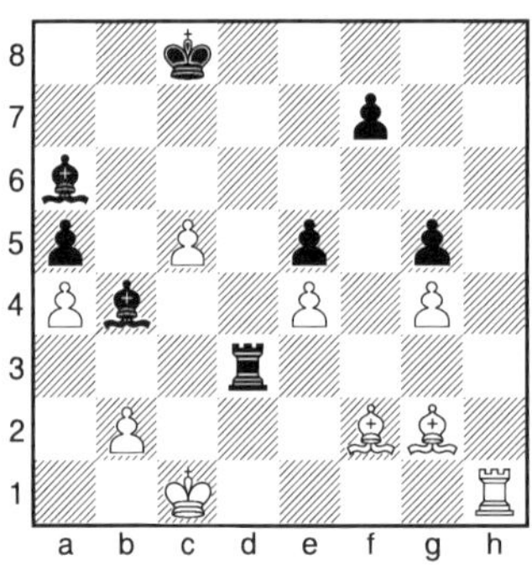

Schwarz am Zug***

Test 09.07

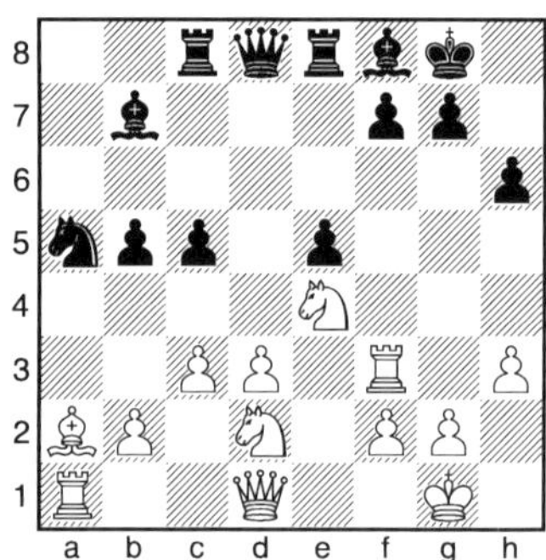

Schwarz am Zug***

Test 09.08

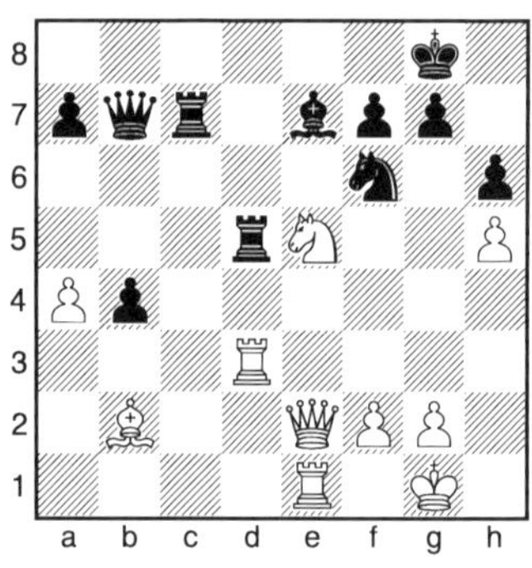

Weiß am Zug***

Lösungen

Test 09.01
Grischuk, Alexander (2795)
Filippov, Anton (2615)
Tromsoe 2014

24.♗f5!

Beim Mattangriff ist es oft am besten, statt wahlloser Schachgebote zuerst den Fluchtweg des Königs abzuschneiden. Aktivspieler Grischuk hat dafür ein gutes Gespür.

1) Auch der Ansatz 24.♖ee1? g6 25.♕h7 ♕c7 26.h5 ♕d6 27.hxg6 ♕f6 28.gxf7+ ♔d7 29.♗f5+ ♔d6 30.♖e6+ ♕xe6 31.♗xe6 ♔xe6 32.♖e1+ ♔d7 33.♕f5+ ♔c7 34.♕xf4+ ♗d6 35.♕f6 ist besser für Weiß, aber bei weitem nicht so gut wie die Partiefolge.

2) Und nach 24.♖ce1?? g6 25.♖xc6 gxh5 26.♖xb6 ♔f8= steht Weiß sogar mit völlig leeren Händen da.

24...g6

24...♖d6 25.♕h8+ ♔d7 26.♖e5+ ♖e6 27.♖xd5+ ♗d6 28.♕xg7!+– (28.♕xa8+–)

25.♖xg6! ♕c7 26.♖e1 fxg6 27.♕h8+ ♔f7 28.♗e6# 1–0

2 AP für 24.♗f5!

Test 09.02
Drejew, Alexey (2640)
Zvjagintsew, Wadim (2635)
Groningen 1997

25.f4?

Das Streben nach Dynamik ist zwar richtig, aber in diesem Fall ist es zu direkt.

1) Mit 25.♘g3? ♗g6 26.♖xe5 ♘d4 ist die schwarze Stellung nicht zu erschüttern.

2) Hingegen würden die schwarzen Figuren nach 25.♕d5! so ungünstig stehen, dass es nunmehr tatsächlich keine Verteidigung gegen den Vorstoß f3-f4 gibt und bei Schwarz alles zusammenbricht.

a) 25...♕b7 26.♕xb7 ♖xb7 27.♘xd6+–

b) Nach 25...♔h8 26.f4 ♕c7 (26...♘xf4 27.♖xf4+–) 27.♗g3 ist die Verteidigung überlastet und Weiß gewinnt; z.B. 27...♗xe4 28.♖xe4 ♘d4 29.fxe5 dxe5 30.♕xe5 ♕xe5 31.♖xe5.

25...♗xe4 26.♖xe4 ♘d4?

Nach 26...♕b7 27.♕e2 ♖f8 28.fxe5 ♖xf1+ 29.♔xf1 d5 hat Schwarz noch Remischancen.

27.fxe5 dxe5 28.♕g5 h6 29.♕g4 ♕c7 30.♗g3 ♕b7 31.♖xe5 ♖f8 32.♖xf8+ ♔xf8 33.♖xc5 ♔g8 34.h3 1-0

2 TP für 25.♕d5! ♔h8 26.f4.

Test 09.03
Grischuk, Alexander (2786)
Navara, David (2703)
Rhodos 2013

36.♔g3!

Mit dieser starken aktiven Prophylaxe wird verhindert, dass Schwarz die letzten weißen Bauern eliminiert, wie es nach 36.♖e7+? ♔f8 37.gxf6 ♖f4= oder 36.♖e6? ♘g4+ 37.♔g3 ♘e5= der Fall wäre.

36...♘g8 37.♗h5 (37.♗d5+–) **37...♖c3+**

38.♔g2 ♖c2+ 39.♔g1 ♖b2 40.f6+!

Erst jetzt setzen sich die Bauern siegreich in Bewegung.

40...♘xf6 41.♖e7+ ♔h8 42.gxf6 ♖b8 43.♗g6 ♖g8 1-0

2 RP für 36.♔g3!

Test 09.04

Giri, Anish (2764)

Nepomniaschi, Jan (2784)

Chessable Masters 2020

21.♘xf7!

21.♖de1? f6 ist nur etwas besser für Weiß.

21...♔xf7

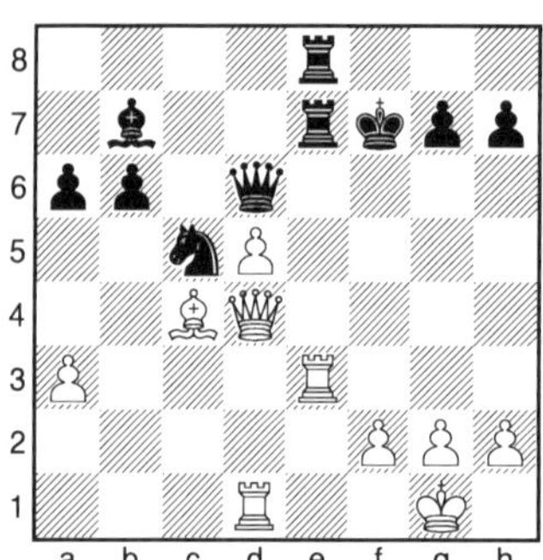

21...♖xe3 22.♘xd6 ♖e1+ 23.♖xe1 ♖xe1+ 24.♗f1+-

22.♖e6!!

Nach dieser eigentlichen Pointe der Kombination hat Schwarz der Angriffswucht mehr entgegenzusetzen.

22...♕d8?!

22...♘xe6!? 23.dxe6+ ♕xe6 24.f3+- war zäher, rettet auf lange Sicht aber auch nicht.

23.♕f4+ ♔g8 24.♖xe7 ♖xe7 25.d6+ ♖e6

25...♔h8 26.dxe7 ♕xd1+ 27.♗f1+-

26.d7 g6 27.♖d6 1-0

2 PP für die Berechnung bis 22.♖e6!!

Test 09.05

Botwinnik, Michail

Aljechin, Alexander

Holland 1938

27.h4!!

Mit diesem strategischen Meisterzug unterminiert Botwinnik die gegnerische Königsflügelstruktur. In der Behandlung solcher Fragen der Bauernstruktur sind Theoretiker in aller Regel extrem stark und kennen all diese Muster in- und auswendig.

27.♖c7 ♖f7 bringt noch keinen konkreten Ertrag, obwohl Weiß natürlich weiterhin überlegen steht.

27...♘d7?!

27...♔f7!? war zäher, sollte aber auf lange Sicht auch nicht retten; z.B. 28.♖c7+ ♔g6 29.hxg5 fxg5 30.♘f3

1) 30...g4?! 31.♘h4+ ♔g5 32.g3 ♖f6 33.♖g7+ ♔h6 34.♖b7+-

2) 30...♔f5 31.♖h7

a) 31...g4 32.♖xh5+ ♔e4 33.♖h4 (33.♘e5+-) 33...♖f4 34.♘e5 ♔xd4 35.♘xg4+-

b) 31...♔g6 32.♖b7 b5 33.♔e2 ♖c8 34.♔d2 ♘c6 35.♖d7+-

28.♖c7 ♖f7 29.♘f3! g4 30.♘e1 f5 31.♘d3 f4 32.f3!?

Die Festlegung der Schwäche f4 lähmt die gesamte schwarze Stellung.

32...gxf3 33.gxf3 a5 34.a4 ♔f8 35.♖c6 ♔e7 36.♔f2 ♖f5 37.b3 ♔d8 38.♔e2 ♘b8?!

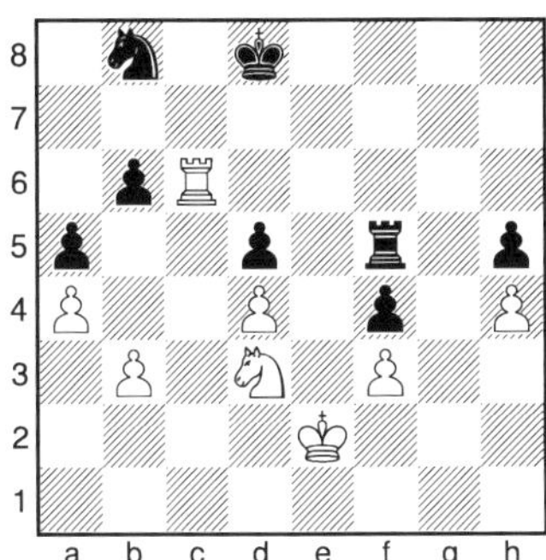

39.♖g6!

In diesem Endspieltyp geht es vor allem um Dominanz und Kontrolle.

Hingegen hätte Schwarz nach 39.♖xb6? ♔c7 40.♖g6 ♘c6 Gegenspiel.

39...♔c7 40.♘e5 ♘a6 41.♖g7+ ♔c8 42.♘c6 ♖f6 43.♘e7+ ♔b8 44.♘xd5 ♖d6 45.♖g5 ♘b4 46.♘xb4 axb4 47.♖xh5 ♖c6

47...♖xd4 48.♖f5 ♔c7 49.h5+– (Kasparow)

48.♖b5 ♔c7 49.♖xb4 ♖h6 50.♖b5 ♖xh4 51.♔d3 1–0

2 TP für 27.h4!!

Test 09.06

Kurnosow, Igor (2538)

Kharlow, Andrei (2614)

Moskau 2005

30...♖d2! 31.♗f1 ♗e2!

(siehe nächstes Diagramm)

Nach diesem richtigen Abtausch ist die weiße Stellung am Brett nicht mehr zu halten, wenn sie nicht sogar schon verloren ist.

32.♗xe2 (32.♗e3 ♖d1+ –+) **32...♖xe2 33.♗g3**

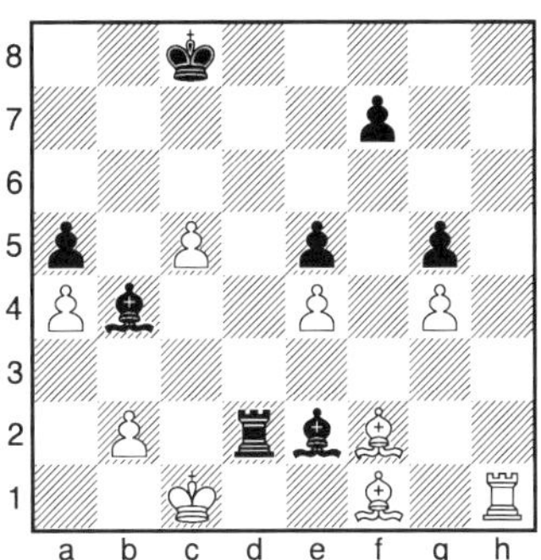

Auch 33.♖h2 ♖xe4 34.♖h7 ♖xg4 35.♔d1 ♖c4 36.♖g7 g4 37.b3 ♖e4 38.c6 ♔c7 39.♖xf7+ ♔xc6–+ sollte auf lange Sicht verloren sein.

33...♖xe4 34.♖f1 ♖e3 35.♗h2 f6 36.♔b1

36.♖xf6 ♖e1+ 37.♔c2 ♖e2+ –+

36...♖h3 37.♖f2 ♔c7 38.c6 ♔xc6 39.♖xf6+ ♔d5 40.♖f2 e4 41.♔c2 e3 42.♖e2 ♔e4 43.♗c7 ♖h6 44.♔d1 ♖h1+ 0–1

3 RP für 30...♖d2! 31.♗f1 ♗e2!

Test 09.07

Akopian, Vladimir (2605)

Adams, Michael (2620)

Oakham 1992

22...c4?

Das pariert zwar die Bedrohung von f7, allerdings war diese nur der offensichtliche Teil einer *Doppel*drohung.

1) Auch 22...♖c7? war wegen der Folge 23.♘f6+ gxf6 24.♖g3+ ♗g7 25.♕g4+– nicht ausreichend.

2) 22...♖e7! war der einzige Zug, um beide Drohungen zu entkräften, denn danach könnte 23.♘f6+?! mit (23.♖xf7? ♖xf7 24.♕h5 c4–+) 23...gxf6 24.♖g3+ ♗g7 25.♕g4 ♕f8∓ abgewehrt werden.

23.♘f6+! gxf6 24.♖g3+ ♗g7 25.♕g4 ♔f8 26.♕xg7+ ♔e7 27.♕xh6 ♖g8 28.♖xg8 ♕xg8 29.f3

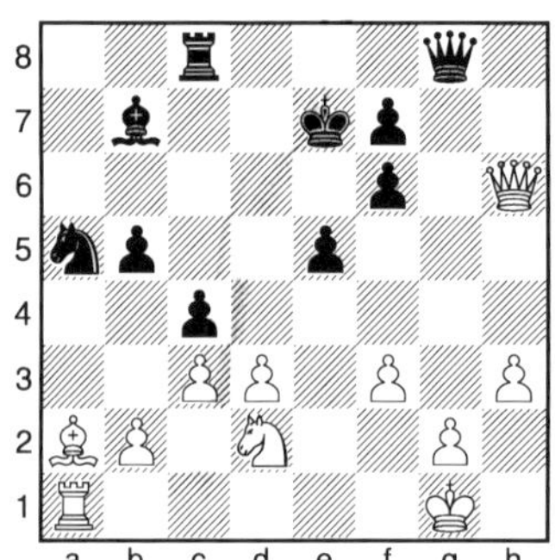

29...♕g5?!

Dieser verständliche Entlastungswunsch kostet zu viel Material.

29...♕d8 war zäher.

30.♕xg5 fxg5 31.♗xc4! ♘xc4 32.dxc4 bxc4 33.♖a7 ♖b8 34.♘xc4 ♔e6 35.b4 e4 36.fxe4 ♗xe4 37.♖a6+ ♔e7 38.♘d2 ♗d3 39.♖c6 ♖a8 40.♔f2 f5 41.♖c7+ ♔f6 42.♖d7 ♗b5 43.♖d5 ♗e8 44.g4 ♗g6 45.♖d6+ ♔g7 46.b5 ♖a3 47.b6 1-0

3 PP für 22...♖e7!

Test 09.08
Radjabow, Teimour (2624)
Leko, Peter (2736)

Linares 2003

27.♘xf7!

Ohne seinen Bauernschild wird der schwarze König zur Beute der weißen Figuren.

Nach hingegen 27.♖g3?? ♗f8−+ gäbe es kein Durchkommen mehr.

27...♖xd3

27...♔xf7 28.♗xf6 ♖xd3 (28...gxf6 29.♕e6+ +−) 29.♕xd3 gxf6 30.♕g6+ ♔f8 31.♕xh6+ ♔e8 32.♕g6+ ♔d7 33.♕f5+ ♔d8 34.h6+−

28.♘xh6+! ♔f8

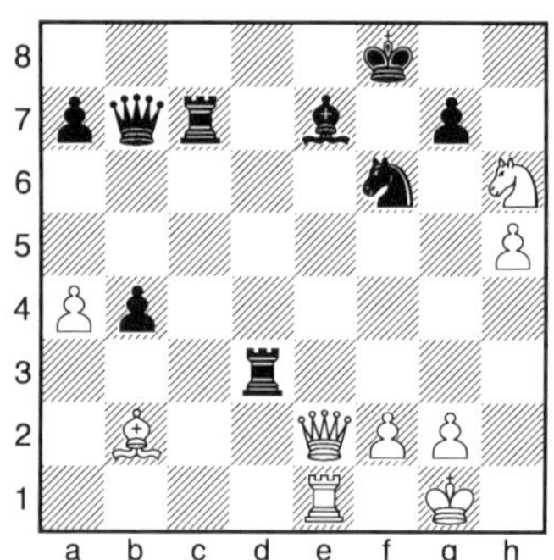

28...gxh6 29.♕xd3 ♔f8 30.♕g6+−

29.♕xd3?

Selbst Aktivspieler sind mitunter zu materialistisch. So verpasst Radjabow hier die folgende Krönung seiner Kombination: 29.♗xf6! gxh6 (29...♖dd7 30.♕g4 ♗xf6 31.♕e6+−) 30.♕e5 ♕c8 31.♗xe7+ ♔g8 32.♕f4 ♖c4 33.♕xh6 ♖g4 34.♖e6+−.

29...♕d5! 30.♕g3?!

30.♕g6 ♕xh5 31.♕g3 war genauer.

30...♗d6 31.♕h3 ♕xh5 32.♕xh5 ♘xh5 0-1

Nun ist die Stellung ausgeglichen, aber in der Folge überzog Radjabow und verlor sogar noch.

3 AP für 27.♘xf7!

(Lösungen ab Seite 151)

Test 10.01

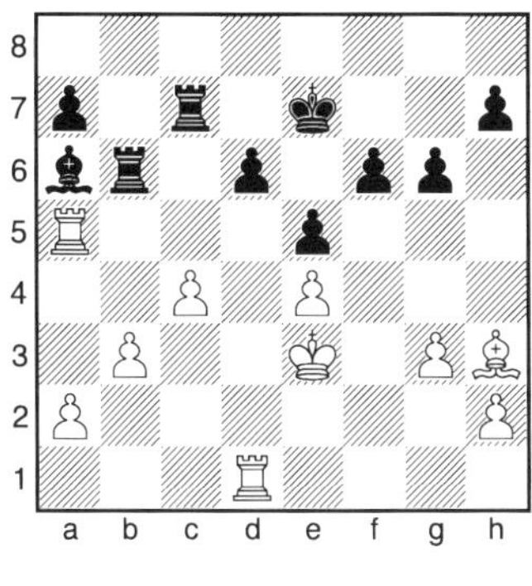

Weiß am Zug*

Test 10.03

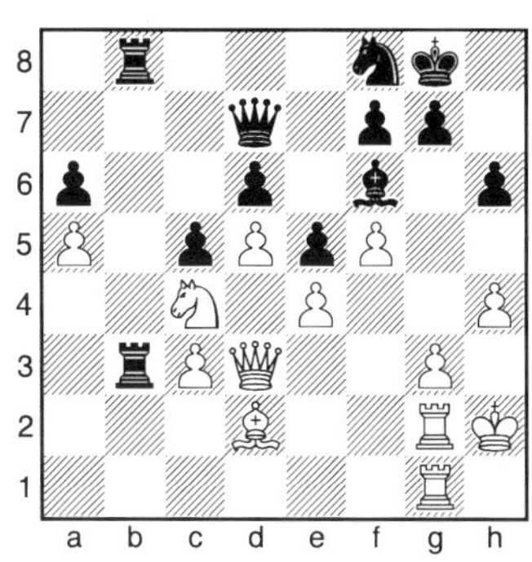

Weiß am Zug*

Test 10.02

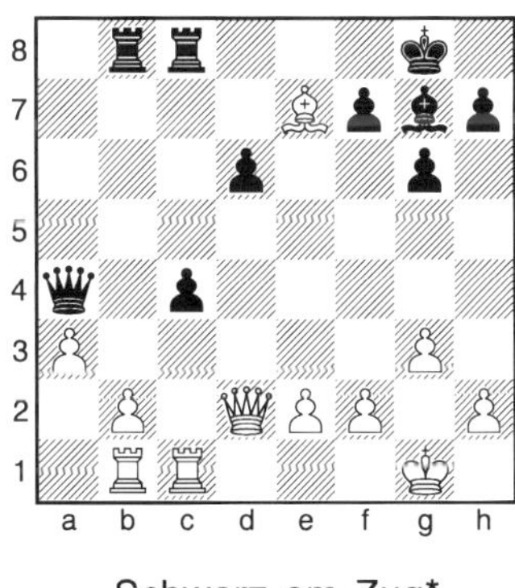

Schwarz am Zug*

Test 10.04

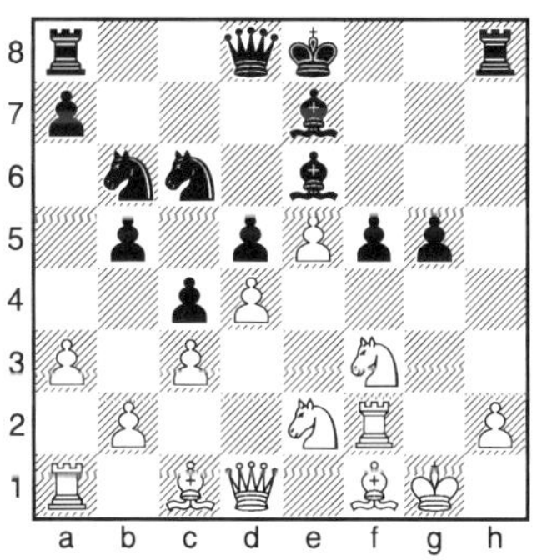

Weiß am Zug*

Test 10.05

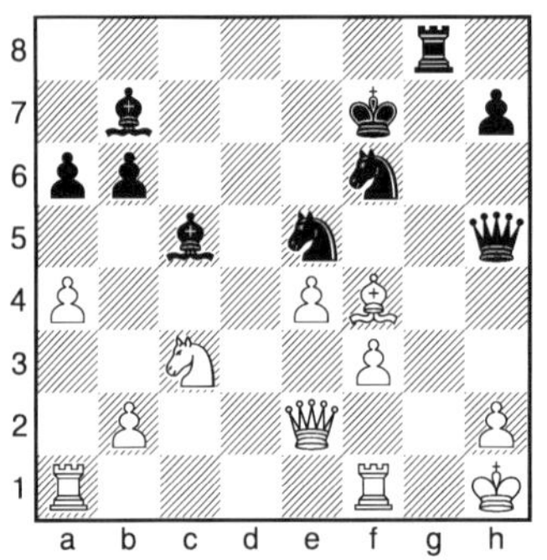

Schwarz am Zug**

Test 10.07

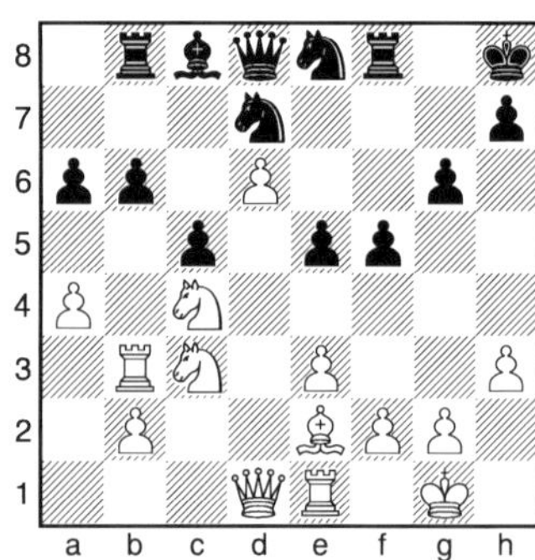

Weiß am Zug**

Test 10.06

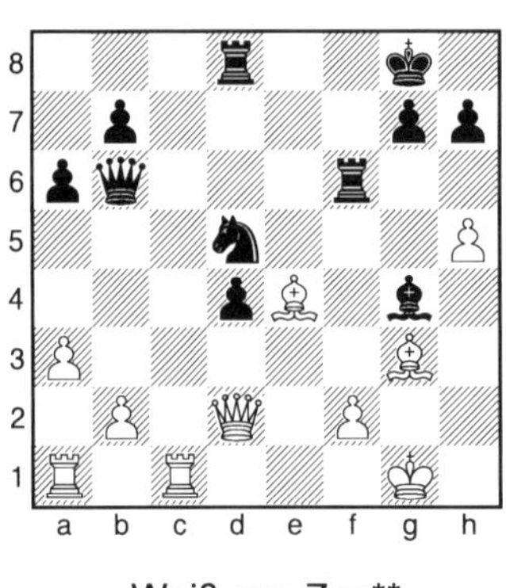

Weiß am Zug**

Test 10.08

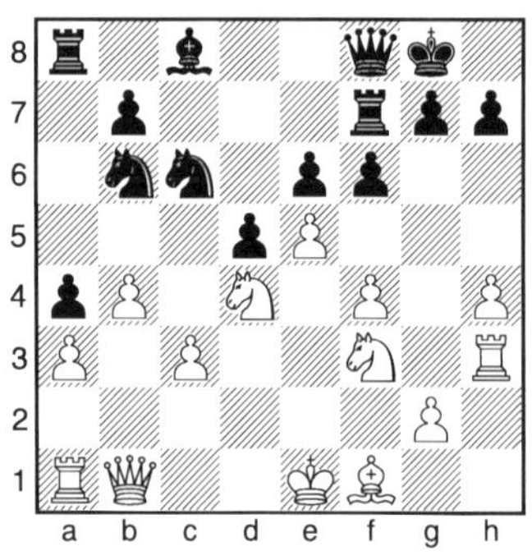

Schwarz am Zug***

Lösungen

Test 10.01

Stohl, Igor (2600)
Stocek, Jiri (2532)
Presov 1999

27.♖dd5!

Dieses Eingreifen des zweiten Turms entscheidet den Tag.

27...♖bc6 28.♖a4 ♖b6 29.♖da5 ♖cc6 30.♗f1 (30.b4!?+-) **30...f5?!**

Das verliert forciert, aber guter Rat war ohnehin teuer.

31.exf5 gxf5 32.♗g2 d5 33.c5 d4+ 34.♔f2 e4 35.cxb6 e3+ 36.♔f3 ♖e6 37.♖c5?

Der einzige klare Gewinnzug war 37.♗f1!! mit der möglichen Folge 37...♗xf1 38.bxa7 e2 39.a8♕ e1♕ 40.♖a7+.

37...e2 und die Partie wurde später remis.

1 TP für 27.♖dd5!

Test 10.02

Ljubojevic, Ljubomir (2570)
Avrukh, Boris (2588)
Amsterdam 1999

26...c3!

Nun verliert Weiß Material.

27.bxc3

27.♕c2 ♕xc2 28.♖xc2 cxb2-+

27...♖xb1 28.♖xb1 ♕e4!

Die Pointe!

29.♖b6 ♕xe7 30.♖xd6 ♗xc3-+ und **0-1** nach einigen weiteren Zügen.

1 PP für die Berechnung bis 28...♕e4.

Test 10.03

Leko, Peter (2735)
Caruana, Fabiano (2781)
Wijk aan Zee 2013

40.g4!

Da Weiß genug Figuren am Königsflügel hat, sollte er keine Zeit verlieren und die direkte Attacke starten.

Nach 40.♔h3!? ♗d8 41.g4 g5!? hätte Schwarz etwas mehr Luft zum Atmen.

40...g5?!

Damit ist die weiße Initiative nicht einzudämmen, obwohl sowieso keine wirklich guten Alternativen in Sicht waren.

- 40...♗d8!? 41.♕f3 ♖b1 42.g5 hxg5 43.hxg5 ♕a4 44.♘xd6 ♖xg1 45.♖xg1 ♖b2 46.♖g2 ♕a2 47.♕e3+-
- 40...♗xh4 41.g5 ♗xg5 42.♗xg5 hxg5 43.♖xg5 f6 44.♖h5+-

41.fxg6 fxg6 42.g5 hxg5 43.♗xg5 ♗g7 44.h5

Nun dringt der Angriff glatt durch.

44...♖8b4 45.hxg6 1-0

1 AP für 40.g4!

Test 10.04

Anand, Viswanathan (2769)
Morosewitsch, Alexander (2748)
Frankfurt 2000

17.h4!

Mit diesem Bauernopferangebot wird das schwarze Bauernduo in typischer Weise seiner Dynamik beraubt und es werden Stützpunkte für die weißen Figuren geschaffen.

17.♖g2? g4 18.♘e1 ♕d7∞

17...g4

17...gxh4 18.♘f4 ♖g8+ 19.♔h1 ♕d7 20.♗h3 ♔d8 21.♘h2 ♔c7 22.♘xe6+ ♕xe6 23.♗xf5 ♕f7 24.♕e2 ♖ad8 25.♘g4+−

18.♘g5 ♗c8 19.♖h2 (19.e6!+−) **19...a5 20.♘g3 ♖a6 21.♗e3 ♘a4 22.♕c2 ♖f8 23.♖f2 ♕d7 24.e6 1−0**

1 TP für 17.h4!

Test 10.05
Esen, Baris (2555)
Postny, Evgeny (2662)
Plovdiv 2012

22...♗c8!

Die letzte untätige Figur wird mit entscheidender Wirkung in den Angriff einbezogen.

23.♗e3

23.♗xe5 ♕xe5 24.f4 ♕h5 25.♕xh5+ ♘xh5 26.f5 ♗b7−+

23...♗xe3 24.♕xe3 ♕h3 0-1

2 AP für 22...♗c8!

Test 10.06
Vezzosi, Paolo (2325)
Soloschenkin, Jewgeniy (2535)
Reggio Emilia 1999

26.♗e5?

Nach dem korrekten Ansatz 26.♕g5! wäre schwarzer Materialverlust nicht mehr zu vermeiden gewesen.

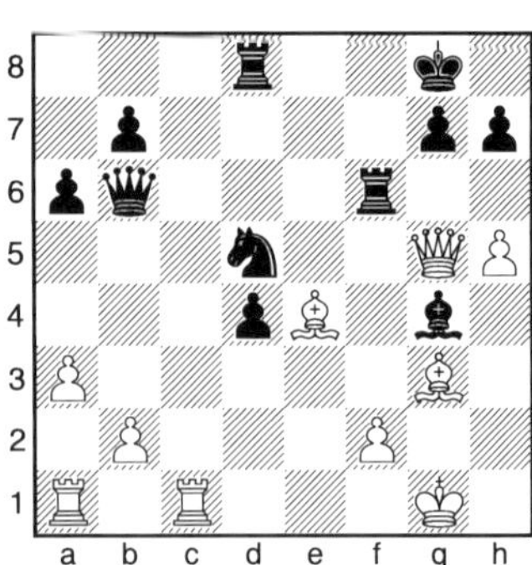

− 26...♗e6 27.h6 g6 28.♗h4 ♕d6 29.♗xd5+−

− 26...♕e6 27.h6! g6 28.♖e1 ♖ff8 29.♗d3 ♕f7 30.♕xg4+−

26...♖f7?

26...♗xh5! 27.♕xd4 ♕xd4 28.♗xd4 ♖f4∓

27.♕g5 ♘f6 28.♗xf6 ♕xf6 29.♕xg4 ♕xf2+ 30.♔h1 ♖f4 31.♕e6+?

Nach der angemessenen Folge 31.♗d5+ ♔h8 32.♖c2 ♕xc2 33.♕xf4 ♕xb2 34.♖f1 ♕xa3 35.♗xb7 hätte eher Weiß besser gestanden.

31...♔h8 32.♗g2 ♖h4+ 33.♗h3 ♕g3 0−1

2 PP für 26.♕g5!

Test 10.07
Golod, Witali (2517)
De Vreugt, Dennis (2437)
Ukraine 2001

20.e4?!

Das bewahrt zwar den Vorteil, aber es gab eine deutlich stärkere Alternative.

Mit 20.f4! konnte Weiß das Gegenspiel ersticken und seinem Springer in der Folge das Feld e5 sichern, wonach Schwarz strategisch verloren ist.

− 20...exf4 21.exf4 ♗b7 22.♘e5 ♘xe5 23.fxe5+−

– 20...e4 21.♘d5 b5 22.axb5 axb5 23.♘e5+-

– 20...♕h4 21.fxe5 ♘g7 22.♖f1 ♗b7 23.♘d5 ♕e4 24.♘cxb6 ♘xb6 25.♗f3 ♕xe5 26.♘xb6+-

20...f4 21.♗g4 ♘ef6 22.♗e6 ♗b7 23.♘d5?!

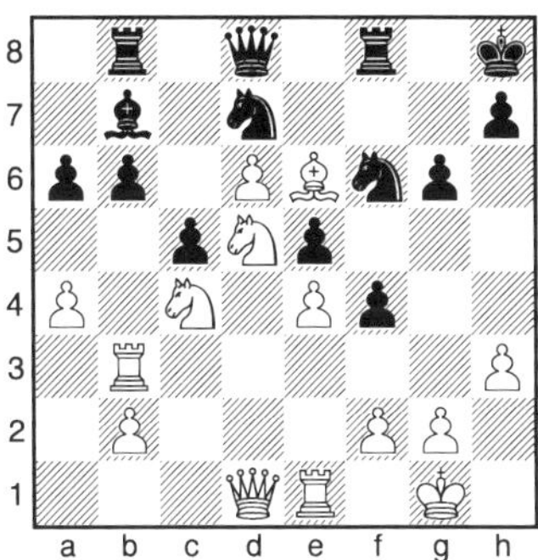

23.♗xd7 ♘xd7 24.♘d5 ♗xd5 25.♕xd5 ♖e8 26.♖d1±

23...♗c6?

Das führt nicht zu den richtigen Abtauschen und der gewünschten Dynamik.

23...b5±

24.♘xf6 ♖xf6 25.♗xd7 ♗xd7 26.♖d3+- ♗xa4?! 27.♕xa4 b5 28.♕xa6 bxc4 29.♕xc4 ♖xd6 30.♖ed1 ♖d4?! 31.♕xc5 ♕f6 32.♖xd4 exd4 33.♖xd4 ♖e8 34.♕c3 h5 35.♖d8! 1-0

Eine nette Abschlusspointe.

2 TP für 20.f4!

Test 10.08

Short, Nigel (2690)

Vallejo Pons, Francisco (2697)

Reggio Emilia 2010

18...fxe5!

Damit leitet Schwarz ein positionelles Figurenopfer ein, das die gegnerische Koordination völlig zerstört.

Nach 18...♘xe5?! 19.fxe5 fxe5 20.♗e2! exd4 21.♘g5∞ hat Weiß eine Menge Gegenspiel und die Lage bleibt unübersichtlich.

19.♘xc6 (19.fxe5 ♘xe5-+) **19...e4!**

Nach dieser Pointe wiegen die Bauern die Figur locker auf, während die weißen Springer keine Stützpunkte mehr finden.

Hingegen wäre 19...bxc6?! 20.fxe5 weniger gut als die Partie.

20.♘ce5 ♖xf4

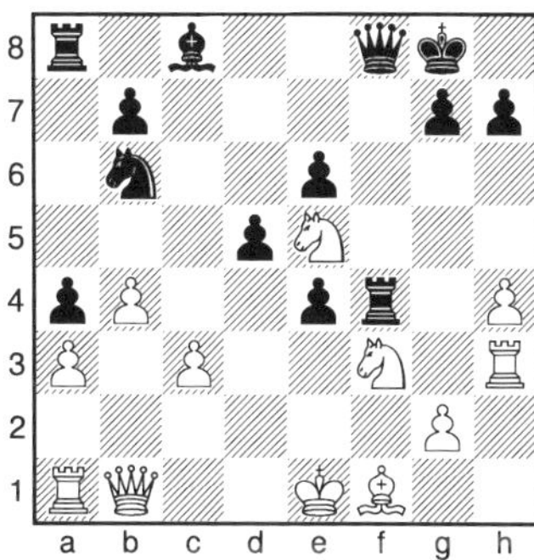

Schwarz hat riesige Kompensation, die außerdem in für Reflektoren typischer Weise langfristiger Natur ist.

21.♘h2 ♕f5 22.♘eg4 ♖xf1+

22...h5!? 23.♘e3 ♕f6 24.♕b2 e5-+ war noch stärker.

23.♘xf1 ♕xg4-+ 24.♘e3 ♕g6 25.♔f2 e5 26.♖g3 ♕f6+ 27.♔g1 ♗e6 28.♕e1 ♖f8 29.♖d1 ♔h8 30.h5 ♕h4 31.c4 d4 32.c5 ♘c4 33.♘f1 ♕xh5 34.♖c1 e3 35.b5 e4 36.♕b4 e2 37.♘h2 ♕f5 38.♘f3 ♕f4 39.♕e1 ♕e3+ 0-1

3 RP für 18...fxe5! und die Berechnung bis 20...♖xf4.

(Lösungen ab Seite 156)

Test 11.01

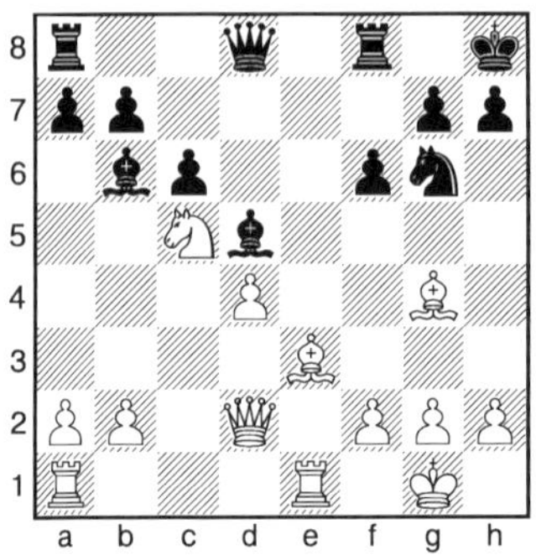

Schwarz am Zug*

Test 11.02

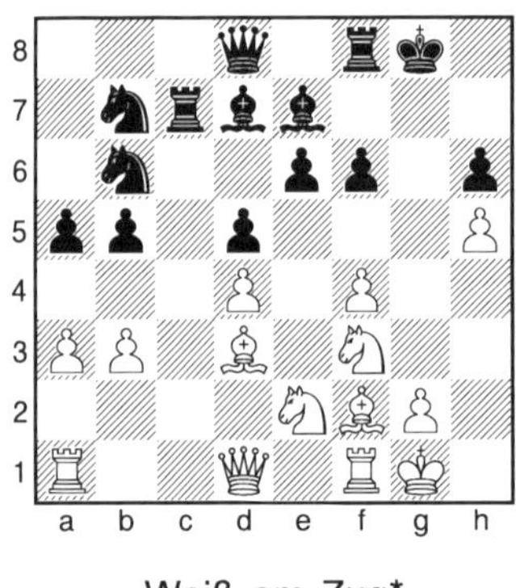

Weiß am Zug*

Test 11.03

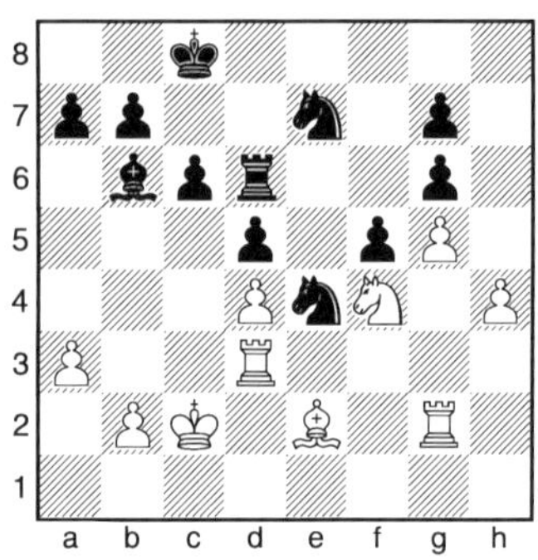

Schwarz am Zug*

Test 11.04

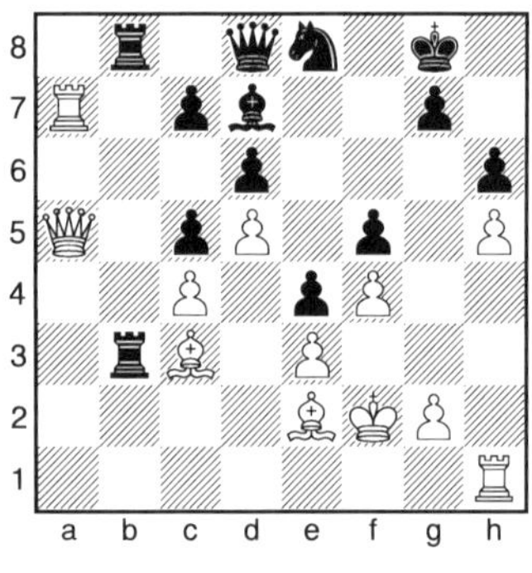

Schwarz am Zug*

Test 11.05

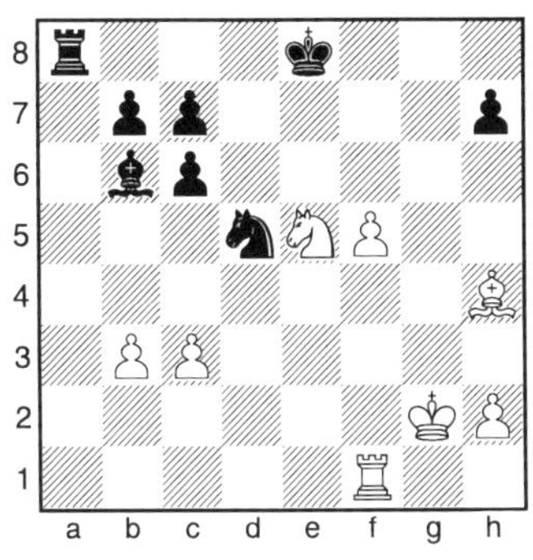

Weiß am Zug**

Test 11.06

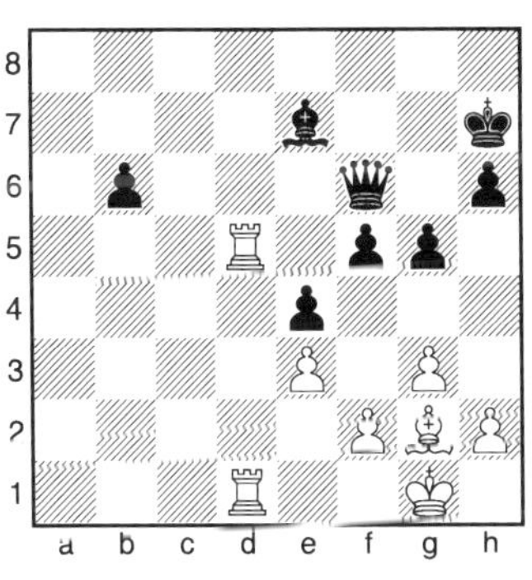

Weiß am Zug**

Test 11.07

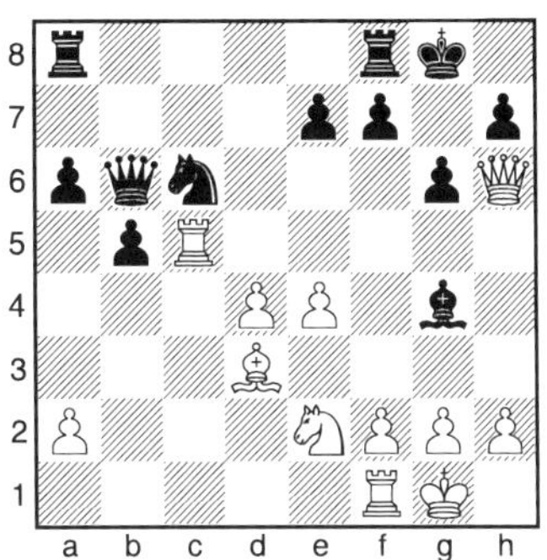

Weiß am Zug**

Test 11.08

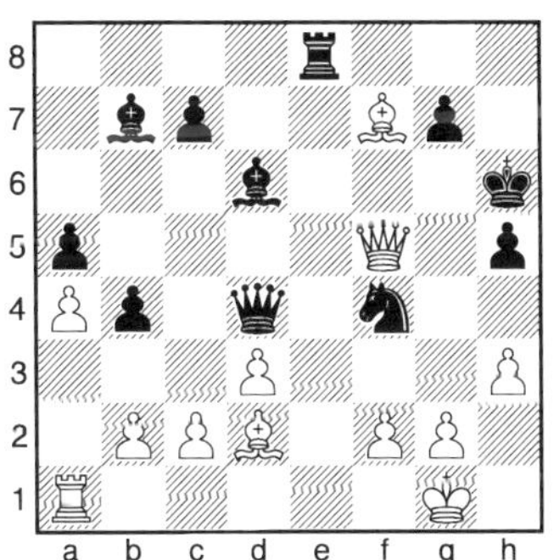

Schwarz am Zug

Wie steht's und wie lautet die kritische Variante?***

Lösungen

Test 11.01

Ashley, Maurice (2473)

Bacrot, Etienne (2561)

Bermuda 1999

19...f5 20.♗g5

Der letzte Versuch, Materialverlust zu vermeiden.

20.♗h5 f4−+

20...♗a5!

Nach diesem tödlichen Zwischenzug hieß es sofort **0-1** angesichts der Abspiele:

- 21.♕c1 ♕c7 22.♗h5 ♗xe1 23.♕xe1 ♘f4−+
- 21.b4 ♗xb4 22.♕xb4 ♕xg5 23.♗h3 ♘f4−+

1 PP für die Berechnung bis 20...♗a5!

Test 11.02

Bischoff, Klaus (2564)

Lau, Ralf (2503)

Bundesliga 2004

24.f5!

Ein typisches Bauernopfer, um die schwarze Struktur zu zerstören und Felder für die eigenen Figuren freizufegen.

24.g4? ♘d6 ist nur etwas besser für Weiß.

24...exf5 25.♘h4 ♖f7 26.♘xf5 ♗f8 27.♗g3 ♖c8 28.♘f4 ♗xf5 29.♗xf5 ♖c3 30.♖f3 ♖c6 31.♖e3 ♘d6 32.♘e6 ♕e7 33.♗xd6 ♖xd6 34.♕g4+ ♖g7 35.♕f3 ♖f7 36.♖ae1 1-0

1 TP für 24.f5!

Test 11.03

Dizdar, Goran (2525)

Müller, Karsten (2518)

Frohnleiten 2002

40...♖d8!

Der Turm sollte aktiv eingesetzt werden, da er auf d6 wenig geleistet hat. Früher oder später wird Weiß seine Schwächen nicht mehr decken können.

41.♖h3

Auch 41.h5 ♖h8! 42.♘xg6 ♘xg6 43.hxg6 ♔d7−+ ist überraschend glatt gewonnen, da Weiß keinerlei aktives Gegenspiel hat und Schwarz die gegnerischen Bauern einen nach dem anderen einsammeln kann.

41...♖h8 42.♔d3

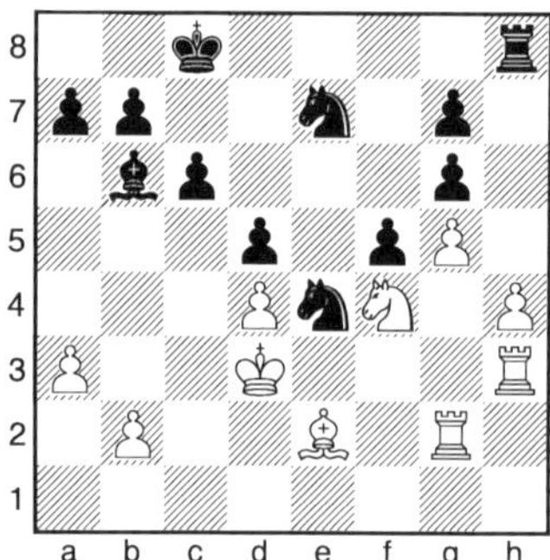

42...♔d7

Schwarz setzt weiter auf Statik und langsame Stellungsverbesserung.

Die dynamische Alternative 42...c5! 43.dxc5 ♗c7 44.♘e6 ♗e5−+ war objektiv sogar noch besser.

43.♔e3?! ♔d6 (43...c5!?) **44.h5?!**

44.b4 war genauer, aber nach 44...a5 bleibt Schwarz am Drücker.

44...c5!

Das bereitet dem weißen Leiden ein schnelles Ende.

45.h6 cxd4+ 46.♔f3

46.♔d3 ♔e5 47.hxg7 ♖g8 48.♖h4 ♖xg7 49.♔c2 ♘c6–+

46...gxh6 47.♖xh6 ♘xg5+ 0-1

1 RP für 40...♖d8!

Test 11.04

Atalik, Suat (2590)

Tiwjakow, Sergei (2590)

Peking 1997

37...♖b1!

Unter Nutzung eines in der Folge möglichen Zwischenzuges dringt Schwarz entscheidend in die gegnerische Stellung ein.

38.♖h3

Nach 38.♖xb1?! stellt der erwähnte Zwischenzug 38...♕h4+! den Gewinn sicher; z.B. 39.♔f1 ♖xb1+ 40.♗e1 ♕h1+ 41.♔f2 ♕h2 42.♖a8 ♔h7 43.♗f1 ♘f6–+.

38...♖c1 39.♕a3

39.♗d2 ♖c2 40.♗d1 ♖xc4!? 41.♕a2 ♖cb4 42.♗xb4 ♖xb4 43.♖h1 ♕f6–+

39...♖c2 40.♕a1 ♖b3 41.♗xg7 ♘xg7 42.♖a8 ♗c8 43.♖g3 ♖bb2 44.♖b8 ♖xe2+ 45.♔f1 ♕h4 46.♖xc8+ ♔h7 0–1

1 AP für 37...♖b1!

Test 11.05

Van der Wiel, John (2544)

Tkachiev, Vladislav (2648)

Cannes 1999

37.♔h3!!

Mit dieser starken aktiven Prophylaxemaßnahme verlässt der König den Einflussbereich der schwarzen Figuren.

37...♔f8

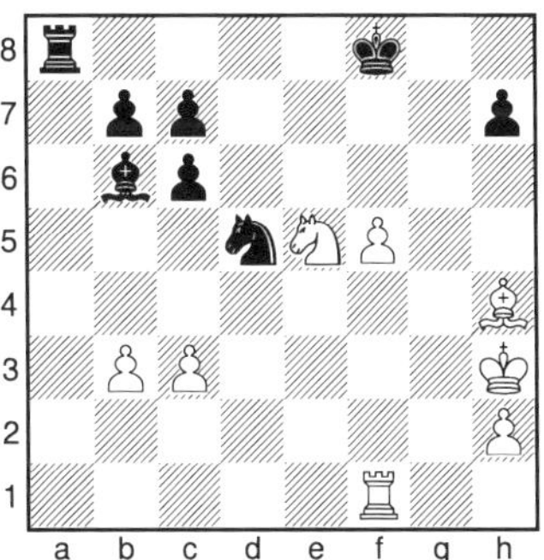

38.c4?

Dabei entgeht Weiß die Tatsache, dass der Springer gar nicht zu ziehen braucht.

Zum Gewinn führte der direkte Vorstoß 38.f6 mit der möglichen Folge 38...♖e8 39.♗g3 ♗e3 40.♖f3 ♗g5 41.♖f5 ♗e3 42.c4 ♘b6 43.♖h5 ♗d4 44.♘g4 ♖e6 45.♖xh7 ♗xf6 46.♖xc7+–.

38...♘b4?

Nach 38...♗d4! 39.♘d7+ ♔e8 40.♖d1 c5 41.♘xc5 ♘f4+ 42.♔g4 ♗xc5 43.♔xf4 b5± hätte Schwarz noch gewisse Remischancen gehabt.

39.c5 ♗a7 40.♖g1 ♖e8 41.♗f6 ♖xe5 42.♗g7+ ♔f7 43.♗xe5 ♘d3 44.♖g7+ ♔f8 45.♖xc7 ♘xe5 46.b4 1-0

2 RP für 37.♔h3!

Test 11.06

Yandemirow, Waleri (2500)
Filippov, Waleri (2535)
Sotschi 1997

31.♗h3!

Mit 31.g4?! konnte die schwarze Struktur direkt aufgeheblt werden, wobei jedoch mehr Gegenspiel zugelassen wird. Nach 31...fxg4 32.♗xe4+ ♔g7 33.♖d7 ♕e5 34.♖1d4 ♔f6 35.♖7d5 ♕c7 36.♗f5 h5 37.♖e4+– sollte Weiß immer noch gewinnen, obwohl die Sache nicht so klar ist wie die Partiefolge.

31...f4

Nach 31...g4 wird die Lage komplett statisch, was Weiß sehr entgegenkommt, weil er ja rein zahlenmäßig über eine Mehrfigur verfügt und diese unverzüglich heranführen kann.

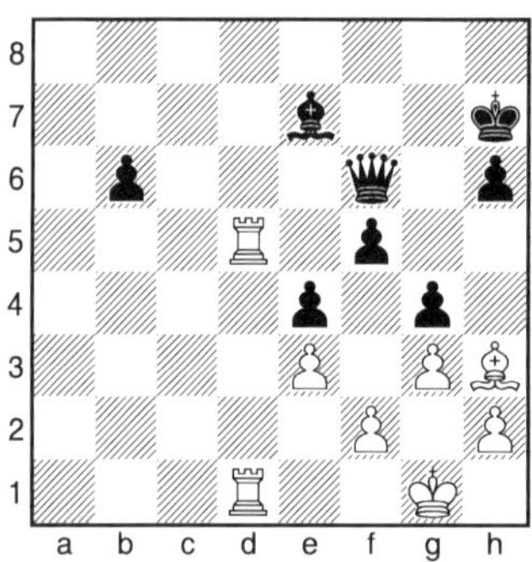

32.♗f1 ♗c5 33.♗b5 ♔g6 34.♗d7 ♗e7 35.♖xf5 ♕xf5 36.♗xf5+ ♔xf5 37.♖d7 ♗c5 38.♔f1+–

32.exf4 gxf4 33.♖f5 ♕e6 34.♖xf4 ♕xh3 35.♖f7+ ♔g6 36.♖xe7+– ♕g4 37.♖d4 ♔f5 38.f3 ♕g8 39.♖dxe4 ♕b3 40.♔f2 b5 41.g4+ ♔f6 42.♖4e6+ 1-0

2 TP für 31.♗h3!

oder

1 PP für 31.g4 nebst Berechnung bis 34.♖1d4.

Test 11.07

Van Wely, Loek (2683)
Swidler, Peter (2728)
Wijk aan Zee 2007

20.♘f4!

Danach greift in der weißen Angriffsmaschinerie ein Rad ins andere. Gegen den Turmschwenk nach g5 ist nichts Sinnvolles mehr zu erfinden.

Hingegen wäre 20.f3?? ♘xd4–+ für Weiß verloren und 20.♕e3? e5 wäre nur etwas besser für ihn.

20...♘xd4

20...f6 21.♘d5 (21.♘xg6+–) 21...♕b7 22.♖xc6+–

21.♖g5 ♗f3!?

21...♗d7 22.♖h5+–

22.♖g3 1-0

2 AP für 20.♘f4!

Test 11.08

Tscheparinow, Iwan (2670)
Navara, David (2656)
Heraklion 2007

27...♕xf2+!

Dieses Damenopfer ist ebenso effektvoll wie erzwungen, weil die Mattdrohungen auf g6 und h5 nicht mit herkömmlichen Mitteln abzuwehren waren.

28.♔xf2 ♖e2+ 29.♔g1

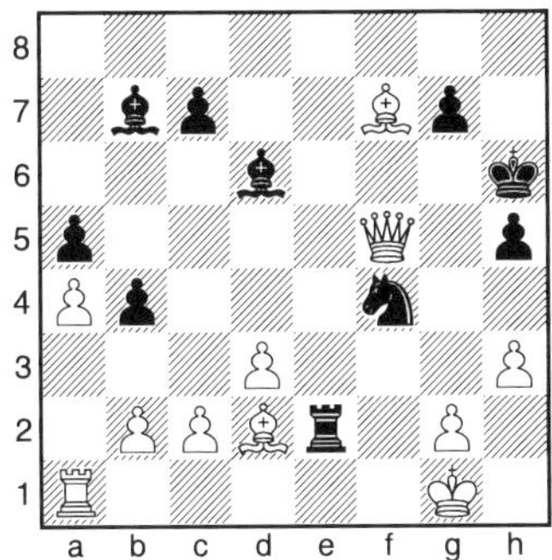

29...♖xg2+?

Die falsche Zugfolge. Pragmatiker sind dank ihrer Rechenfähigkeiten gut in der Vermeidung solcher Fehlentscheidungen.

Nach 29...♖xd2! 30.♖e1 (30.h4? ♘e2+ −+) 30...g6! 31.♖e6 ♖xg2+ 32.♔f1 ♖g3−+ hat Schwarz die volle Kontrolle und sollte gewinnen.

30.♔f1 ♖xd2 31.♗g8?

Hier wäre 31.h4!= möglich gewesen, wonach das Gegenspiel zum Remis reichen sollte.

31...♗g2+ 32.♔e1 ♖e2+ 33.♔d1 ♗f3 34.♕h7+ ♔g5 35.♖a2 ♖h2+ 36.♔e1 ♘xd3+ 0-1

2 PP für die Berechnung bis 32...♖g3.

1 PP für die Bewertung, dass Schwarz dann auf Gewinn steht.

(Lösungen ab Seite 162)

Test 12.01

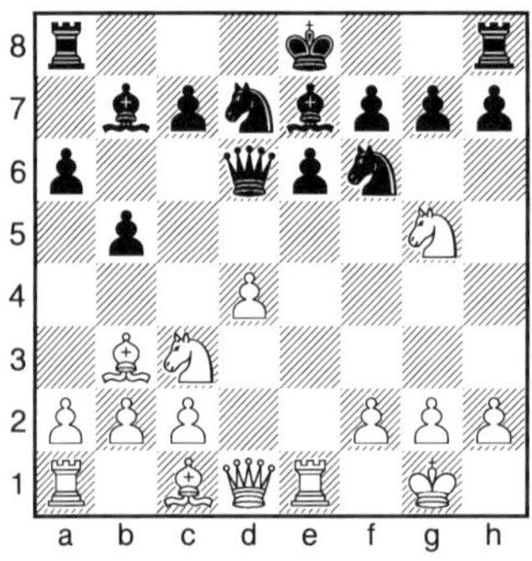

Weiß am Zug*

Test 12.03

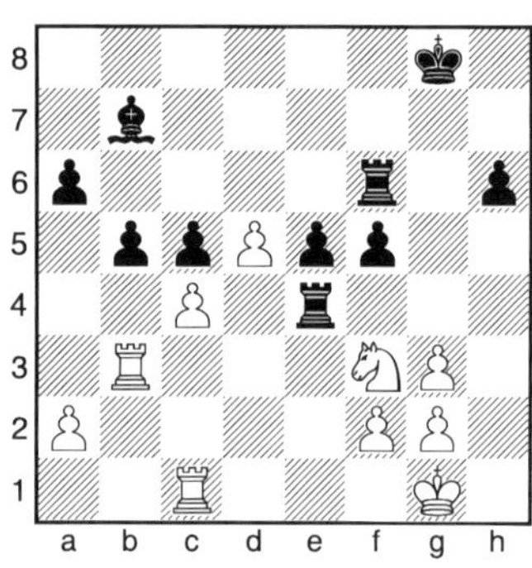

Weiß am Zug**

Test 12.02

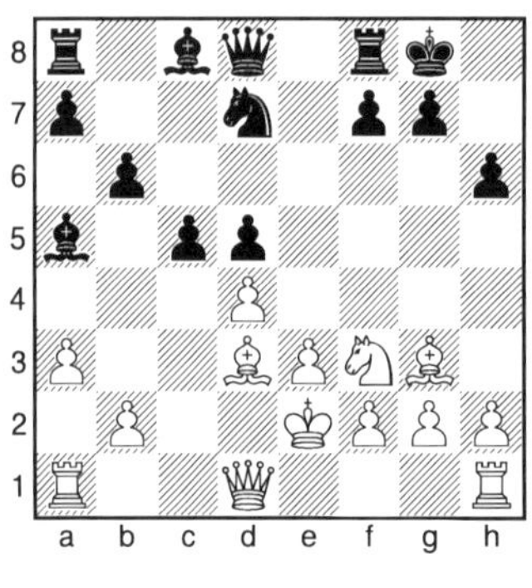

Weiß am Zug*

Test 12.04

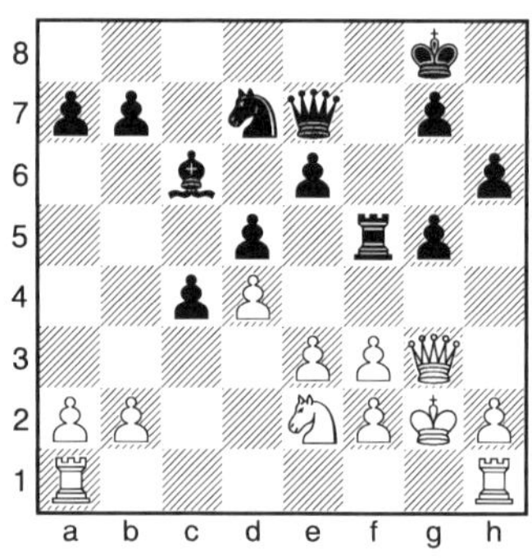

Schwarz am Zug**

Test 12.05

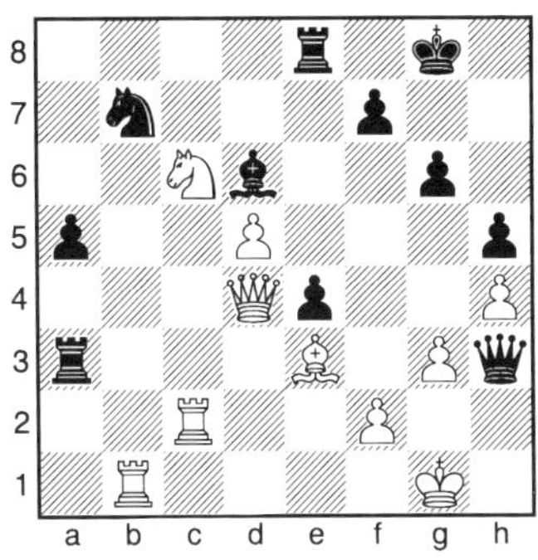

Weiß am Zug***

Test 12.06

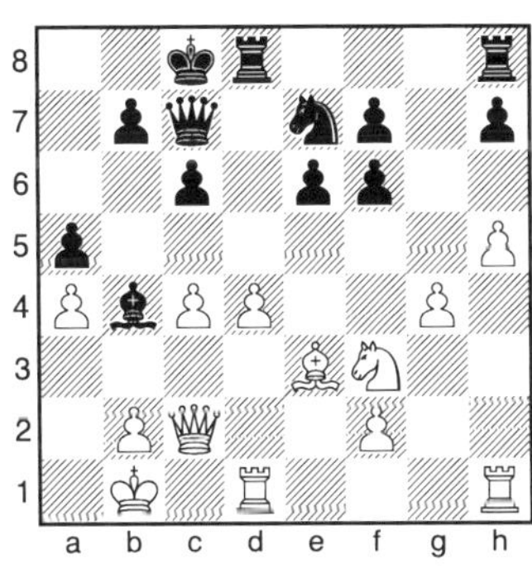

Weiß am Zug***

Test 12.07

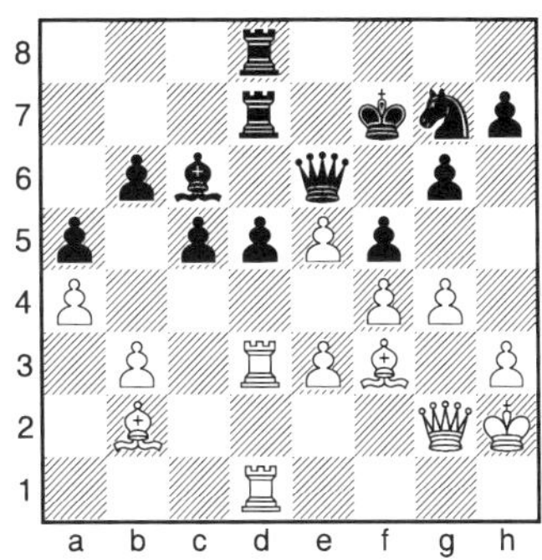

Weiß am Zug***

Test 12.08

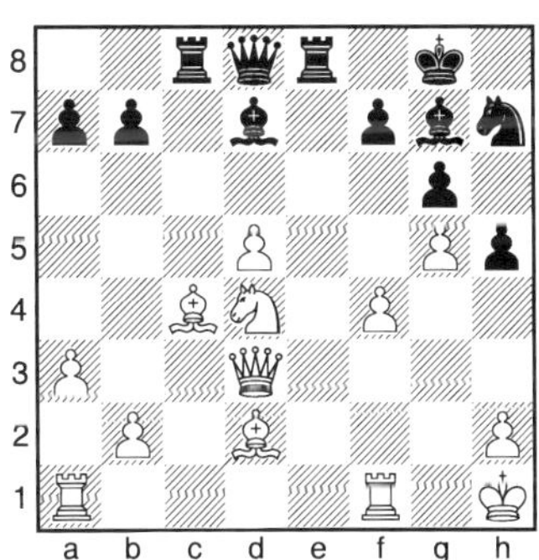

Schwarz am Zug (A****)

Lösungen

Test 12.01

Ponomarjow, Ruslan (2616)
Fressinet, Laurent (2440)
Batumi 1999

11.♘xe6!!

Damit wählt Weiß das Opfer der richtigen Figur auf dem richtigen Feld. Die Erkenntnis, dass der Angriff glatt durchschlägt, erfordert keine großen Berechnungen.

1) 11.♘xf7? wäre hingegen angesichts der Folge 11...♔xf7 12.♖xe6 ♕xe6 13.♗xe6+ ♔xe6 nicht klar.

2) Und 11.♗xe6? 0-0! 12.♗f5 ♖fe8 13.a4 c5 ist zwar besser für Weiß, aber natürlich bei weitem nicht gut wie die Partiefolge. Außerdem wäre hier das dynamische Gegenspiel zu beachten.

11...fxe6 12.♖xe6 ♕b4 13.a3 ♕a5 14.♗d2

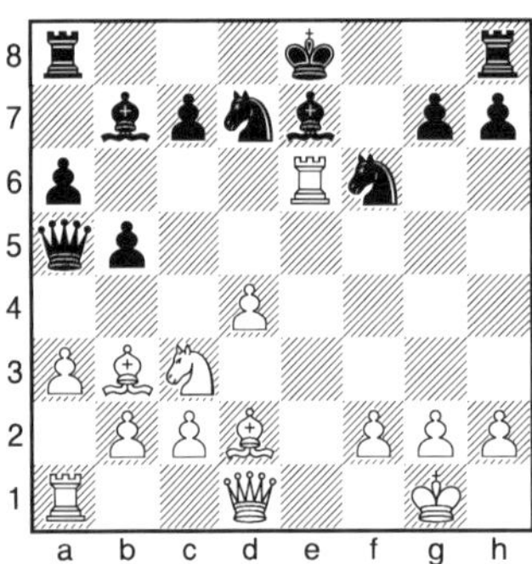

Nun ist Materialverlust nicht mehr zu vermeiden.

14...b4 15.axb4 ♕f5 16.♕e2 ♘g8 17.♖a5!

Alle Figuren nehmen am Angriff teil und Schwarz steht vor einem Trümmerhaufen.

17...♕f8 18.♘d5 ♔d8 19.b5 ♗d6 20.bxa6 ♗c6 21.♘b4 ♘b8

21...♗xb4 22.♗xb4 ♕xb4? 23.♖e8#

1-0 angesichts der möglichen Folge 22.♘xc6+ ♘xc6 23.♕e4 ♘ge7 24.♗g5 ♔d7 25.♗xe7 ♘xe7 26.♖xd6+ cxd6 27.♗e6+ +−.

1 AP für 11.♘xe6!

Test 12.02

Aronian, Levon (2724)
Ponomarjow, Ruslan (2704)
Khanty-Mansiysk 2005

14.b4!

So nutzt Weiß die Unkoordiniertheit der schwarzen Figuren zum konkreten Materialgewinn aus.

14...cxb4 15.♕b3 ♘c5

15...♗b7 16.axb4+−; 15...bxa3 16.♕xd5 ♖b8 17.♗xb8 ♘xb8 18.♕xd8 ♖xd8 19.♖xa3+−

16.dxc5 bxc5 17.axb4 c4 18.♗h7+! ♔h8 19.♕c3 ♗xb4 20.♕xb4 ♔xh7 21.♕d6 und Weiß gewann nach einigen weiteren Zügen.

1 PP für die Berechnung bis 15.♕b3.

Test 12.03

Aronian, Levon (2809)

Swidler, Peter (2747)

St. Petersburg 2013

32.♖b2!

Mit dieser wohldurchdachten Feinheit bereitet Weiß einerseits das Schlagen auf b5 vor (32.cxb5? ♗xd5=) und räumt andrerseits das Feld b3 für den in einer Variante erforderlichen Transfer des Springers.

32...♖f7?!

- 32...♖b6 33.cxb5 ♗xd5 34.♖xc5 ♗e6 35.♘xe5 ♖xb5 36.♖bxb5 axb5 37.a3+−
- 32...b4?! 33.♘d2 ♖g4 34.♘b3+−

33.cxb5 axb5 34.♖xc5 b4 35.d6 ♖d7 36.♖d2 1–0

2 RP für 32.♖b2!

Test 12.04

Giri, Anish (2714)

Aronian, Levon (2805)

Wijk aan Zee 2012

23...♘f8!

„Der Springer geht nach h4, wonach Weiß nicht mehr lange leiden muss." (Aronian in CBM 147)

Solche schmematischen Überlegungen sind typisch für Theoretiker.

23...e5?! 24.h4∞

24.h4 ♘g6 25.f4 ♘xh4+ 26.♔f1 ♕b4 27.♖b1

27.fxg5 hxg5 28.♕b8+ ♖f8 29.♕e5 ♕e7−+

27...♗e8 28.♘c3 ♕e7 29.b4 ♖f8 30.♖b2 ♗g6 31.♔e1 ♗d3 32.fxg5 ♘f3+ 33.♔d1 hxg5 34.♕h3 ♕f6 35.♔c1 ♗g6 36.a4 ♖d8 37.♘e2 e5 38.♕g4 exd4 39.exd4 ♖e8 40.♕d7 c3 41.♖a2 ♘e1 42.♖xe1 ♕f4+ 43.♔d1 ♕e4 0-1

2 TP für 23...♘f8!

Test 12.05

Bischoff, Klaus (2561)

Naiditsch, Arkadij (2576)

Pulvermühle 2004

34.♗h6

Diese Mattdrohung ist nicht etwa naiv, sondern die einzige Maßnahme gegen den gelegentlich drohenden Einschlag ♗xg3 (z.B. 34.♖xb7? ♖d3 35.♕a1 ♗xg3! −+). Dem Textzug folgen einige forcierte Züge, bevor dann der eigentliche Hammer auf dem Programm steht.

34...♗f8 35.♗xf8 ♖xf8 36.♘e7+

36.♖xb7? ♖d3 37.♕a1 e3=

36...♔h7

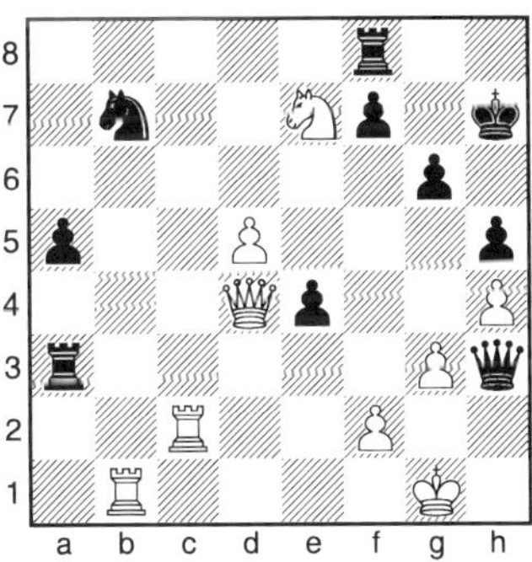

Bis hier war alles forciert, doch wie soll es weitergehen?

37.♘xg6!!

Die Pointe!

37...♔xg6

37...fxg6? 38.♖xb7+ +−

38.♕xc4+ ♕f5 39.♕xf5+ ♔xf5 40.♖xb7+− ♖d3 41.♖c5 a4 42.♖a7 a3

43.d6+ Kg6 44.Rg5+ Kh6 45.Raa5 f5 46.Ra6 Rf6 47.Ra8 Rf7 48.Rh8+ Rh7 49.Rxh5+ Kxh5 50.Rxh7+ Kg6 51.Ra7 f4 52.g4 1–0

3 PP für die Berechnung bis 37.Nxg6!!

Test 12.06

Bologan, Viktor (2620)

Hauchard, Arnaud (2518)

Belfort 1999

24.g5!

Die Auflösung des schwarzen Doppelbauern widerstrebt auf den ersten Blick der schachlichen Intuition. Allerdings wiegen die Vorzüge dieses Herangehens weit schwerer, denn dadurch werden nicht nur die schwarzen Felderschwächen am Königsflügel erreichbar gemacht, sondern auch der h–Bauer ist dem Tode geweiht.

1) Nach 24.c5? Nd5 steht Weiß nur etwas besser.

2) Auch 24.Bh6 c5 25.Bg7 Qf4!? ist sehr gut für Weiß, allerdings kann Schwarz hier noch eine Menge Verwirrung stiften.

24...fxg5

24...f5 25.Ne5 Rhf8 26.Bf4+–

25.Bxg5 Rhf8

25...h6 26.Bf6 Rhg8 27.Qc1 Rg2 28.Rdg1 Rdg8 29.Qxh6+–

26.Qe4 Rde8 27.Bf4 Bd6

27...Qb6 28.Qe5+–

28.Bh6 Nf5

28...Rg8 29.c5+–

29.Bxf8 Bxf8 30.d5 Bc5 31.dxc6 bxc6 32.Ne5 Bxf2 33.Rd7 Qb6 34.Rhd1 Bc5 35.Nxc6 Ne3 36.Ne7+ Kb8 37.Rd8+ Rxd8 38.Rxd8+ Kc7 39.Qa8 1-0

3 TP für 24.g5!

Test 12.07

Kharitonow, A. (2562)

Korobow, I. (2372)

Moskau 1999

37.Bc3!

Die drohende Überführung des Läufers nach h4 wird die Verteidigung überfordern. Solche Manöver nehmen Reflektoren intuitiv wahr, und tatsächlich muss man hier nicht viel rechnen.

37...Kf8 38.Be1 c4

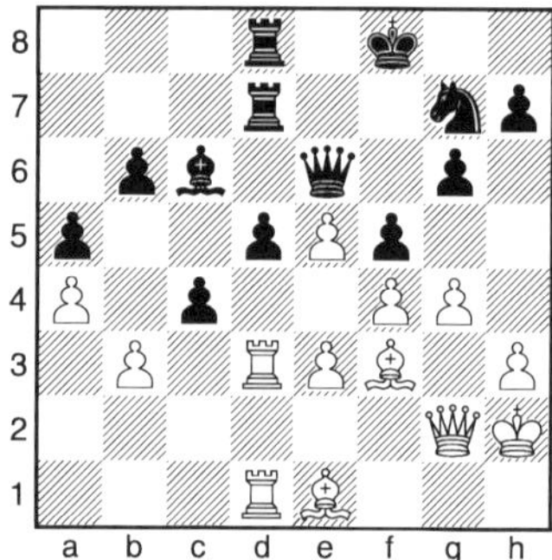

Schwarz muss etwas tun, denn sonst ist er nach Bh4 chancenlos verloren.

39.Rd4!

Es ist am besten, erstmal nichts abzutauschen und den Druck auf dem gesamten Brett maximal zu steigern.

Nach 39.bxc4?! dxc4 40.Rxd7 Rxd7 41.Rxd7 Bxd7 42.Bd5 Qe7 hat Weiß einiges an Gewinnpotenzial eingebüßt.

39...cxb3 40.Rb1 Qe8 41.Rxb3 Ne6 42.Rd2 Bxa4 43.Rxb6 d4 44.gxf5 gxf5 45.exd4 Rxd4 46.Rxd4 Rxd4 47.Bxa5 Rxf4 48.Bd5 Bd7 49.Bb4+ Rxb4 50.Rxb4 Ng5 51.Qb2 Qh5 52.Rb8+

♗e8 53.♕b4+ ♔g7 54.♕e7+ 1–0

3 RP für 37.♗c3!

Test 12.08
Heissler, Jakob (2450)
Kasimdjanow, Rustam (2595)
Bundesliga 1999

23...♖e4!!

Dieser für Aktivspieler typische Kracherzug öffnet den schwarzen Kräften den Weg in die geschwächte weiße Stellung.

23...♖xc4? funktioniert hingegen nicht, denn nach 24.♕xc4 ♖e4 25.♗c3 ♗xd4 26.♗xd4 ♗h3 27.♖f2 hat Schwarz nicht mehr als Kompensation.

24.♗c3

- 24.♕xe4 ♖xc4 25.♗c3 ♗f5 26.♕e3 ♗xd4 27.♗xd4 ♕xd5+ –+

- 24.♘c6!? ♕e8! 25.♖ae1 ♗f5 26.♘xa7 ♖xe1 27.♖xe1 ♕xe1+ 28.♗xe1 ♗xd3 29.♘xc8 ♗xc4–+

24...♖xd4!

Das war die schwarze Idee: Weiß bekommt keine Zeit, um sich zu konsolidieren.

25.♗xd4 ♗f5 26.♕c3 ♘xg5!

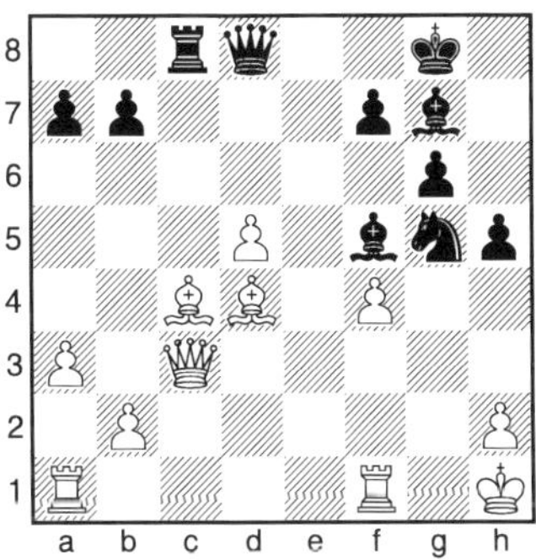

Nun greifen alle schwarzen Figuren den schutzlosen weißen König an.

27.♗xg7

27.fxg5 ♗e4+ 28.♔g1 ♕xg5+ 29.♔f2 ♖xc4! 30.♕xc4 ♕d2+ (Knaak in der ChessBase MEGABASE) 31.♕e2 ♗xd4+ 32.♔g3 ♕xe2–+

27...♖xc4

Noch schneller gewann 27...♗e4+! 28.♔g1 ♖xc4! 29.♕e3 (29.♕xc4 ♘h3#) 29...♕b6!–+ (Knaak).

28.♕xc4 ♗e4+ 29.♕xe4 ♘xe4–+ 30.♗e5 ♕xd5 31.♔g1 ♘g5 32.fxg5 ♕xe5 33.♖f2 ♕xg5+ 34.♔h1 h4 35.♖af1 h3 36.♖d1 ♕e3 37.♖df1 ♕e4+ 38.♔g1 g5 39.♖c1 ♔g7 40.♖c7?!

Danach kann Schwarz forciert mattsetzen, aber auf lange Sicht ist Weiß ohnehin verloren.

40...♕g4+ 0-1

3 AP für 23..♖e4!!

1 AP für die Berechnung bis 26..♘xg5!

Auswertung der Tests

Es waren insgesamt 39 Punkte pro Spielertyp zu holen, davon 17 in den ersten 6 Tests, bei denen der Spielertyp als Hilfestellung mit angegeben war, und 22 in den übrigen Tests ohne Hilfestellung. Anhand der erreichten Punktzahlen kann man ermitteln, wo die eigenen Stärken und Schwächen liegen und darauf aufbauend das individuelle Training entsprechend anpassen. Die Zuordnung einer ELO-Spielstärke zu der erreichten Punktzahl sollte nur als grobe Richtschnur angesehen werden. Viel wichtiger ist es, die einzelnen Punktzahlen im Verhältnis zueinander auszuwerten und so seinen eigenen Spielertyp herauszufinden.

'Spielertypen-Elo'

34-39	Punkte:	ELO 2500+
30-34	Punkte:	2400-2500
25-29	Punkte:	2300-2400
20-24	Punkte:	2150-2300
15-19	Punkte:	2000-2150
10-14	Punkte:	1800-2000
0-10	Punkte:	unter 1800

Alternativ sieht die objektive Betrachtung – also ohne Berücksichtigung des konkret gegebenen Spielertyps – wie folgt aus:

137-156	Punkte:	ELO 2500+
117-136	Punkte:	2400-2500
97-116	Punkte:	2300-2400
77- 96	Punkte:	2150-2300
57- 76	Punkte:	2000-2150
41- 56	Punkte:	1800-2000
0- 40	Punkte:	unter 1800

Kapitel 6

Tests zur Unterscheidung der Spielertypen

(alle Kommentare von FM Makan Rafiee)

Die beiden folgenden Tests dienen der Ermittlung Ihres Spielertyps. Bei jeder Aufgabe müssen Sie sich für eine der vorgegebenen Optionen entscheiden. Versetzen Sie sich so gut wie möglich in eine realistische Partiesituation, denken Sie über die Stellung nach und treffen Sie aufgrund Ihrer Bewertungen eine Entscheidung, wie Sie es auch in einer wirklichen Partie tun würden.

Beachten Sie, dass die vorgegebenen Lösungen nicht immer objektiv gleich gut sind! So kann die Entscheidung für eine weniger gute Möglichkeit auch auf bestimmte Schwächen von diesem oder jenen Spielertypen hinweisen. Nehmen Sie sich Zeit und entscheiden Sie sich für den Zug, den Sie in einer Partie spielen würden. Bei der Aufgabenstellung werden die Namen der Spieler bewusst nicht genannt, um jeglichen Einfluss auf Ihre Entscheidung zu vermeiden.

Sie können beide Tests getrennt durchführen oder alle Aufgaben als Bestandteile einen großen Test ansehen. Test 1 ist allerdings ziemlich aussagekräftig und sollte bereits ein sehr gutes Bild von Ihrem Spielertypus vermitteln. Bei den letzten Punkten eines jeden Tests geht es nicht darum, was Sie in einer konkreten Stellung spielen würden, sondern um die Beantwortung allgemeiner Fragen – beispielsweise danach, auf welcher Seite Sie in einer bestimmten Stellung lieber spielen würden.

Sollte Ihnen jedoch eine Stellung weder mit Weiß noch mit Schwarz zusagen, können Sie die entsprechende Antwort auch einfach weglassen. Im Unterschied zu einer tatsächlichen Partie geht es bei diesem Test nämlich nicht etwa um eine *korrekte* Antwort, sondern hauptsächlich darum, Ihre schachlichen Präferenzen herauszufinden.

Unterscheidungstest 1

(Auswertung ab Seite 177)

UT01.01

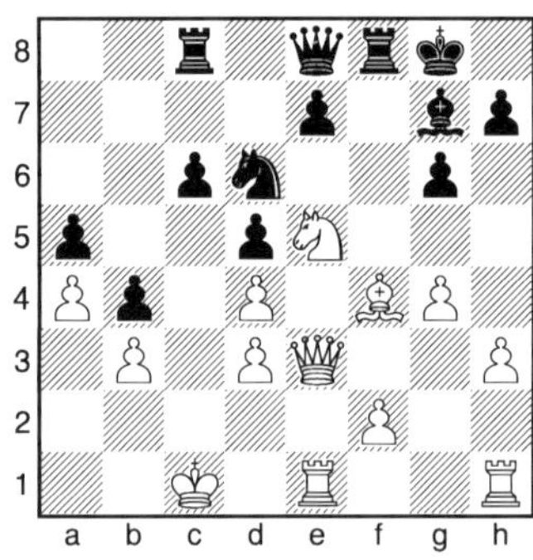

Weiß am Zug

1) Ich würde eher **1.h4** spielen, um schnell h5 durchzusetzen und auf Königsangriff zu spielen.

2) Ich würde eher **1.♔b1** spielen, um den König in Sicherheit zu bringen und anschließend mit ♖c1 die Kontrolle über das Feld c5 zu festigen.

UT01.02

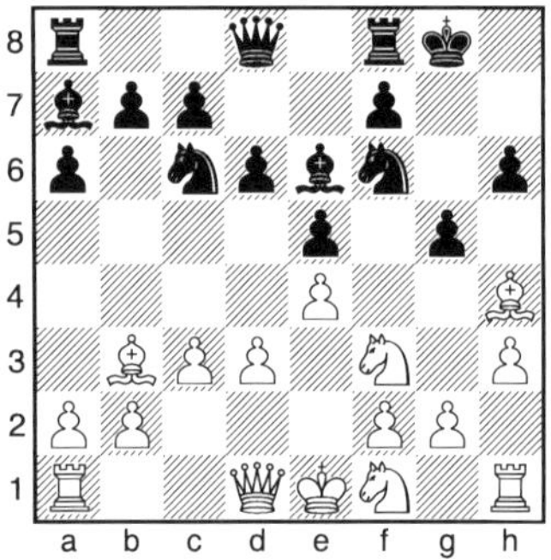

Weiß am Zug

1) Ich spiele **1.♗g3**, ohne zeitaufwendige Berechnungen vorzunehmen.

2) Ich berechne 1.♘xg5 hxg5 2.♗xg5 ♗xf2 3.♔e2 und entscheide mich für **1.♘xg5** mit potentiellen Angriffschancen

3) Ich berechne 1.♘xg5 hxg5 2.♗xg5 ♗xf2 3.♔e2 und entscheide mich für **1.♗g3**.

UT01.03

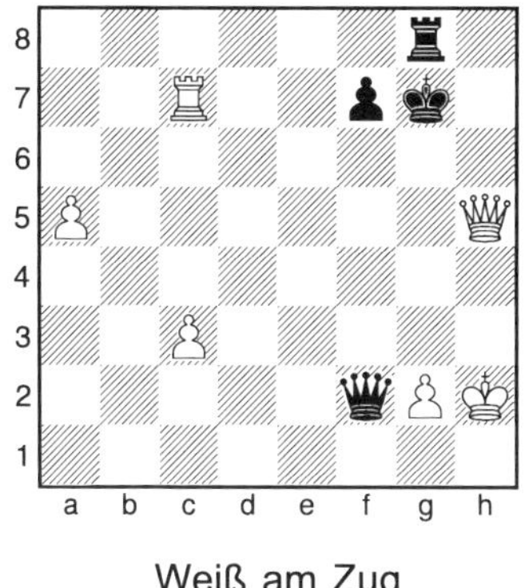

Weiß am Zug

1) Ich investiere Zeit, um zu berechnen, ob **1.♖c4** zum Gewinn führt.

2) Ich erzwinge mit dem Manöver **1.♕g4+** nebst ♕h3+ und ♕g3+ Damentausch und versuche das Turmendspiel zu gewinnen.

UT01.04

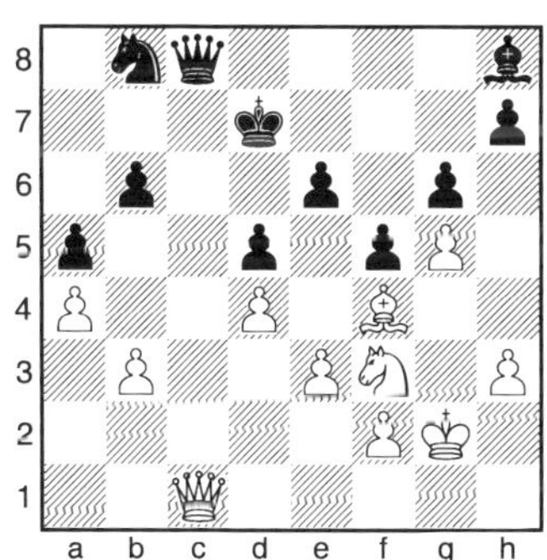

Weiß am Zug

1) Ich spiele **1.♕xc8 ♔xc8 2.♗xb8 ♔xb8** und versuche das Endspiel zu gewinnen.

2) Ich spiele **1.♕a3** und versuche einen konkreten Gewinn zu finden.

UT01.05

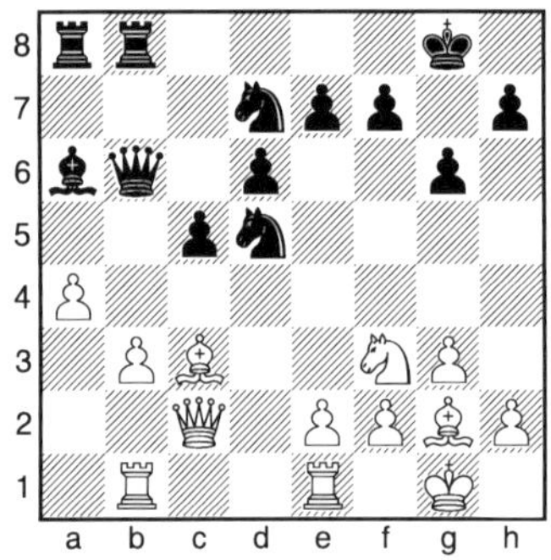

Weiß am Zug

1) Ich spiele ohne viel zu rechnen **1.♗a1**, um den schwarzfeldrigen Läufer zu behalten.

2) Ich spiele **1.♘e5**, um die schwarze Struktur zu zerstören und auf die schwachen Bauern zu spielen.

UT01.06

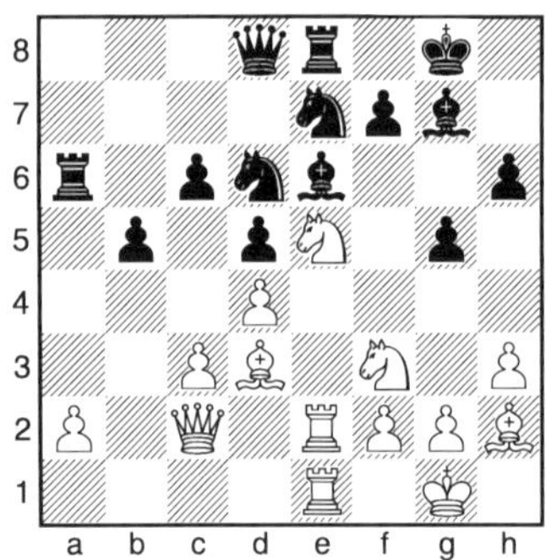

Weiß am Zug

1) Ich spiele **1.♘d2**, um den Spriger über b3 nach c5 zu manövrieren.

2) Ich spiele **1.h4**, um den Königsflügel unter Druck zu setzen.

UT01.07

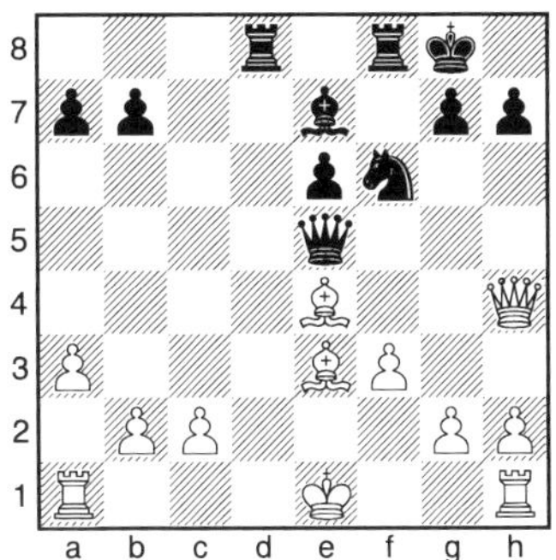

Schwarz am Zug

1) Ich berechne lange, ob **1....♗xa3** zum Gewinn führt.

2) Ich spiele ohne lange Berechnungen **1...h6**.

UT01.08

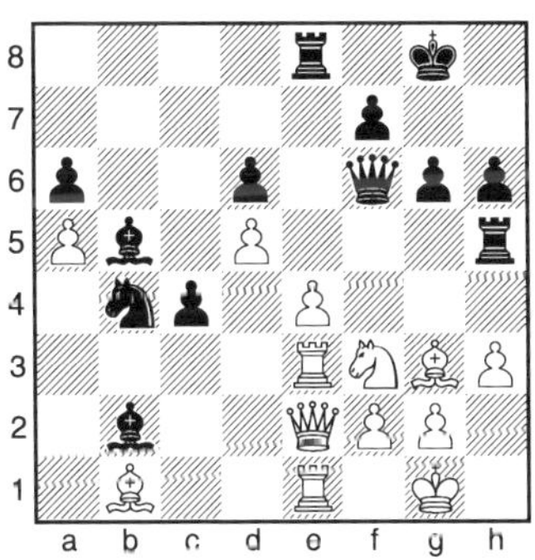

Weiß am Zug

1) Ich spiele eher **1.e5**.

2) Ich spiele eher **1.♗xd6** mit der möglichen Folge 1...c3 2.♕xb5 axb5 3.♗xb4 und kämpfe mit zwei Leichtfiguren gegen die Dame.

UT01.09

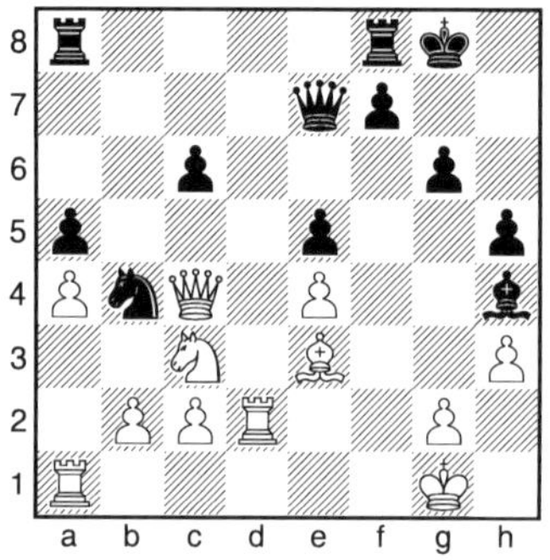

Weiß am Zug

1) Ich spiele **1.♗c5 ♕g5 2.♖d7**.

2) Ich spiele **1.♗c5 ♕g5 2.♖ad1**.

3) Ich spiele **1.♖f1**.

UT01.10

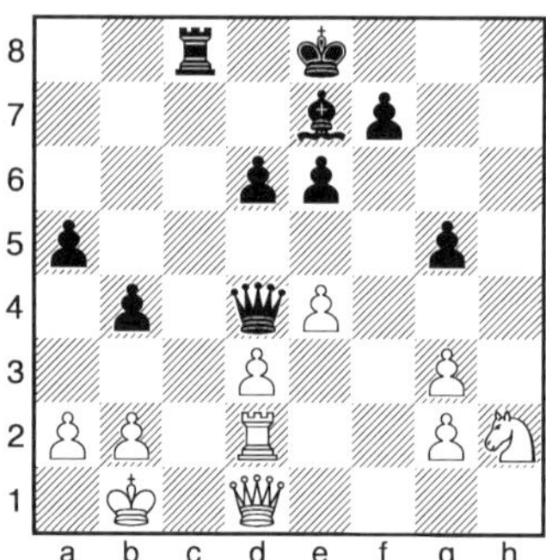

Schwarz am Zug

1) Ich spiele **1...g4**.

2) Ich spiele **1...♕e5**.

3) Ich spiele 1**...♕e3**.

UT01.11

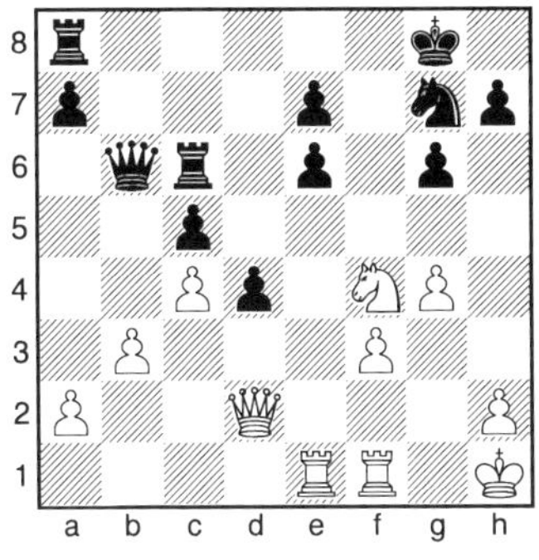

Weiß am Zug

1) Ich spiele **1.♘d3**, um den Springer auf das zentrale Feld e5 zu manövrieren, von dem er nicht vertrieben werden kann.

2) Ich spiele **1.♘h3**, um mit ♕h6 einen direkten Königsangriff zu starten.

UT01.12

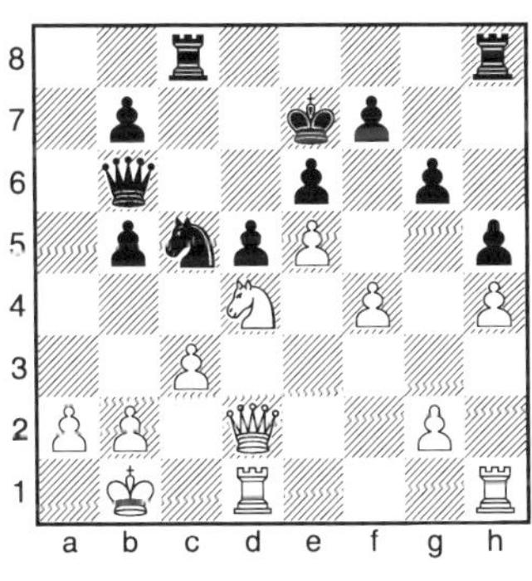

Weiß am Zug

1) Ich spiele **1.a3**, um den Bauern b5 als Schwäche festzulegen und Druck darauf auszuüben.

2) Ich zentralisiere mit **1.♖e1** den Turm, um einen ggf. auf e4 erscheinenden Springer mit ♖xe4 zu eliminieren.

3) Ich spiele **1.f5** nebst ♕g5+ mit Königsangriff.

UT01.13

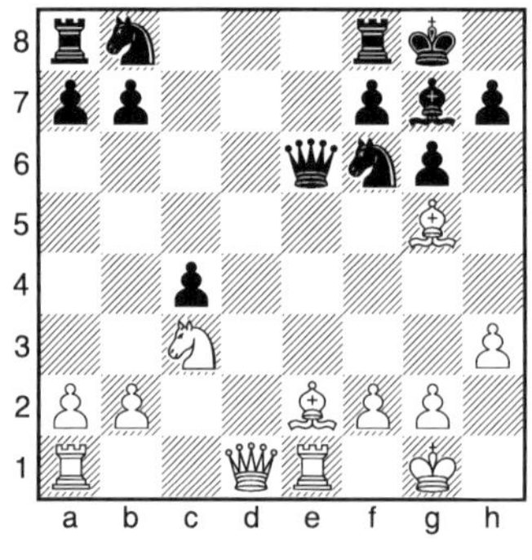

Weiß am Zug

1) Ich spiele **1.♗f3**, da ich den Bauern angesichts meines ausreichenden aktiven Spiels erstmal nicht zurückgewinnen muss.

2) Ich spiele **1.♕a4**, um den Bauern direkt zurückzugewinnen und dann mit dem Läuferpaar auf Gewinn zu spielen.

UT01.14

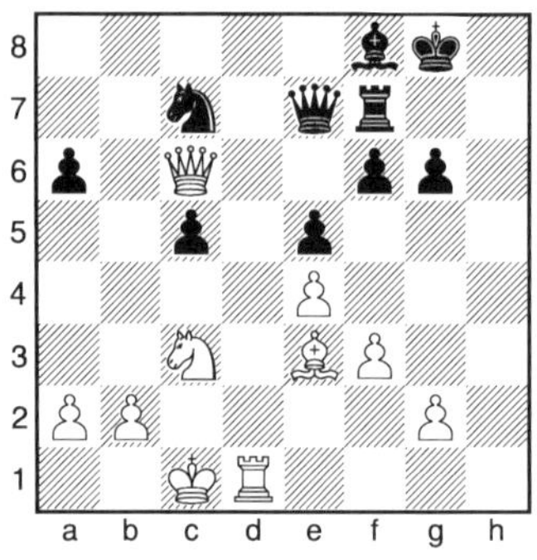

Weiß am Zug

1) Ich spiele **1.♕b6**.

2) Ich spiele **1.♘d5**.

3) Ich spiele **1.♖d3**.

UT01.15

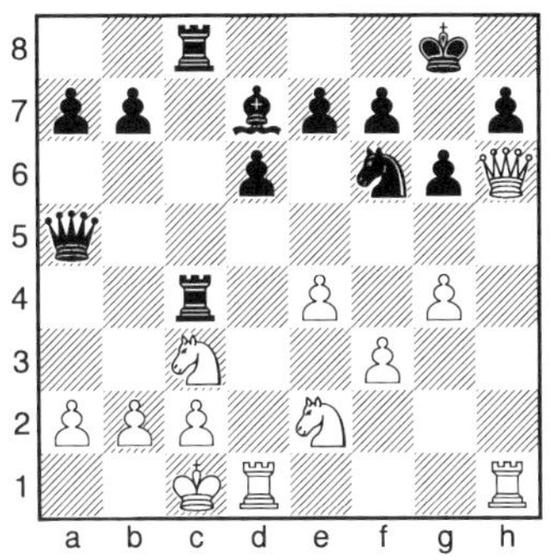

Weiß am Zug

1) Ich spiele **1.g5 ♘h5 2.♖xh5**.

2) Ich spiele **1.♖d5**, um das schwarze Gegenspiel zu stören.

3) Ich spiele **1.♖d3**, um einem potentiellen Opfer auf c3 zuvorzukommen.

4) Ich spiele **1.a3**, um die Königsstellung zu festigen.

UT01.16

Wenn ich mir bei einem Zug unsicher bin, verlasse ich mich eher auf ...

1) ... meine Intuition.

2) ... meine Berechnungen.

T01.17

Welcher der folgenden Mängel trifft am ehesten auf mich zu?

1) Ich überschätze meine Angriffschancen, die dann oft verpuffen.

2) Ich halte zu lange verbissen an Plänen fest, selbst wenn diese gar nicht mehr in die Stellung passen.

3) In Stellungen, in denen es keine konkreten Varianten zu berechnen gibt, sind mir die Pläne nicht bewusst und ich spiele gewissermaßen sinnlose Züge.

4) In längeren Varianten verrechne ich mich oft.

UT01.18

1) Ich perfektioniere lieber die Eröffnungen, die ich schon in meinem Repertoire habe.

2) Ich lerne lieber neue Eröffnungen hinzu.

UT01.19 Marshallgambit

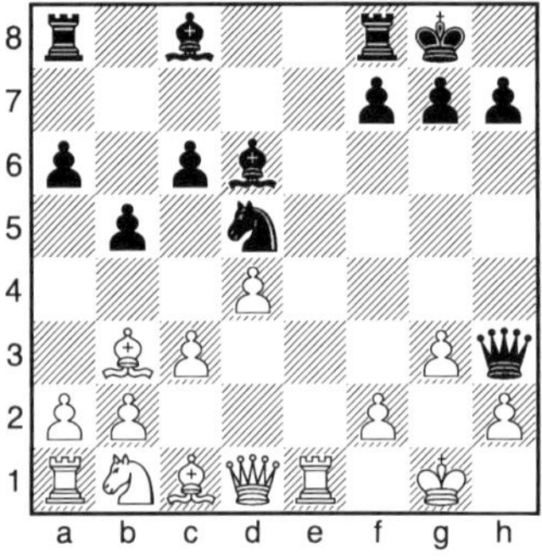

Weiß am Zug

1) Ich spiele lieber mit Weiß.
2) Ich spiele lieber mit Schwarz.

UT01.20 Anti–Moskau

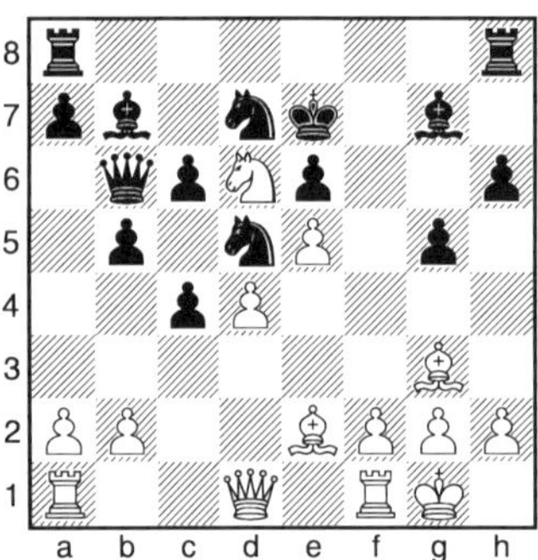

Weiß am Zug

1) Ich spiele lieber mit Weiß.
2) Ich spiele lieber mit Schwarz.

Auswertung Test 1

In der Folge werden für die von Ihnen gewählten Züge bzw. Antworten Spielertypenpunkte vergeben. Der Bereich, in dem Sie die meisten Punkte erzielt haben, kann als Ihr primärer Spielertypus angesehen werden. Zu dessen Ermittlung sind die Tests gut geeignet, während die Aussagekraft zu den übrigen Spielertypen aufgrund des Testdesigns nicht überbewertet werden darf. Zwar können die Tests Anhaltspunkte bezüglich potenzieller Stärken und Schwächen liefern, obwohl zu diesem Zweck die Tests in Kapitel 5 besser geeignet sein sollten.

UT01.01
Rafiee, Makan (2269)
Margolin, Boris (2395)
Oberliga Ost 2015

22.h4

Diesen offensichtlich aggressiveren Zug würden sowohl Pragmatiker als auch Aktivspieler bevorzugen. Weiß ignoriert die unsichere Stellung des *eigenen* Königs, um schnell den anderen Flügel zu öffnen und den *gegnerischen* König anzugreifen.

Theoretiker und Reflektoren würden sich hier für 22.♔b1 entscheiden, um anschließend mit ♖c1 das Feld c5 stärker unter Kontrolle zu nehmen und somit das mögliche Gegenspiel c6–c5 zu verhindern. Nach beispielsweise 22...♘f7 muss Weiß mit 23.♘f3 Figurentausch meiden, um den Raumvorteil nutzen zu können. Und nach 23...♕d7 24.♖c1 hätte er leichten Vorteil.

22...♘f7 23.h5 c5 24.dxc5 ♘xe5 25.♗xe5 ♗xe5 26.♕xe5 ♖xc5+ 27.♔b1 ♖c3?

Wahrscheinlich hatte Schwarz in der Vorausberechnung 29.♖e6 übersehen.

⌓27...♕f7=

28.♕xd5+ ♕f7

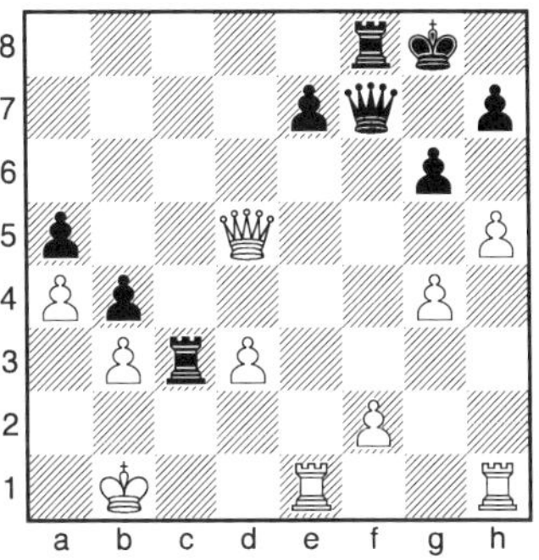

29.♖e6

Ein weiterer für Aktivspieler typischer Zug: Weiß will um jeden Preis Damentausch vermeiden und die Spannung aufrechterhalten.

29...g5?! 30.♖he1 h6??

Ein bisschen mehr Widerstand hätte 30...♖fc8 geleistet, obwohl Weiß nach 31.d4 oder 31.h6 auch hier auf Gewinn steht.

31.♖g6+ ♔h7 32.♖ee6 ♖c1+ 33.♔xc1 ♕f4+ 34.♔b1 1-0

1 PP und **1 AP** für 22.h4

1 TP und **1 RP** für 22.♔b1

UT01.02
Rafiee, Makan (2334)
Lamby, Philipp (2130)
Bundesliga 2020

12.♘xg5

12.♗g3 ist eine ebenso gute Alternative.

12...hxg5 13.♗xg5 ♗xf2+

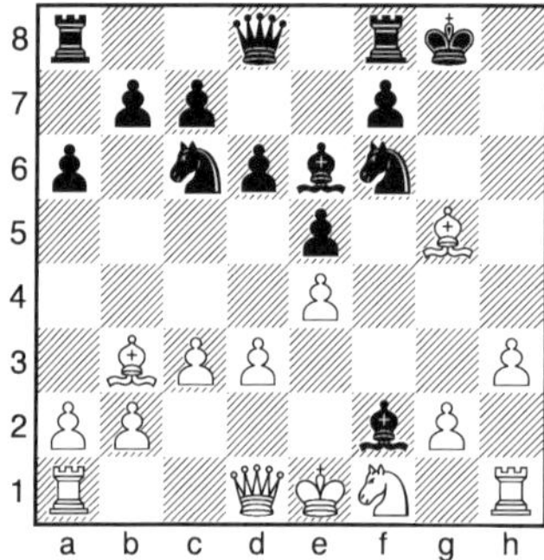

14.♔e2!?

Der Schlüsselzug des scharfen Herangehens. Weiß setzt in der Folge auf die offene f-Linie und will den Springer über h2-g4 oder g3-h5 aktivieren. Schwarz hat große Probleme, die Fesselung abzuschütteln.

Auch 14.♔xf2?! kommt durchaus in Betracht, wobei die Stellung sehr chaotisch wird. Nach 14...♘xe4+ 15.dxe4 ♕xg5 könnte Weiß mit 16.♔g1 oder 16.g4 fortsetzen.

14...♔g7? 15.♕d2

Die weiße Dame gelangt auf die gefährliche Diagonale und Weiß bereitet den Turmschwenk auf die f-Linie vor.

15...♔g6 16.h4 ♗b6??

Statt dieses Verlustzuges wäre 16...♘a5 17.♔xf2 mit immer noch klarem weißem Vorteil besser gewesen. Aber wer gibt schon freiwillig auf so eine peinliche Art die Figur zurück?

17.♘h2??

Weiß lässt eine Gewinnchance ungenutzt verstreichen.

Den besseren Zug 17.♘g3 habe ich in dem Glauben verworfen, Weiß könnte nach 17...♗g4+ 18.♔e1 Probleme mit der Verbindung der Türme bekommen. Eine Fehleinschätzung, die rein intuitiv und nicht auf Berechnungen basierend getroffen wurde. Weiß steht auf Gewinn, denn im nächsten Zug folgt ♖f1.

17...♘xe4??

Schwarz verliert die Geduld, da die Fesselung einfach unerträglich war.

17...♗xb3 18.axb3 ♕c8 war der einzige Weg, um im Spiel zu bleiben, obwohl Weiß natürlich klar besser steht.

18.dxe4 ♕d7 19.♗f6 ♗g4+

19...♔xf6 20.♕g5#

20.♔d3 ♔h7 21.♖af1 ♘a5 22.♗g7 ♔xg7 23.♕g5+ ♔h8 24.♖f6 ♗f5 25.exf5 e4+ 26.♔c2 1-0

1 PP und **1 AP** für ♘xg5 und die Berechnung bis 14.♔e2.

1 RP für 12.♗g3.

1 TP für die Berechnung von 12.♘xg5 bis 14.♔e2 gefolgt von der Entscheidung für 12.♗g3.

UT01.03
Rafiee, Makan (2335)
Limbourg, Philipp (2244)
Bundesliga 2021

50.♕g4+

Unter Ausnutzung der Tatsache, dass der König auf der g- und h-Linie bleiben muss, erzwingt Weiß Damentausch und somit den Übergang in ein leicht gewonnenes Turmendspiel.

Auch der konkretere Ansatz 50.♖c4 führt zwangsläufig zum Gewinn. Weiß verhindert ♕f4+ und droht ♕g5+ oder ♖g4+ mit Materialgewinn; z.B. 50...♕e3 51.♕g4+ ♔h7 52.♕f5+ ♖g6 53.♕xf7+ bzw. 52...♔g7 53.♖g4+ ♔f8 54.♕c8+.

50...♔h6 51.♕h3+

Weiß umgeht die Falle 51.♕xg8?? ♕h4+ 52.♔g1 ♕e1+ mit Dauerschach.

51...♔g7 52.♕g3+ ♕xg3+ 53.♔xg3 ♔f6+ 54.♔f3 ♖a8 55.♖c5 ♔e6 56.g4 ♔d6 57.♖b5 ♔c6 58.c4 ♖h8 59.♖h5 ♖d8 60.♖f5 ♖d4 61.♖xf7 ♖xc4 62.a6 ♔d6 63.a7 ♖a4 64.g5 ♔e6 65.g6 ♖a1 66.♖b7 ♔f6 67.g7 ♖a3+ 68.♔e2 ♖a2+ 69.♔d3 ♖a3+ 70.♔c2 1-0

3 TP für ♕g4+ mit dem Plan, die Damen zu tauschen und das Turmendspiel zu gewinnen.

2 PP für ♖c4 mit konkretem Materialgewinn.

UT01.04

Gelfand, Boris (2713)

Malakhow, Wladimir (2670)

Sotschi 2005

32.♕xc8+

Die Alternative 32.♕a3 ist ein Ansatz für Aktivspieler. Diese versuchen ohnehin, die Damen auf dem Brett zu behalten, und hier kann Weiß sogar forciert in die gegnerische Stellung eindringen; z.B. 32...♘c6 33.♕d6+ ♔e8 34.♗e5 ♗xe5 35.♘xe5 ♘xe5 36.dxe5 ♔f7 37.♕xb6+-.

32...♔xc8 33.♗xb8 ♔xb8 34.h4

Theoretiker und Reflektoren können hier das Ausmaß der schwarzen Probleme sehr gut einschätzen. Da der Läufer komplett dominiert ist, kann Weiß ungestört h4-h5 folgen lassen und Druck auf g6 ausüben. Die Abwicklung in ein Bauernendspiel ist immer für Weiß gewonnen, wenn die h- und g-Bauern abgetauscht werden.

34...♔c7 35.h5 gxh5 36.♔g3 ♗g7 37.♔h4 ♔d6 38.♔xh5 ♗f8?! 39.♘e5

39.g6 hxg6+ 40.♔xg6+-

39...♗g7 40.♘d3 ♔e7 41.♘e5 ♔d6 42.f4 ♔e7 43.g6 hxg6+ 44.♔xg6 ♗h8

44...♗f8 45.♘f3 ♔d7 46.♔f7 ♗b4 47.♘g5+-

45.♘f7 ♗f6 46.♘g5 ♗h8 47.♘h7 ♔e8 48.♘f6+ ♔f8 49.♘h5 ♔g8 50.♔h6 1-0

50.♔h6 ♔f7 51.♔h7 ♗f6 52.♘xf6 ♔xf6 53.♔g8 ♔e7 54.♔g7+-

1 AP und **1 PP** für ♕a3.

1 TP und **1 RP** für ♕xc8 nebst ♗xb8.

UT01.05

Kramnik, Wladimir (2807)

Topalov, Veselin (2743)

Wijk aan Zee 2003

18.♘e5!

Bei diesem für Theoretiker typischen Ansatz muss Weiß konkret rechnen. Er tauscht in der Folge sämtliche Leichtfiguren ab und verpasst dem Gegner eine schlechte Bauernstruktur, die er im Schwerfigurenendspiel siegreich auszunutzen plant.

Aktivspieler würden versuchen, den Läufer mit 18.♗a1 auf dem Brett zu belassen, um potentielle schwarzfeldrige Angriffsmotive im Spiel zu halten. Nach z.B. 18...♗b7 19.e4 ♘b4 20.♕d2 steht Weiß etwas besser.

18...♘xe5

– 18...♘7f6 19.♘c4 (19.♗xd5±) 19...♕a7 20.♗xf6±

– 18...dxe5 19.♗xd5±

19.♗xd5 ♗b7

19...♘c6 20.♕e4 ♗b7 21.♕f4 ♘d8 22.a5±

20.♗xb7 ♖xb7 21.♗xe5 dxe5 22.♖ec1

Nach Zerstörung der schwarzen Bauernstruktur folgt ein Spiel auf ein Tor.

22...f6 23.♕e4 ♔g7 24.♖c3 ♖ab8 25.♕c2 ♕e6 26.a5 ♔f7 27.♖a1 ♖xb3 28.♖xb3 ♕xb3 29.♕xc5 ♕b2 30.♕c4+ ♔g7 31.♕a2!? ♕xa2 32.♖xa2 ♖a8 33.a6 ♖a7 34.♔g2 ♔f7 35.♔f3 ♔e6 36.g4 ♔d6 37.h4 h6 38.g5 hxg5 39.hxg5 f5 40.e4 e6 41.♖a5 ♔c7 42.♔e3 ♔b8 43.♖xe5 ♖xa6 44.♖c5 ♔b7 45.♔f4 ♔b6 46.♖c8 fxe4 47.♔xe4 ♔b7 48.♖g8 ♔c6 49.♖xg6 ♔d6 50.f4 ♖a4+ 51.♔f3 ♔e7 52.♖g7+ ♔f8 53.♖b7 ♖c4 54.g6 ♖c1 55.♔g4 ♖c5 56.♖f7+ ♔e8 57.f5 1-0

1 TP und **1 PP** für ♘e5.

1 RP und **1 AP** für ♗a1.

UT01.06

Anand, Viswanathan (2755)
Karpow, Anatoly (2688)

Bastia 2002

27.♘d2

Diese Umsetzung des Springers in Richtung c5 oder via f1 ist typisch für Theoretiker.

Der Vorstoß 27.h4, um am Königsflügel mehr Musik zu machen, wäre der Ansatz von Aktivspielern; z.B. 27...g4 28.♘d2 ♘ef5 29.♘b3+–.

27...♘c4?

27...♗f5 leistet deutlich mehr Widerstand, aber nach 28.♘b3 ♗xd3 29.♘xd3 ♖a8 30.♘b4 ♖c8 31.♘c5 bleibt Weiß klar am Drücker.

28.♘b3 ♖a7 29.♘c5 ♗c8 30.♘xc6 1-0

1 TP für 27.♘d2

oder

1 AP für 27.h4.

UT01.07

Malakhow, Wladimir (2700)
Dwoirys, Semen (2594)

Moskau 2004

20...♗xa3!!

Dieser taktische Donnerschlag (Δ21.♖xa3 ♕xb2–+) beruht auf der latenten Schwäche der weißen Grundreihe.

Auch 20...h6?! 21.♖d1 ♖xd1+ 22.♔xd1 ♘d5 23.♕e1 ♕xb2 24.♗d2 ♗xa3 25.♔e2 ist besser für Schwarz, aber nicht so gut wie die Partiefolge.

21.0-0 ♗xb2 22.♖ad1?!

22.♖ae1 war zäher, bringt aber nach 22...♘xe4 23.♕xe4 ♕xe4 24.fxe4 b6 auch keine Rettung.

22...♖xd1 23.♖xd1 a5 24.♗c1 ♗d4+ 25.♔h1 ♘xe4 26.♕xe4 ♕xe4 27.fxe4 b5 28.g3 e5 29.♗d2 b4 30.♗e1 ♖c8 0-1

3 AP für 20...♗xa3.

1 RP für 20...h6.

UT01.08

Van Foreest, Jorden (2671)
Anton Guijarro, David (2679)

Wijk aan Zee 2021

28.e5

Dieser zentrale Schlüsselzug ist für Aktivspieler quasi die ‘natürliche’ Lösung.

Die Alternative bestand in 28.♗xd6!? mit der möglichen Folge 28...c3 29.♕xb5 axb5 30.♗xb4+–.

„... mit vollständiger Herrschaft auf dem ganzen Brett. Man beachte, wie Turm und Läufer von Schwarz total außer Spiel sind. Die weiße Absicht besteht einfach darin, mit den Bauern vorzumarschieren, wogegen Schwarz nichts tun kann. Schach kann manchmal wirklich schön sein!“ (Van Foreest in CBM 200)

Die fantastisch tiefe Einsicht eines Reflektors!

28...♗xe5 29.♘xe5 dxe5 30.♗xe5 ♖exe5 31.♖xe5 c3 32.♕e3 c2 33.♖xh5 gxh5 34.♗xc2

34.♕d2 ♘d3 35.♗xc2 ♘xe1 36.♕xe1+–

34...♘xc2 35.♕e5 ♔g7 36.♖e4 ♗d3?!

36...♕xe5 37.♖xe5 ♘d4 38.d6 ist zäher, verliert aber auf lange Sicht auch.

37.♕g3+ 1-0

1 AP und **1 PP** für 28.e5.

3 RP für 28.♗xd6.

UT01.09
Karpow, Anatoly
Spasski, Boris
Leningrad 1974

23.♖f1!?

Karpow verstärkt einfach den Druck und wählt somit das für einen Reflektor typische Vorgehen. Bemerkenswert ist, dass auch *Fat Fritz* diesen Zug machen will, was als weiterer Grund dafür angesehen werden kann, die selbstlernenden Engines im Alpha Zero Stil den Reflektoren und nicht den Pragmatikern zuzuordnen.

Konkrete Spielertypen wie Pragmatiker und Theoretiker (zu denen auch Alpha Beta Engines gehören) wählen den direkten konkreten Gewinnweg 23.♗c5! ♕g5

1) Nach 24.♖d7? ♘xc2 25.♗xf8 ♖xf8 26.♖b1 ♗g3 27.♕e2 ♘d4 28.♕d3 ♗f4= hat Schwarz Kompensation für die Qualität. Ein solcher Fehler kann Pragmatikern und Theoretikern gelegentlich passieren, weil sie das am Ende verbleibende Material überschätzen.

2) 24.♖ad1 ♖fd8 25.♖xd8+ ♖xd8 26.♖f1 ♖d7 27.♗xb4 axb4 28.♕xc6 ♕e3+ 29.♔h2 ♖a7 30.♘d5+–

23...♖fd8

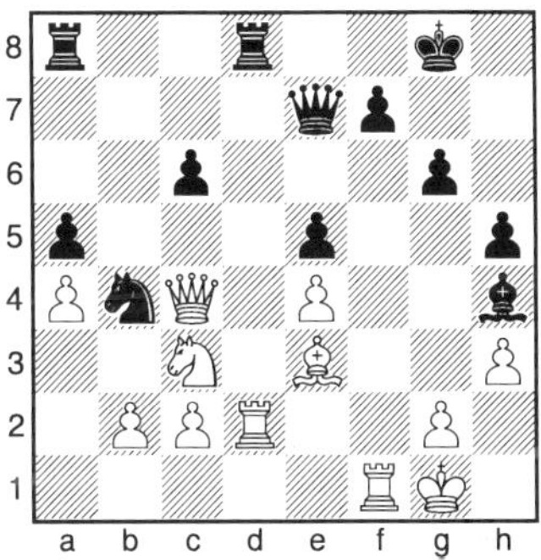

24.♘b1!!

Karpow hat ein unglaubliches Gefühl für dic Harmonie der Figuren. Hier spürt er, dass sein Springer mehr leisten kann.

24...♕b7 25.♔h2

Ein weiterer für Reflektoren typischer Zug: Die Königsstellung wird prophylaktisch verbessert und die schwarzfeldrige Kontrolle am Königsflügel erhöht.

25...♔g7 26.c3 ♘a6

26...♖xd2 27.♘xd2 ♘c2 28.♗c5 ♗g5 29.♘f3 ♘e3 30.♗xe3 ♗xe3 31.♘xe5 ♖f8 32.♕xc6+–

27.♖e2 ♖f8

27...♖d7 hilft auch nicht, z.B. 28.g3 ♗d8 29.♖ef2

– 29...c5 30.♘d2 ♘b8 31.♘f3 ♗f6 32.♔g2 ♖a6 33.g4+–

– 29...f6 30.♘d2 ♘c7 31.♘f3 ♕a6 32.♕a2 ♖e7 33.♗c5 ♖e8 34.♘g5+–

28.♘d2 ♗d8 29.♘f3 f6

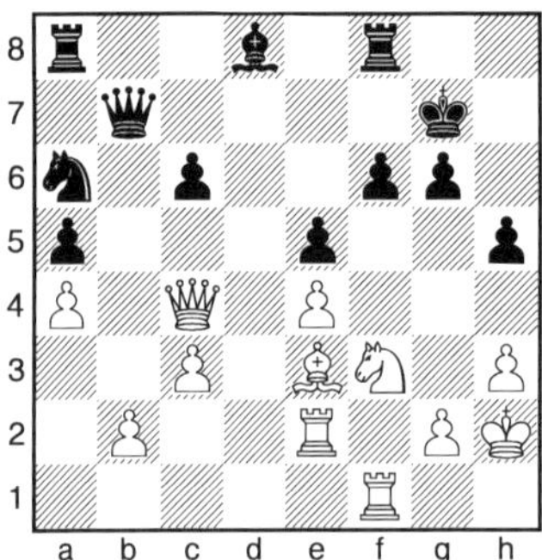

30.♖d2

Karpow verbessert systematisch und kraftvoll eine Figur nach der anderen und erhöht dadurch den Druck.

Das direkte 30.♘g5 führt laut Computer ziemlich direkt zum Ziel, aber Karpows Gewinnweg ist ebenfalls vollwertig.

30...♗e7 31.♕e6

Die Dame dringt ins Herz der schwarzen Stellung ein.

31...♖ad8 32.♖xd8 ♗xd8

32...♖xd8 33.♘xe5 ♕c7 34.♕f7+ ♔h8 35.♕xg6 ♕xe5+ 36.♗f4 ♕e6 37.♕xh5+ ♔g8 38.♖f3 ♗f8 39.♖g3+ ♗g7 40.♗h6 ♖d7 41.♕g6 ♕f7 42.♕f5+–

33.♖d1!

Eine offene Linie ist wie eine offene Wunde.

33...♘b8 34.♗c5 ♖h8

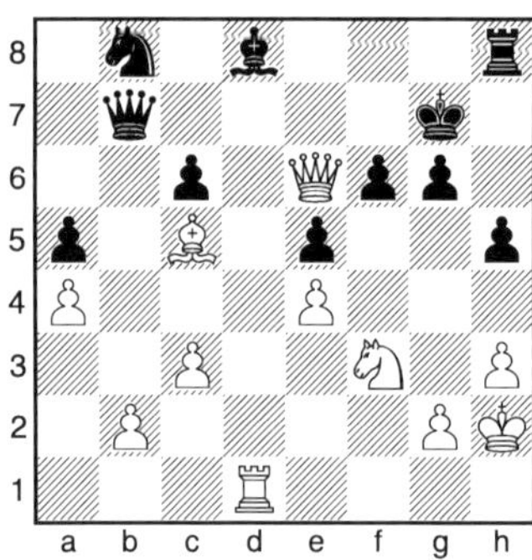

35.♖xd8!

Nach Einleitung der Gewinnkombination hieß es sogleich **1-0** angesichts der absehbaren Folge 35...♖xd8 36.♗e7 ♖e8 37.♕xf6+ ♔h6 38.♘h4 ♖g8 39.♘f5+ ♔h7 40.♕f7+ ♔h8 41.♗f6+ +–.

3 PP für 23.♗c5 nebst ♖ad1.

1 PP und **1 TP** für 23.♗c5 nebst ♖d7.

1 RP für 23.♖f1.

UT01.10

Karpow, Anatoly (2695)

Torre, Eugenio (2505)

Manila 1976

25...g4!!

Aktivspieler haben ein gutes Gespür für solche Bauernopfer, die den Aktionsradius der angreifenden Figuren vergrößern.

Die für Theoretiker typische Zentralisierungsmaßnahme 25...♕e5 ist auch gut aber nicht so durchschlagend wie die Partiefolge.

26.♘xg4 ♗g5 27.♖c2 ♖xc2 28.♔xc2 a4 29.a3 b3+ 30.♔b1 d5

Mit diesem starken Zug öffnet Schwarz weitere Angriffsrouten.

31.exd5 ♕xd5 32.♘f2 ♕xg2 33.♘e4 ♗e3 34.♘c3 ♕c6 35.d4 ♕c4 36.d5 e5

37.♕h1 ♕d3+ 38.♔a1 ♗d4 39.♕h8+ ♔d7 40.♕a8 ♕f1+ 41.♘b1 ♕c4 42.♕b7+ ♔d6 43.♕b8+ ♔xd5 44.♕d8+ ♔e6 45.♕e8+ ♔f5 46.♕d7+ ♔g6 47.♕g4+ ♔f6 48.♘c3 ♕f1+ 0-1

1 AP für 25...g4

oder

1 TP und **1 RP** für 25...♕e5.

UT01.11

Carlsen, Magnus (2843)

Anand, Viswanathan (2780)

Sao Paulo/Bilbao 2012

25.♘h3

Weiß setzt auf einen direkten Königsangriff, der auf den Folgezügen ♕h6 und ♘g5 basiert.

25.♘d3 wäre der für Theoretiker typische Ansatz. Der Springer wird auf das starke Zentrumsfeld e5 manövriert, von wo er nicht vertrieben werden kann. Erst nach Verbesserung der Figurenstellung beginnt Weiß mit dem Angriff; z.B. 25...a5 26.♘e5 ♖d6 27.h4+-.

25...♘e8 26.♕h6 ♘f6 27.♘g5 d3 28.♖e5 ♔h8 29.♖d1 ♕a6 30.a4 1-0

1 TP und **1 RP** für ♘d3.

1 PP und **1 AP** für ♘h3.

UT01.12

Rafiee, Makan (2338)

Abergel, Thal (2374)

Bundesliga 2022

21.f5?

Dieser für einen Aktivspieler typische Ansatz ist hier fehl am Platze, denn da der König einfach nach b8 läuft, verpufft der Angriff schnell. Solche Fehleinschätzungen bzw. Überschätzungen von Angriffsmöglichkeiten unterlaufen Aktivspielern häufiger. Hier kann man auch die jeweiligen Schwächen der verschiedenen Spielertypen sehen.

1) Nach dem positionellen Ansatz 21.a3 kann Weiß mit ♕c2-b3 auf die Schwäche b5 abzielen. Nach beispielweise 21...♘e4 22.♕d3 ♖c5= hat Schwarz wenig Gegenspiel.

2) 21.♖he1 ist der konkretere Ansatz gegen die schwarze Absicht, ♘e4 zu spielen. So könnte sofortiges 21...♘e4? im Opferstil widerlegt werden: 22.♖xe4! dxe4 23.f5 gxf5 24.♘xf5+ exf5 25.♕d7+ ♔f8 26.♕xc8+ ♔g7 27.♕xf5+-.

21...gxf5 22.♕g5+ ♔d7! 23.♕f6 ♔c7 24.♕xf7+ ♔b8

Der schwarze König steht sicher und die Dame ist auf d7 deplatziert. Schwarz besetzt die g-Linie und kann den schwachen e5-Bauern ins Visier nehmen.

25.♖h3 ♖c7 26.♕f6 ♖g8 27.♖f3 b4 28.cxb4 ♕xb4 29.♘xe6 ♘xe6 30.♕xe6 ♖xg2 31.♖b3 ♕e4+ 32.♔a1 ♕c2 33.♕e8+ ♖c8 34.♖xb7+ ♔a8 35.♖a7+ ♔xa7 36.♕e7+ ♕c7 37.♕a3+ ♔b8 38.♕b4+ ♕b7 39.♕d6+ ♔a8 40.♕a3+ ♕a7 41.♕d3 ♕a5 42.e6 ♖d2 0-1

1 TP für Lösung 1.

1 PP und **1 RP** für Lösung 2.

1 AP für Lösung 3.

UT01.13

Mamedjarow, Shakhriyar (2764)

Kamsky, Gata (2674)

Bundesliga 2020

16.♗f3

Weiß schätzt das für den Bauern erhaltene Gegenspiel als stark genug ein. Schwarz kann sich nicht gut entwickeln und früher oder später gewinnt Weiß den Bauern sowieso zurück.

Nach 16.♕a4 ♘c6 17.♗xc4 ♕f5 18.♕b5 ♕xb5 19.♗xb5 hat Weiß das Läuferpaar und das insgesamt aktivere Figurenspiel und kann die leicht bessere Stellung auf Gewinn spielen.

16...♕a6 17.♗xf6 ♗xf6 18.♘d5 ♗d8 19.h4!

Mit diesem Zug deutet Weiß an, dass er vorerst nicht daran interessiert ist, den Bauern zurückzugewinnen, sondern dass er stattdessen das aktivere Spiel ausnutzen will.

19...♘c6 20.h5 ♕a5 21.♕c1 ♘b4 22.♕xc4 ♘xd5 23.♗xd5 ♗f6 24.b4 ♕b6 25.♖ad1 ♖ad8 26.a4 ♔g7 27.♕f4 ♖fe8 28.h6+ ♔f8 29.♖xe8+ ♖xe8 30.a5 ♕d8 31.♕f3 ♕e7 32.♗xb7 ♗e5 33.♗c6 ♖d8 34.b5 ♖xd1+ 35.♕xd1 ♗c7 36.♕a1 ♗e5 37.♕d1 ♗c7 38.♕a1 ♗e5 39.♕e1 ♗d4 40.♕d2 ♕c5 41.g3 ♔e7 42.♔g2 f5 43.♕g5+ ♗f6 44.♕f4 ♗e5 45.♕d2 ♗d4 46.f4 ♔f6 47.♔h3 ♕c4 48.♗g2 ♕c5 49.♗f3 ♔e7 50.♕e2+ ♗e3 51.♕b2 ♗d4 52.♕b3 ♔d6 53.♗c6 g5 54.fxg5 a6 55.♕f7 axb5 56.♕d7+ ♔e5 57.g6 ♔f6 58.g7 1-0

1 RP und **1 AP** für ♗f3.

1 TP und **1 PP** für ♕a4.

UT01.14

Spasski, Boris

Kortschnoi, Wiktor

Kiew 1968

26.♕b6!

Nach diesem sehr starken Reflektorzug von Spassky droht konkret 27.♘d5, da nach 27...♕e6 28.♗xc5 die Dame auf b6 gedeckt ist.

1) Auch nach 26.♘d5 ♕e6! 27.♕xe6 ♘xe6 steht Weiß noch auf Gewinn, hat jedoch seine aktive Dame gegen die passive von Schwarz getauscht.

2) 26.♖d3 wäre die prinzipielle Alternative. Sobald der Springer c3 sich bewegt, kann der Turm über a3 oder b3 aktiviert werden.

26...♔g7 27.♘d5 ♕e6 28.♗xc5 ♗xc5 29.♕xc5 ♘b5 30.♕e3 ♕c6+ 31.♔b1 ♘d4 32.♖c1 ♕b5 33.♘c7 ♕e2 34.♘e6+ ♔h7 35.♕h6+ 1-0

1 RP für 1.♕b6.

1 TP für 1.♖d3.

1 PP und **1 AP** für 1.♘d5.

UT01.15

Karpow, Anatoly

Kortschnoi, Wiktor

Moskau 1974

19.♖d3

Mit diesem für Karpow typischen Prophylaxezug überdeckt Weiß den Springer c3, um potentiellen Qualitätsopfern vorzubeugen. Jetzt kann Weiß in Ruhe mit g4–g5 weiter attackieren.

1) Aktivspieler könnten sich in einer solchen Stellung wohl kaum zurückhalten und würden sich für den direkten Vorstoß 19.g5 entscheiden; z.B. 19...♘h5

20.♖xh5 gxh5 21.♘d5 ♖xc2+ 22.♔b1 ♕d8 23.♘ef4 ♕f8 24.♘xe7+ ♕xe7 25.♘d5 ♖xb2+ 26.♔xb2±, Dobsa - Reinhardt, Fernpartie 1982.

2) 19.♖d5 wäre eine alternative Lösung von Aktivspielern und Pragmatikern; z.B. 19...♖8c5 20.♖xc5 ♖xc5 21.♘d5 ♖xd5 22.exd5 ♕xd5 23.♖h3 ♕xa2 24.b3 ♕a1+ 25.♔d2 ♕f1 26.♖g3∞, Ipek - Eskelinen, Groningen 1982.

3) 19.a3 ist ein alternativer Prophylaxe-zug.

19...♖4c5 20.g5 ♖xg5 21.♖d5 ♖xd5 22.♘xd5 ♖e8 23.♘ef4 ♗c6 24.e5!+- ♗xd5 25.exf6 exf6 26.♕xh7+ ♔f8 27.♕h8+ 1-0

27.♕h8+ ♔e7 28.♘xd5+ ♕xd5 29.♖e1+ +-

1 AP und **1 PP** für g5 oder ♖d5.

1 RP und **1 TP** für a3 oder ♖d3.

UT01.16

1 RP und **1 AP** für Antwort **1.**

1 TP und **1 PP** für Antwort **2.**

UT01.17

1 AP für Antwort **1.**

1 TP für Antwort **2.**

1 PP für Antwort **3.**

1 RP für Antwort **4.**

UT01.18

1 TP und **1 PP** für Antwort **1**.

1 RP und **1 AP** für Antwort **2**.

UT01.19

1 TP und **1 PP** für Antwort **1.**

1 RP und **1 AP** für Antwort **2.**

UT01.20

1 RP und **1 AP** für Antwort **1.**

1 TP und **1 PP** für Antwort **2.**

Unterscheidungstest 2

(Auswertung ab Seite 195)

UT02.01

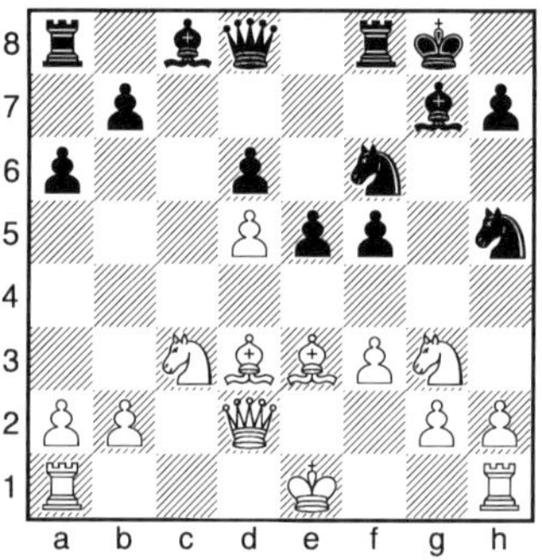

Schwarz am Zug

1) Ich spiele **1....♘xg3 2.hxg3 b5**.

2) Ich spiele **1....e4 2.♘xh5 ♘xh5 3.fxe4 f4** mit schwarzfeldriger Blockade.

UT02.02

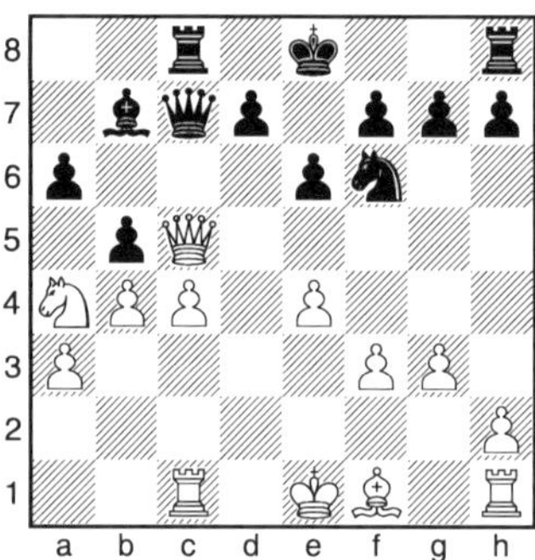

Weiß am Zug

1) Ich ziele mit **1.cxb5 ♕b8 2.♕e3 ♖xc1 3.♕xc1 axb5 4.♗xb5** auf einen Mehrbauern ab.

2) Ich ziele mit **1.♕xc7 ♖xc7 2.♘c5** auf starke Initiative ab.

UT02.03

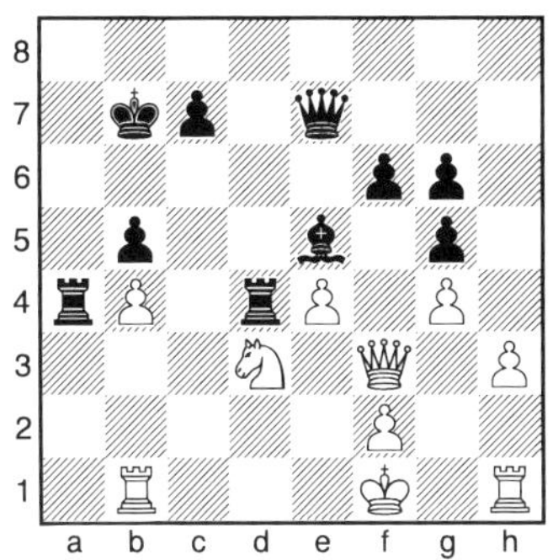

Schwarz am Zug

1) Ich spiele **1...♔c8**, um ♘c5 aus dem Weg zu gehen.

2) Ich wähle **1....♖a3 2.♘c5+ ♕xc5 3.♕xa3 ♕c4+** mit Gegenspiel.

UT02.04

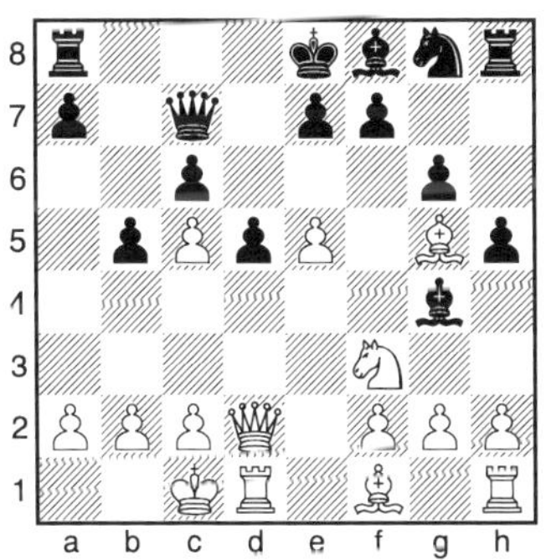

Weiß am Zug

1) Ich spiele **1.e6** mit starkem Druck auf den schwarzen Feldern.

2) Ich spiele **1.♕d4**, um das Zentrum zu festigen.

UT02.05

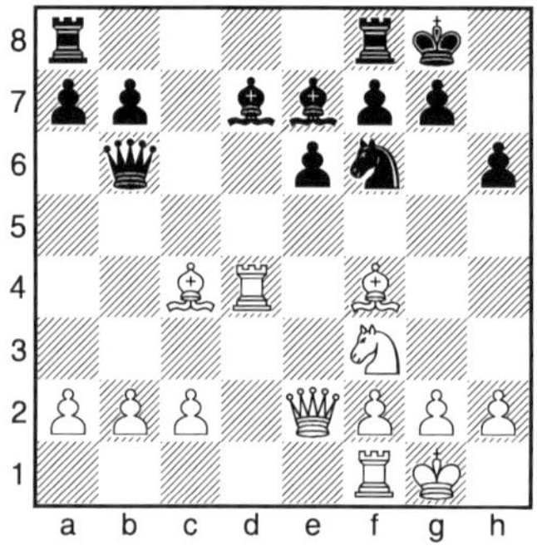

Weiß am Zug

1) Ich spiele **1.♕d2**, um auf h6 zu opfern.

2) Ich spiele **1.c3**, um meine Stellung zu sichern und ♘e5 vorzubereiten.

UT02.06

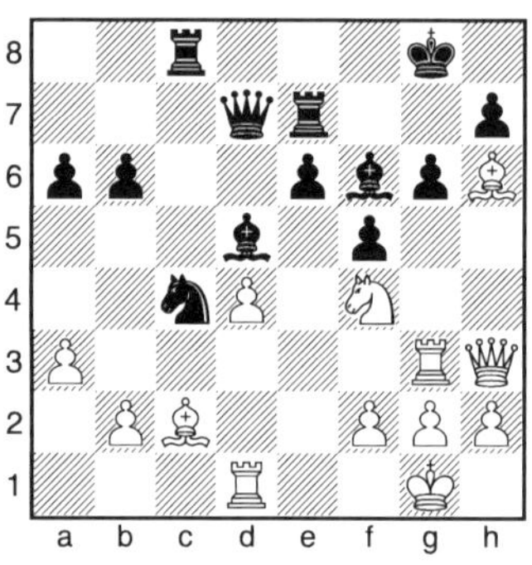

Weiß am Zug

1) Ich spiele **1.♖dd3**, um eine weitere Figur in den Angriff einzubinden.

2) Ich wechsle mit **1.♘xd5** zu Spiel am Damenflügel, da Schwarz am Königsflügel zu sicher steht.

UT02.07

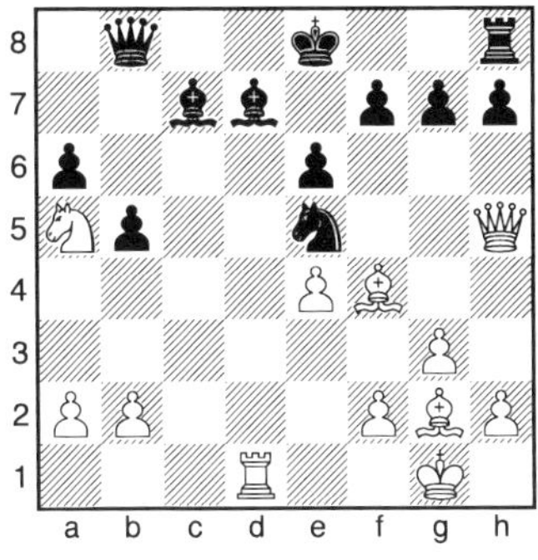

Weiß am Zug

1) Ich spiele **1.b4**, um den gegnerischen Damenflügel festzulegen.

2) Ich spiele mit **1.♗xe5 ♗xe5 2.♖xd7** auf Königsangriff.

UT02.08

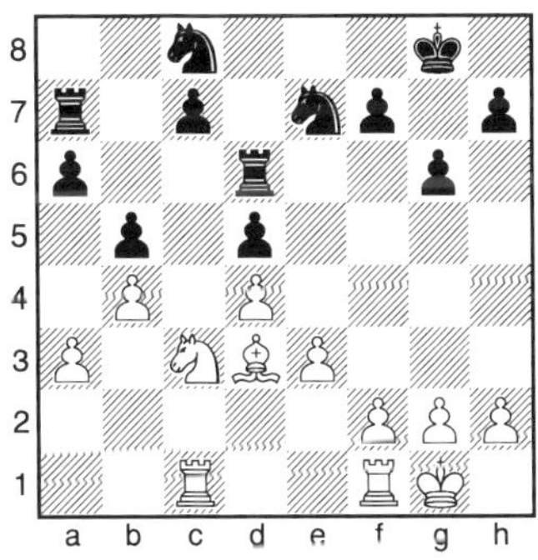

Weiß am Zug

1) Ich spiele **1.♗xb5** und strebe eine deutliche Verschiebung der Materialverhältnisse an.

2) Ich spiele **1.a4** und übe Druck am Damenflügel aus.

3) Ich spiele **1.♘b1** mit dem Plan ♘d2-b3-c5.

UT02.09

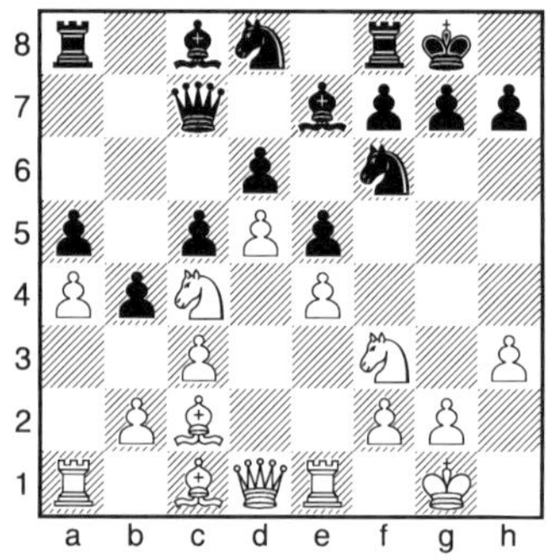

Weiß am Zug

1) Ich spiele **1.♘fxe5** nebst d6.

2) Ich spiele **1.g4** mit Raumgewinn am Königsflügel.

3) Ich spiele **1.♗e3**, um ♗a6 mit ♘fd2 beantworten zu können.

UT02.10

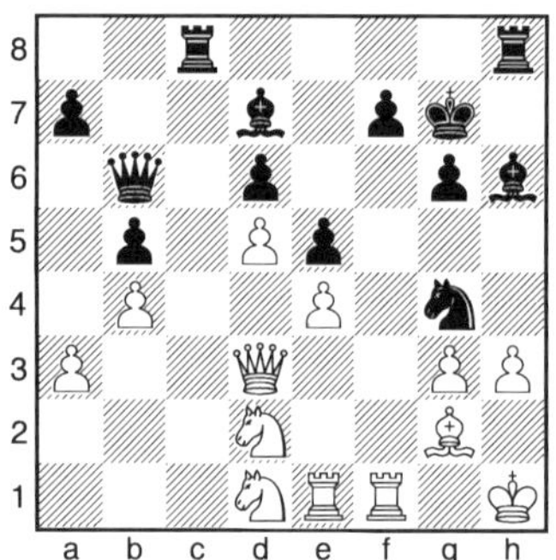

Schwarz am Zug

1) Ich spiele **1....♕d4**, um die Dame zu zentralisieren und Damentausch zu forcieren.

2) Ich spiele **1....♖h7** nebst ♖ch8 mit Druck auf der h-Linie.

UT02.11

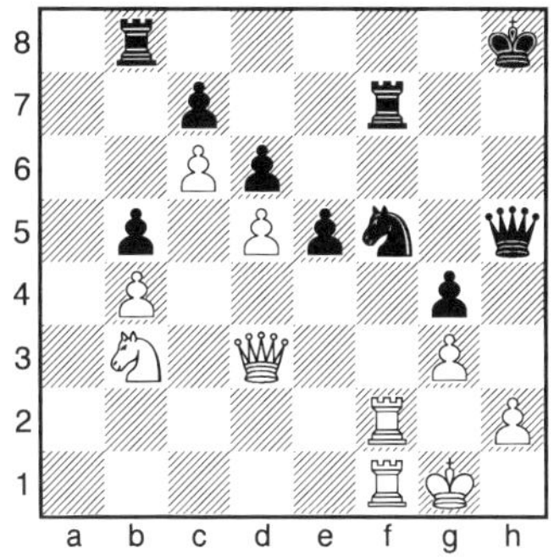

Schwarz am Zug

1) Ich spiele **1....♖bf8** und opfere den Bauern auf b5.

2) Ich spiele **1....♘h6** und befreie mich aus der Fesselung.

UT02.12

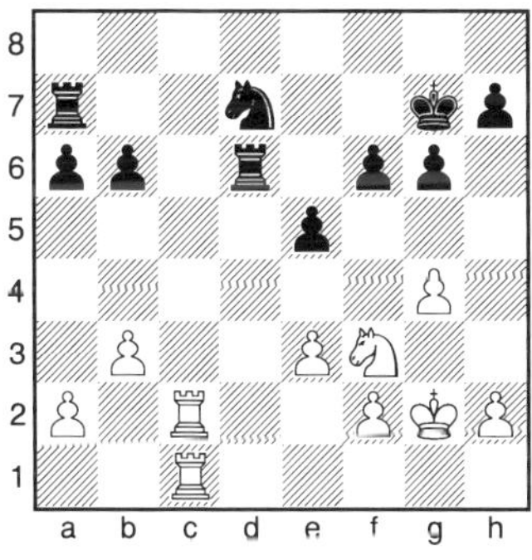

Weiß am Zug

1) Ich spiele **1.♖c6**.

2) Ich spiele **1.♘d2**.

UT02.13

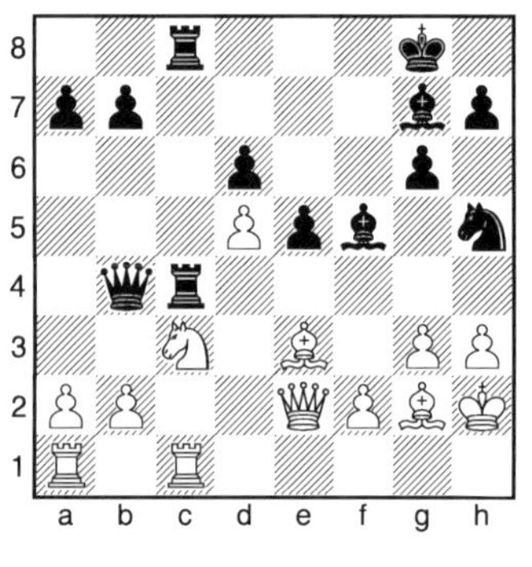

Weiß am Zug

1) Ich spiele **1....♘f4**, weil dieses Opfer chancenreich aussieht und ich sonst einfach schlecht stehe.

2) Ich spiele **1....♘f6**, um die Gabel g3–g4 zu vermeiden.

UT02.14

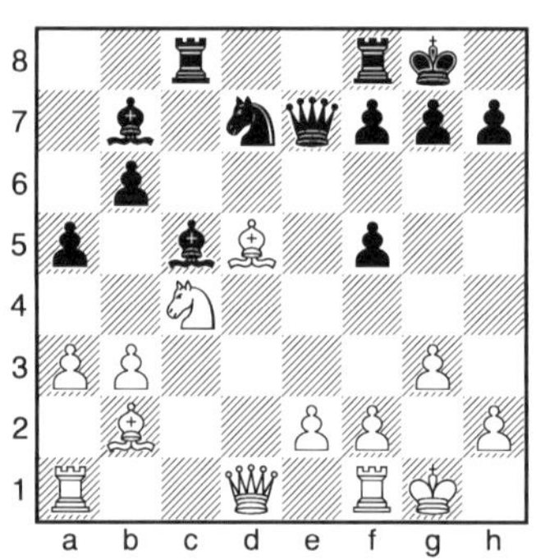

Schwarz am Zug

1) Ich spiele **1....♗xd5 2.♕xd5 f4**.

2) Ich spiele **1....♗a6**.

UT02.15

Falls die objektive Bewertung '=' lauten würde, hätte ich lieber ...

1) ... einen Bauern weniger, dafür aber Initiative.

2) ... eine solide Stellung statt Materialvorteil.

UT02.16

Wenn ich eine Stellung bewerte, halte ich eher Ausschau danach, ...

1) ... wie ich meine Figurenstellung verbessern kann.

2) ... wie ich einen konkreten Angriff starten kann.

UT02.17

Welcher der folgenden Punkte gehört am ehesten zu meinen Stärken?

1) Ich kenne mich sehr gut in meinen Eröffnungen aus.

2) Ich verrechne mich selten.

3) Ich habe ein Gespür für Initiative.

4) Ich erkenne schnell die gegnerischen Pläne.

UT02.18

Mir fällt es schwerer, ...

1) ... die Stärken und Schwächen einer Stellung zu beurteilen und einen Plan zu erarbeiten.

2) ... aus einer guten Stellung heraus starken Angriff zu entwickeln.

UT02.19 Caro-Kann

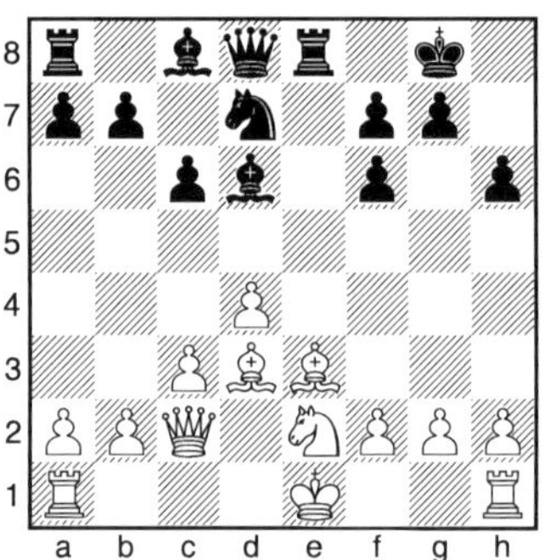

Weiß am Zug

1) Ich spiele **1.0-0**.

2) Ich spiele **1.0-0-0**.

UT02.20 Sweschnikow

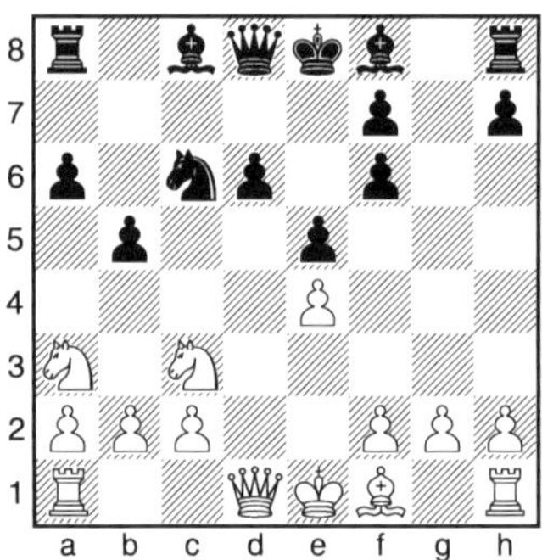

Weiß am Zug

1) Ich spiele lieber mit Weiß.

2) Ich spiele lieber mit Schwarz.

Auswertung Test 2

UT02.01
Gheorghiu, Florin (2520)
Kasparow, Garry (2595)
Thessaloniki 1988

15...e4!?

Nach diesem intuitiven Bauernopfer kann Schwarz eine starke schwarzfeldrige Blockade errichten.

Der konkrete Ansatz von Pragmatikern lautet hier 15...♘xg3 16.hxg3 b5. Weiß erhält allerdings die h-Linie und die schnelle Hebelmöglichkeit g3-g4 zwecks Aktivierung des Läuferpaars. Der schwarze Angriff ist hier langsamer.

16.♘xh5 ♘xh5 17.fxe4 f4! 18.♗f2 ♗g4 19.h3 ♗d7 20.0-0-0 ♗e5 21.♔b1 ♕f6

Weiß hat kaum Gegenspiel und Schwarz kann mit b7-b5 und ♖ac8 Druck am Damenflügel ausüben. Dennoch halten Engines die weiße Stellung für besser.

22.♗e2?

22.♘e2 ist kritisch.

22...♘g3 23.♗xg3 fxg3 24.♗f3 ♖ac8 25.♘e2 ♕g6 26.♖c1 ♖xc1+ 27.♕xc1 ♖c8 28.♕e3 ♕f6 29.♕d2 ♖c5 30.♘c1? (30.♖c1=) **30...♗f4 31.♕b4 ♗b5 32.♘b3 ♗d3+ 33.♔a1 ♖c2 34.♖b1 ♗e5 35.♘c1 ♗xb2+ 36.♕xb2 ♕xb2+ 0-1**

1 RP und **1 AP** für 1....e4.

1 PP für ♘xg3.

UT02.02
Rafiee, Makan (2335)
Milov, Vadim (2607)
Bundesliga 2021

7.cxb5?!

Mit diesem für Pragmatiker typischen konkreten Ansatz schnappt Weiß sich den Bauern, nimmt aber eine schnelle Entwicklung von Schwarz und Gegenspiel in Kauf.

Mehr Probleme hätte 17.♕xc7!? ♖xc7 18.♘c5 ♔e7 19.e5 ♘e8 20.♔f2 mit weißer Initiative bereitet.

17...♕b8 18.♕e3 ♖xc1+ 19.♕xc1 axb5 20.♗xb5 0-0

Nach 20...♗xe4 21.♗xd7+ ♘xd7 22.fxe4 0-0 hat Schwarz starke Kompensation für den Bauern. Der weiße König steht luftig und die schwarzen Figuren können schnell koordiniert werden.

21.♗e2 d5 22.exd5 ♗xd5 23.♕e3 ♗c6 24.♘c3 ♕a8 25.b5 ♗b7 26.a4 ♘g4 27.♕f4 h5 28.0-0 ♕a7+ 29.♔h1 ♖c8 30.♘e4 e5 31.♕d2 ♗xe4 32.fxe4 ♘f2+ 33.♔g2 ♘xe4 34.♕d5 ♘f6 35.♕b3 ♕b7+ 36.♗f3 e4 37.♗e2 ♘d5 38.♗xh5 g6 39.♖d1 ♖c2+ 40.♔h3 ♖c5 41.♗e2 ♕d7+ 42.♔g2 ♕e6 43.♖xd5 ♖xd5 44.b6 ♕e5 45.b7 ♖d8 46.a5 ♔g7 47.a6 e3 48.♕c4 ♖d2 49.a7 ♕b2 50.b8♕ ♖xe2+ 51.♔f3 ♖f2+ 52.♔e4 f5+ 53.♔d5 ♖d2+ 54.♔c5 ♕a3+ 55.♔c6 1-0

1 PP und **1 AP** für 1.cxb5.

1 RP und **1 TP** für 1.♕xc7.

UT02.03
Strache, Michael (2310)
Rafiee, Makan (2315)
Deutschland 2016

38...♔c8?!

Selbst diese eher schwache Fortsetzung genügt hier auch. Schwarz hat immer noch eine dominante Stellung und muss sich nicht auf unnötige Komplikationen einlassen.

Allerdings schlägt das Qualitätsopfer 38...♖a3!! auf der Stelle durch! Die weißen Figuren sind unkoordiniert und der schwarze Läufer dominiert die Stellung; z.B. 39.♘c5+ ♕xc5 40.♕xa3 ♕c4+ −+

– 41.♔g1 ♖d3 42.♕a5 ♖g3+!!

– 41.♔g2 ♖d3 nebst ♕xe4

1 AP und **1 RP** für 38...♖a3!!

1 PP und **1 TP** für 38...♔c8.

UT02.04
Rafiee, Makan (2289)
Niesel,Matthias (2108)
Kassel 2015

12.e6

Nach diesem intuitiven Ansatz erhält Weiß starkes Spiel auf den schwarzen Feldern und kann die Koordination der gegnerischen Figuren stören. Objektiv hat Schwarz hier allerdings keine Probleme.

Alternativ geht auch 12.♕d4 e6, wonach die Stellung für Schwarz allerdings leichter zu spielen ist.

12...♗xe6 13.♗f4 ♕c8 14.♘d4?

Weiß gibt die Initiative aus der Hand. Er muss sich mit beispielsweise 14.♗d3 ♗g7 15.♖de1 usw. schnell entwickeln und die Figuren ins Spiel bringen, denn in solch einer Stellung zählt jedes Tempo.

14...♗d7?!

Besser wäre 14...♗g7 gewesen, denn in dieser Stellung kann Schwarz im Interesse rascher Entwicklung ruhig das Läuferpaar aufgeben.

15.♖e1 e6?

Erneut war 15...♗g7 angesagt.

16.♗d3!

Weiß opfert einen weiteren Bauern, um den schwarzfeldrigen Läufer abzutauschen.

16...♗xc5 17.♕c3?

17.♘xe6 ♗xe6 18.♕c3+−

17...♗xd4 18.♕xd4 ♖h7

Weiß hat zwei Bauern weniger aber dominiert auf den schwarzen Feldern.

19.♗d6 ♕d8 20.♔b1 ♕f6 21.♖e5 ♘e7 22.♖he1 ♕g7 23.f4 h4 24.a4 bxa4 25.♗a3

Weiß opfert einen dritten Bauern, um den Läufer in Sicherheit zu bringen und Abtausch zu vermeiden. Er dominiert die gegnerische Stellung komplett und Schwarz kann sich nicht befreien.

25...♘c8 26.♕c5

26.♗a6 wäre ein weiterer Lähmungszug gewesen, nach dem der Turm a8 nicht mehr aktiviert werden könnte.

26...a5 27.c4 dxc4 28.♗xc4 ♖h5 29.♖xh5 gxh5 30.f5 ♔d8 31.fxe6 ♕g6+ 32.♔a1 fxe6 33.♗xe6 ♕e8 34.♕g5+ ♔c7 35.♕e5+ ♔b7 36.♗xd7 ♕xd7 37.♕xh5 ♕d4 38.♕h7+ ♔a6 39.♖c1 ♘a7 40.♗c5 ♕f4 41.♕d3+ ♘b5 42.♗e3 ♕c7 43.♖c5 ♔b7 44.♕e4 ♘d6 45.♕xa4 ♖e8 46.♖xa5 ♕xa5 47.♕xa5 ♖a8 48.♕xa8+ ♔xa8 49.♗f2 ♘f5 50.♔b1 ♔b7 51.♔c2 ♔c7 52.♔d3 ♔d6 53.♔e4 ♔e6 54.♔f4 ♔f6 55.♔g4 1-0

1 RP und **1 AP** für 1.e6.

1 TP und **1 PP** für 1.♕d4.

UT02.05
Tal, Michail
Portisch, Lajos
Bled 1965

14.♕d2

Mit diesem für ihn typischen Zug setzt der Hyperaktivspieler Tal kompromisslos auf Angriff.

1) 14.c3!? ♗c6 15.♘e5 wäre objektiv besser.

2) Hingegen führte 14.♖d3 ♗b5 15.♗xb5 ♕xb5 in der Partie M. Tal – P. Benkö, Kandidatenturnier 1962, zu keinem Vorteil.

14...♗c6

Auf 14...♖fc8?! plante Tal 15.♗xh6 gxh6 16.♕xh6 ♕xd4 17.♘xd4 ♖xc4 18.♖d1 „mit gefährlichen Drohungen".

15.♗xh6

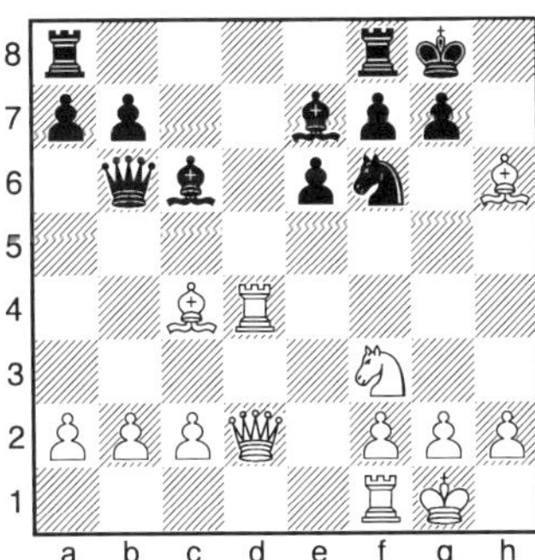

15...♘e4!

Ein lebenswichtiger Zwischenzug zur Koordination der Verteidiger.

Hier ein Blick auf zwei zu riskante Alternativen:

– 15...♗xf3? 16.♗xg7 ♔xg7 17.♕g5+ ♔h7 18.♖h4+ ♘h5 19.♗d3+ f5 20.♕xe7+ ♔g8 21.♗c4 ♘g7 22.gxf3 ♖ae8 23.♕g5 ♕xb2 24.♖h6+–

– 15...gxh6? 16.♕xh6 ♗e4 17.♗d3 e5 18.♕g5+ ♗g6 19.♗xg6 exd4 20.♗d3+ ♔h8 21.♖e1 ♘g8 22.♕h5+ ♕h6 23.♕xh6+ ♘xh6 24.♖xe7±

16.♕f4 gxh6 17.♖xe4

17.♕xh6 ♖ad8 18.♗xe6 ♖xd4 19.♗f5 ♘f6 20.♕g5+ = (Tal)

17...♗xe4 18.♕xe4 ♖ad8

Tal ging davon aus, dass 18...♕xb2 wegen 19.♘e5 verliert, aber in Wirklichkeit kann Schwarz sich halten.

1) 19...♗f6? 20.♗d3+– (Tal)

2) 19...♗g5 20.f4 ♗e7 21.♔h1 ♖ac8 22.♗xe6 ♕xc2 23.♘d3 fxe6 24.♕g6+ =

3) 19...♕b4 20.♕g4+ ♔h8 21.♕h5 ♔g7 22.♕g4+ und Schwarz muss sich mit Dauerschach begnügen, denn 22...♗g5? ist zu riskant angesichts der Folge 23.h4 ♕c3 24.♘xf7 ♖xf7 25.hxg5 ♕e5 26.gxh6+ ♔xh6 27.♗xe6.

19.b3 ♗c5 20.♕f4 ♔g7 21.♕e5+ f6 22.♕g3+ ♔h7 23.♖e1?!

Da f2 danach zur Achillesferse wird, erhält Schwarz Gegenspiel. Mit 23.c3 ♖g8 (23...a5 24.a3) 24.♕h3 f5 25.b4 ♗f8 26.♖e1 sollte Weiß selbst um mehr schwarzfeldrigen Einfluss kämpfen.

23...♖g8

Die Alternative bestand in 23...♗b4 24.c3 (Tal) 24...♖g8 (Nunn) 25.♕h3 ♗xc3 26.♖xe6 ♖d1+ 27.♗f1 ♕c5 28.g3 mit schwer einzuschätzender Stellung.

24.♕h4 ♖d6?!

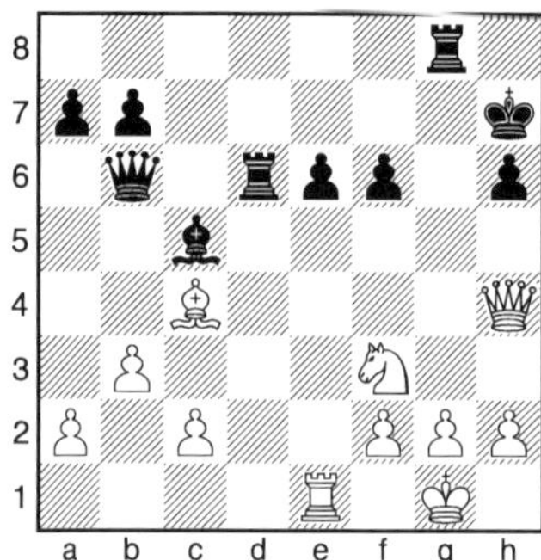

Immer noch war 24...♗b4!? mit leichtem schwarzem Vorteil ratsam.

- 25.♖xe6?? ♖d1+ 26.♗f1 ♕xe6−+
- 25.♗xe6 ♗xe1 26.♗xg8+ ♔xg8
- 25.♖f1 ♖g6 26.♗xe6 ♕xe6 27.♕xb4 ♕g4 28.♕xg4 ♖xg4 29.♖e1 ♖g7

25.♔f1

Mit diesem bemerkenswerten Prophylaxezug weicht der König aus den gefährlichsten gegnerischen Angriffsstraßen. Auch Kasparow war später dafür bekannt, vor einem scharfen Angriffssturm noch einen prophylaktischen Königszug einzustreuen, um den eigenen Laden abzusichern.

Tals Trainer Alexander Koblenz schlug direkt nach der Partie 25.c3!? a5 26.a3!! vor, was vermutlich noch stärker ist. Nach 26...♖g6 kann dann 27.♔f1 ♗xa3 28.♘d4 ♗c5 29.♘xe6 ♖d2 30.♘xc5 ♕xc5 31.♕f4 mit Initiative folgen.

25...f5 26.h3 ♖g6 27.g4?!

1) Eine Möglichkeit zur Fortsetzung des Kampfs bestand in 27.c3 ♕c6 28.a4, obwohl sich die Stellung im dynamischen Gleichgewicht befinden sollte.

2) Mit 27.♕e7+ und der möglichen Folge 27...♖g7 28.♕e8 ♖g8 29.♕f7+ ♖g7 30.♘g5+ hxg5 31.♕h5+ ♔g8 32.♕e8+ konnte Weiß direkt ein Remis durch Dauerschach forcieren.

27...♖d7?

27...♕c6

1) 28.♘e5? ♕h1+ 29.♔e2 ♖d2+ 30.♔xd2 ♗b4+ 31.c3 ♗xc3+ 32.♔xc3 ♕xe1+ 33.♔c2 ♕xe5−+

2) Nach 28.gxf5 exf5 29.♕h5 hat Weiß nach wie vor Kompensation (29.♖e7+? ♔h8 30.♕f4 ♖d1+ −+), aber der schwarze Gegenangriff hat durch die weißfeldrigen Schwächungen deutlich an Stärke gewonnen.

28.♖xe6 ♖d1+ 29.♔g2 ♖xe6 30.♗xe6 fxg4

30...♕d8 31.♗xf5+ ♔g7 32.g5 ♕d6 33.b4 ♗d4 34.gxh6+ ♔f8 35.♘g5+−

31.♕xg4 ♖d8 32.♘e5 1-0

1 AP für 1.♕d2.

1 TP, **1 RP** und **1 PP** für 1.c3.

UT02.06
Schirow, Alexei
Lautier, Joel (2290)
Timisoara 1988

27.♖dd3?!

Weiß überschätzt seine Angriffschancen und offenbart somit eine typische Schwäche von Aktivspielern.

Weiß hätte akzeptieren müssen, dass weiterer Königsangriff hier aussichtslos ist. Nach 27.♘xd5 nebst Spielverlegung zum Damenflügel wäre die Stellung laut Computer dynamisch ausgeglichen; z.B. 27...♕xd5 28.♖c3 ♖ec7 29.♕g3.

27...♘d6?!

27...♗g7 war genauer; z.B. 28.♘xg6 hxg6 29.♖xg6 ♘e3 30.♖xe3 ♖xc2 31.♖e1 e5 32.dxe5 ♖c6 33.♖g3 ♔f8 34.♗xg7+ ♖xg7 35.♖xg7 ♔xg7 und Schwarz steht besser.

28.♗d1?

Schirow spielt mit hohem Risiko auf Gewinn und geht somit endgültig zu weit.

Hingegen hätte die weitgehend erzwungene Folge 28.♘xg6! hxg6 29.♖xg6+ ♗g7 30.♗xg7 ♖xg7 31.♖xg7+ ♕xg7 32.♖g3 ♖xc2 33.♖xg7+ ♔xg7 34.♕g3+ ♔f7 35.f3 ♘c4 36.♕c7+ zum Remis geführt.

28...♘e4 29.♘xg6 hxg6 30.♖xg6+

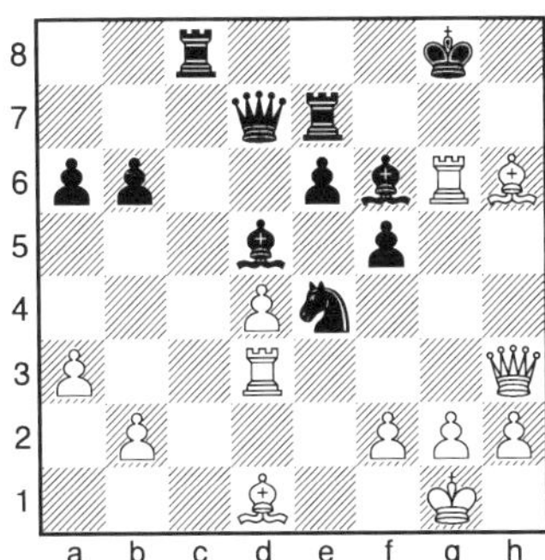

30...♗g7?

In derart überscharfen Stellungen spielt Material oft keine große Rolle.

Mit 30...♖g7 31.♗xg7 ♗xg7 32.f3 ♘d6 konnte Schwarz den Angriff abwehren und sollte auf lange Sicht gewinnen.

31.♕h4 ♗c4?

Das läuft in einen Konter.

31...♕e8 32.♗h5 ♕f8 33.h3 ♖a7= hält den Laden zusammen.

32.♗xg7 ♖xg7 33.♖h3 ♕xd4

33...♖xg6 scheitert an 34.♕h8+ ♔f7 35.♖h7+ ♖g7 36.♖xg7+ ♔f6 37.♕h6#.

34.♕h8+ ♔f7 35.♖xg7+ ♕xg7 36.♕xc8 ♗d5 37.♕d7+ ♔f6 38.♕xg7+ ♔xg7 39.♗b3 ♘g5 40.♖g3 ♔f6 41.♗xd5 exd5 42.♖c3 ♔e5 43.♖c6 d4 44.♖xb6 d3 45.♔f1 ♘e4 46.h4 ♔d4 47.h5 1-0

1 AP für 1.♖dd3.

1 RP, **1 TP** und **1 PP** für 1.♘xd5.

UT02.07

Aronian, Levon (2774)

Naiditsch, Arkadij (2702)

Karlsruhe/Baden-Baden 2017

24.♗xe5!?

Aronian legt direkt los. Er hat nicht alles genauestens berechnet, aber seine Intuition sagt ihm, dass die Sache ganz einfach so funktionieren *muss*.

Strategischere Spielertypen wie Theoretiker und Reflektoren würden wohl ohne lange zu fackeln zu 24.b4+- mit positioneller Dominanz greifen.

24...♗xe5 25.♖xd7!

Diese eigentliche Pointe ist natürlich erzwungen.

25...♔xd7 26.♕xf7+ ♔d6 27.♗h3 ♖e8!

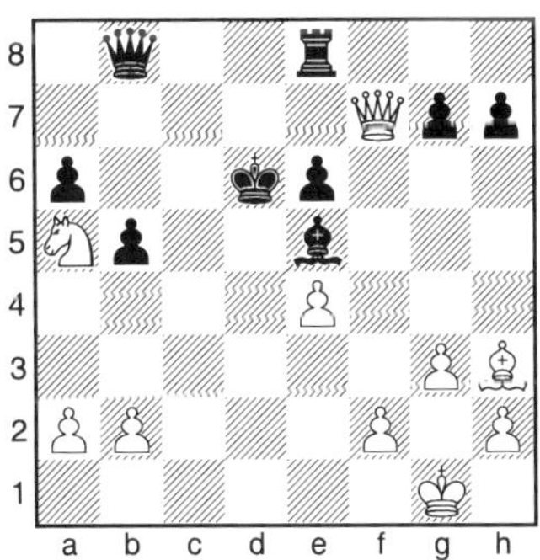

„Hier staunte ich nicht schlecht – bei meiner Vorausberechnung ging ich davon aus, dass dieser Zug wegen 28.f4 sofort verliert." (Aronian im ChessBase Magazin 178)

28.♘b7+!

„Erst jetzt habe ich verstanden, dass ich nach 28.f4? sogar nach dem einfachen 28...♗xb2 nicht mal im Traum daran denken könnte, den schwarzen König matt zu setzen. Diese Erkenntnis hat mich ernüchtert, allerdings, wie sich später zeigen wird, nicht vollkommen." (Aronian)

28...♔c6 29.b4!

„Dieser Plan B gab mir den Glauben an die Richtigkeit meines 24. Zuges zurück." (Aronian)

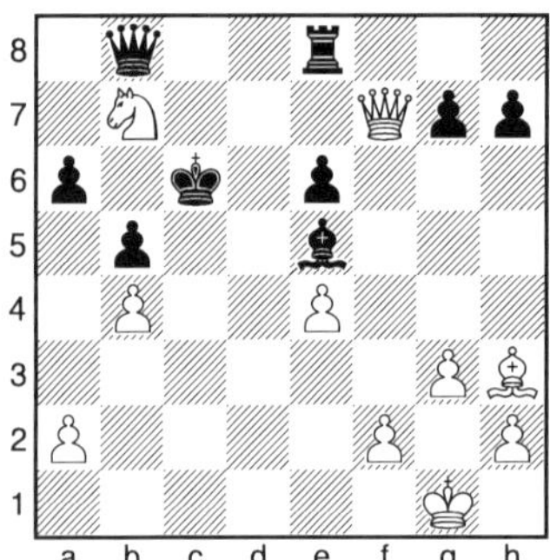

29...♖f8! 30.♕e7?

„Diese Fortsetzung beruht auf einem Rechenfehler. Die Folge 30.♘a5+ ♔b6 31.♕e7 hätte meine vorangegangenen 'raffinierten' Handlungen rechtfertigen können. Bevor man sich übrigens auf diese Variante einlässt, muss man sehen, dass Weiß nach 31...♕c8 über die schöne Antwort 32.♘c6!! verfügt. Nach 32...♔xc6 33.♗xe6 wird Schwarz matt gesetzt oder verliert entscheidend viel Material. Ansonsten gewinnt Weiß die Qualität zurück, und die danach möglichen Positionen ähneln den später in der Partie entstehenden." (Aronian)

30...♗d6?

„Obwohl die Lage des Nachziehenden hoffnungslos zu sein schien, verfügte er nach 30...♗c7 31.♘c5 ♕d8 32.♕xg7 über eine Wunderrettung in Form des taktischen Schlages 32...♖xf2!=. Ich muss zugeben, dass ich Turmopfer mit nachfolgendem Dauerschach gelegentlich übersehe." (Aronian)

31.♘a5+ ♔b6 32.♕xe6 ♖e8

„32...♖f6 ist schlecht wegen 33.♕b3, wonach der schwarze König gar nicht zu beneiden ist." (Aronian)

33.♕d7 ♗xb4 34.♘c6 ♕d6

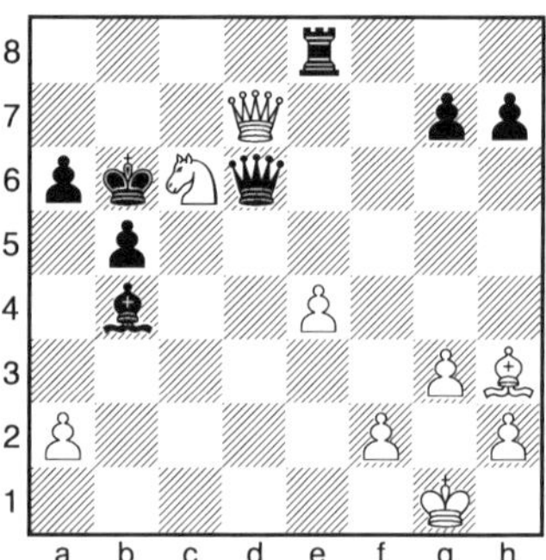

35.♕xe8!

Die richtige Abwicklung, statt derer 35.♘xb4? ♕xd7 36.♗xd7 ♖xe4= nur für Weiß gefährlich wäre.

35...♕xc6 36.♕b8+ ♕b7 37.♕xb7+!

Und schließlich die Abwicklung zum Gewinn.

37...♔xb7 38.f4

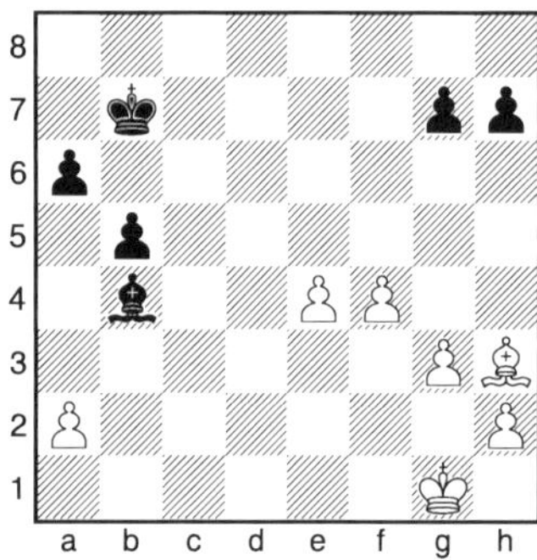

„Der weiße Plan ist einfach: h7-h6 erzwingen, die Bauernstruktur h5-g4-f4-e5 erreichen, die schwarzen Bauern am Damenflügel auf a5 und b4 stoppen und dann mit g4-g5 vorrücken. Obwohl einige starke Spieler meinten, dass sich Schwarz hier halten könnte, würde ich diese Stellung sehr gerne wieder bekommen, weil ich in der letzten Zeit immer weniger an Festungen glaube.“ (Aronian)

38...♔c6 39.♔f2 a5 40.♔f3 a4 41.♗f5 h6 42.♗g6 ♔d7 43.e5 ♗c5 44.♗d3 ♔c6 45.♗c2 ♔d5

45...♗g1 46.h4 ♔d5 47.h5 ♗d4 48.♗g6 b4 49.♗f7+ ♔c5 50.♔e4+- (Aronian)

46.♗e4+ ♔c4 47.♗c6 ♗g1 48.h4 ♔c5 49.♗e8 ♗d4 50.h5 ♗c3 51.♔e4 ♗e1 52.g4 ♗d2 53.♔f5 a3 54.g5 b4 55.♗a4 ♔d5 56.gxh6 gxh6 57.♗b3+ ♔c5 58.♔e4 1-0

1 TP und **1 RP** für b4.

1 PP und **1 AP** für 1.♗xe5 nebst ♖xd7.

UT02.08

Kramnik, Wladimir (2772)

Short, Nigel (2642)

Dresden 2008

20.♗xb5!

Kramnik wählt den konkreten Weg, in ein Endspiel mit ungleichem Materialbestand abzuwickeln. Schwarz hat es schwer, seine Springer zu koordinieren.

1) 20.a4 wäre auch möglich gewesen, um Druck am Damenflügel auszuüben.

2) Der für einen Reflektor typische Ansatz 20.♘b1, um den Springer nach c5 zu manövrieren, vergibt den Vorteil, da auch Schwarz einen Vorposten auf c4 hat und mit a5 schnell den Damenflügel öffnen kann; z.B. 20...♖b6 21.♘d2 ♘d6 22.♘b3 ♘c4 23.♘c5 a5.

20...axb5 21.♘xb5 ♖da6

21...♖b7 22.♘xd6 ♘xd6 23.♖c5 mit weißem Druckspiel.

22.♘xa7 ♖xa7 23.♖c5 ♘b6

23...♖xa3 24.♖xc7 mit weißem Druckspiel.

24.♖a1 ♔f8 25.a4! ♔e8 26.a5 ♘c4 27.♖a2 f5 28.♔f1 ♔d7 29.♔e2 ♘d6? 30.b5! ♘c4 31.♖a4!? ♔d8

31...♖xa5? 32.♖cxc4+-; 31...♘xa5? 32.♖c2+-

32.a6 ♘b6 33.♖a1 ♘ec8 34.h3! h5 35.g4! hxg4 36.hxg4 fxg4 37.♖g1 ♘e7 38.♖xg4 ♘a4 39.♖h4!? c6

39...♘xc5 40.dxc5 ♔d7 41.♖h8 ♘c6!? 42.♔d2! ♘b4 43.♖h7+!

- 43...♔e6 44.♔c3 ♘xa6 45.bxa6 ♖xa6 46.♖xc7+-
- 43...♔d8 44.♖h4 ♘c6 (44...♘xa6 45.♖a4) 45.♖h8+ ♔d7 46.♔c3+-

40.♖h8+ ♔c7 41.♖c2 ♘b6 42.♖h7 ♔b8 43.bxc6 ♖c7 44.♔f3 ♔a7 45.♖a2 ♘bc8 46.♖b2 ♔xa6?? 47.♖h1 1-0

47.♖h1 ♘xc6 48.♖a1+ ♘a5 49.♖ba2+-

1 TP und **1 PP** für 1.♗xb5.

1 AP für 1.a4.

1 RP für 1.♘b1.

UT02.09

Capablanca, José Raúl

Vidmar, Milan Sr.

New York 1927

16.♘fxe5

Capablanca entscheidet sich für die konkrete Abwicklung ins Endspiel.

1) Aljechin bevorzugt in seiner Analyse 16.♗e3, um auf 16...♗a6 mit 17.♘fd2 fortzusetzen. Reflektoren legen Wert auf solide Figurenkoordination.

2) Auch möglich ist die aggressive Raumnahme am Königsflügel mit 16.g4.

16...♗a6

Ein Zwischenzug, der nicht viel ändert.

17.♗b3 dxe5 18.d6 ♗xd6 19.♕xd6

19.♘xd6? c4 wäre besser für Schwarz.

19...♕xd6 20.♘xd6 ♘b7 21.♘xb7 ♗xb7 22.cxb4 cxb4 23.f3

Am Ende der Abwicklung hat Weiß das Läuferpaar und beide schwarzen Leichtfiguren sind deplatziert.

23...♖fd8 24.♗e3 h6 25.♖ed1 ♗c6 26.♖ac1 ♗e8 27.♔f2 ♖xd1 28.♖xd1 ♖c8 29.g4 ♗d7 30.♗b6 ♗e6 31.♗xe6 fxe6 32.♖d8+ ♖xd8 33.♗xd8 ♘d7 34.♗xa5 ♘c5 35.b3 ♘xb3 36.♗xb4 ♘d4 37.a5 1-0

1 PP und **1 TP** für 1.♘fxe5.

1 RP für 1.♗e3 nebst ♘fd2.

1 AP für 1.g4.

UT02.10

Clarke, Peter Hugh

Szabo, Laszlo

Wageningen 1957

26...♕d4

Das Spiel auf Damentausch ist ein sehr prinzipieller Ansatz.

26...♖h7 Δ♖ch8 ist auch sehr stark; z.B. 27.♘b3 ♖ch8 28.♖f3 ♗g5 mit schwarzem Druckspiel.

27.♕xd4 exd4 28.♘b3 ♘e3 29.♘xd4

Nach 29.♘xe3 ♗xe3 dominiert Schwarz das ganze Brett. Der Bauer h3 hängt, der schwarze Turm taucht bald auf c3 auf und Weiß hat kein Gegenspiel.

29...♘xf1 30.♗xf1 ♗c1 31.♘xb5 ♗xb5 32.♗xb5 ♗xa3 33.♘e3 ♗xb4 34.♖b1 ♗c5 35.♘c4 ♖xh3+ 36.♔g2 ♖ch8 0-1

1 TP und **1 PP** für 1....♕d4.

1 AP für 1....♖h7.

UT02.11

Karpow, Anatoly (2699)

Bologan, Wiktor (2641)

Cap d'Agde 2000

45...♖bf8

Ein typischer Aktivspielerzug: Alle Mann an Deck!

Das Entlastungsmanöver 45...♘h6 46.♖xf7 ♘xf7 47.♘d2 ♘g5= wäre eher ein Ansatz für Reflektoren.

46.♕xb5 ♘e3?

46...♕h3 47.♕d3 ♘h4 48.♘d2 ♖xf2 49.♖xf2 ♖xf2 50.♔xf2 ♕xh2+ 51.♔e1 ♘f3+ 52.♘xf3 ♕xg3+ 53.♔d2 gxf3=

47.♖xf7 ♖xf7 48.♖xf7 ♕xf7 49.♕e2 ♕f3?

49...♘xd5 50.♕xg4 ♘c3 hält den Schaden in Grenzen.

50.♕xf3 gxf3 51.♘d2 ♘xd5 52.b5 ♔g7 53.♔f2 ♔f6 54.♔xf3 ♔e7 55.♘c4 ♘c3 56.b6 cxb6 57.♘xb6 ♘b5 58.♘d5+ ♔d8 59.♔e4 ♘d4 60.c7+ ♔d7 61.g4 ♘e6 62.h4 ♘c5+ 63.♔f5 e4 64.h5 e3 65.♘xe3 ♔xc7 66.h6 1-0

1 AP für 45...♖bf8.

1 RP für 45...♘h6.

UT02.12
Andersson, Ulf (2560)
Robatsch, Karl (2435)
München 1979

22.♖c6!

Dia Alternative 22.♘d2, um mehr Angriffspotenzial zu behalten, ist auch stark.

22...♖xc6

22...♖d5 23.♖1c2 ♖b7 24.♘d2+−

23.♖xc6 ♔f7 24.♘d2 ♔e7 25.♘e4 ♖b7 26.b4 ♖b8 27.♘c3 f5

27...♖b7 28.♘d5+ ♔f7 29.♔f3 a5 30.b5 ♔g7 31.♖e6+−

28.♘d5+ ♔f7 29.♔g3 h5?!

29...fxg4 30.♔xg4 a5 31.b5 a4 32.h4 ♖b7 33.♔g5 ♔g7 34.h5 gxh5 35.♔xh5 e4 36.♔g5 ♘e5 37.♖xb6 ♖f7 38.♘f4+−

30.gxf5 gxf5 31.♖d6 ♖b7 32.♔h4 ♔g7 33.♔xh5 1-0

1 RP für 22.♖c6.

1 AP für 22.♘d2.

UT02.13
Botwinnik, Michail
Tal, Michail
Moskau 1960

Es folgt eins von Tals viel diskutierten Opfern. Aus praktischer Sicht ist es sicher gut, denn am Brett sind die weißen Probleme kaum zu lösen. Objektiv ist es allerdings nicht korrekt – eben getreu Tals Motto: Es gibt korrekte Opfer – und meine.

21...♘f4!?

21...♘f6 war objektiv vonnöten. Allerdings hat Weiß nach 22.a3 ♕b3 23.g4 ♗d7 die Wahl zwischen 24.♗xa7 und 24.♕c2, was Botwinnik mit Sicherheit sehr zugesagt hätte.

22.gxf4 exf4 23.♗d2?

Die korrekte Widerlegung war allerdings tief verborgen, nämlich im 26. Zug nach der Einleitung 23.a3 ♕b3 24.♗xa7 ♗e5.

1) Nach 25.♗f3? nimmt 25...♖a8 Weiß die Butter vom Brot.

Zur damaligen Zeit war stattdessen die folgende Variante Gegenstand hitziger Diskussionen zwischen den gegnerischen Lagern: 25...b6? 26.♕d1(?) ♕xb2 27.♖a2

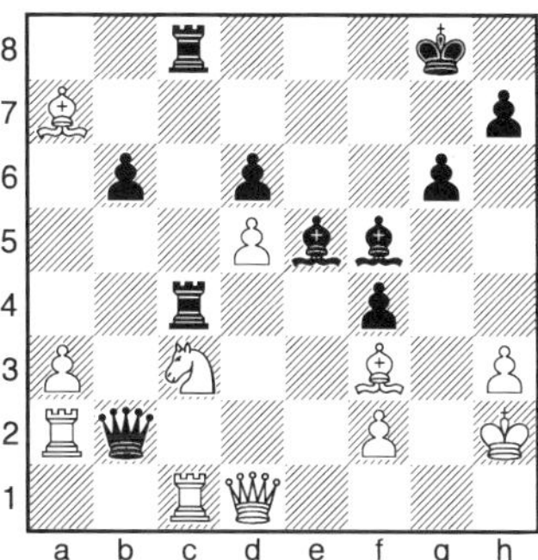

27...♖xc3

„Es ist bezeichnend, dass die schwarzen Züge von derselben Art sind. Das kann mit Einschränkung als indirekter Beweis für die Korrektheit der Kombination angesehen werden. Schwarz hat sehr leichtes Spiel, während Weiß nach Verteidigungsressourcen Ausschau halten muss." (Tal)

28.♖xb2 ♖xc1 29.♕e2

„...auch hier macht sich der Materialmangel nach 29...♖8c3 (von A. Konstantinopolski gezeigt) vorerst nicht bemerkbar." (Tal) Überhaupt scheint Schwarz über genügend Kompensation zu verfügen; z.B. 30.♖xb6 ♗d3 31.♖b8+ ♔g7 32.♖b7+ ♔f8 33.♕d2 ♗e4=.

2) Aber nun zurück zur oben erwähnten Widerlegung nach 25.f3 b6.

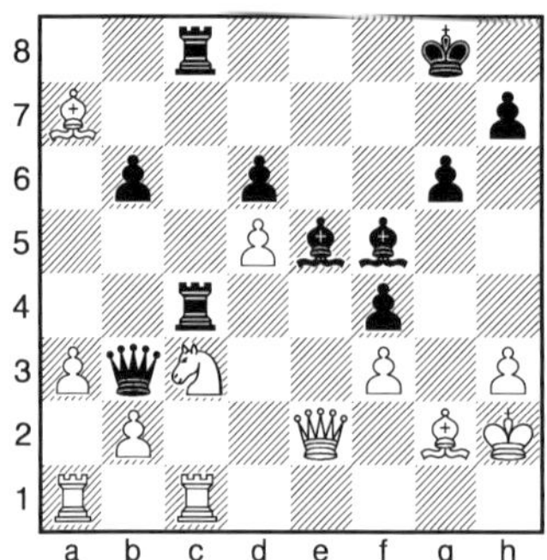

26.a4!!

Es war sowohl den Akteuren als auch den damaligen Kommentatoren entgangen, dass Weiß seinem Läufer a7 auf diese Art eine helfende Hand reichen kann.

(Tal gibt nur das forcierte 26.♕d1(?) an, was direkt ins Remis mündet: 26...♕xb2 27.♖a2 ♖xc3 28.♖xb2 ♖xc1 29.♕d2 ♗xb2 30.♕xb2 ♖b1 31.♕f6 ♖c2=.)

26...♕b4

(– 26...♗xc3? 27.bxc3 ♖xc3 28.♖xc3 ♕xc3 29.♖e1 ♕a5 30.♕e7 ♖a8 31.♕b7+– Ragosin – 26...♖b4 27.♘d1 ♖xc1 28.♖xc1 ♕xa4 29.♖c7±)

27.a5 bxa5 28.♗f2± (Kasparow)

Schwarz sollte nicht genug Kompensation für die Figur haben. Dennoch wird es sehr lange dauern, bis Weiß seine Figuren durch genaues Spiel entknoten und aktivieren kann.

23...♕xb2?

23...♗e5 24.f3 ♕xb2 25.♘d1

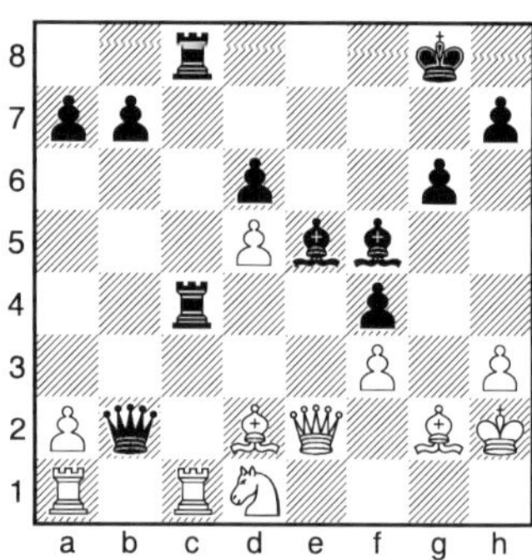

25...♕xa1!

(Kasparow gibt 25...♕d4?! 26.♖xc4 ♖xc4 27.♖c1 ♖xc1 28.♗xc1 ♕xd5 29.♘f2 mit leichtem Vorteil an, aber auch hier ist die schwarze Aktivität sehr beachtlich.)

26.♖xa1 ♗xa1 27.♘f2 ♖c2 28.♘g4 ♗xg4 29.hxg4 ♗e5 und die schwarze Initiative wiegt das geopferte Material mindestens auf.

24.♖ab1 f3 25.♖xb2?

Botwinnik hofft vergeblich, sich durch Damentausch zu entlasten. So verpasst er die Gelegenheit, selber zum Angriff überzugehen – und zwar mit der Aktivspieler-Lösung 25.♗xf3 ♗xb1 26.♖xb1 ♕c2

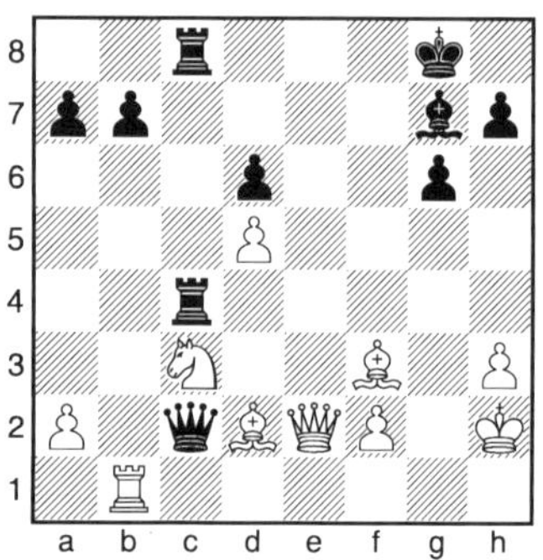

27.♗e4!? (Flohr)

(27.♖c1 ♕f5 28.♗g4 gewinnt allerdings auch.)

27...♖xe4

(27...♗e5+ 28.♔g2 ♖xe4 29.♘xe4 ♕xb1 30.♘xd6 ♗xd6 31.♕e6+ ♔g7 32.♕d7+ +-)

28.♘xe4 ♕xb1 29.♘xd6 ♖f8 30.♕e6+ ♔h8 31.♘f7+ ♖xf7 32.♕xf7+-

25...fxe2 26.♖b3 ♖d4 27.♗e1 ♗e5+ 28.♔g1

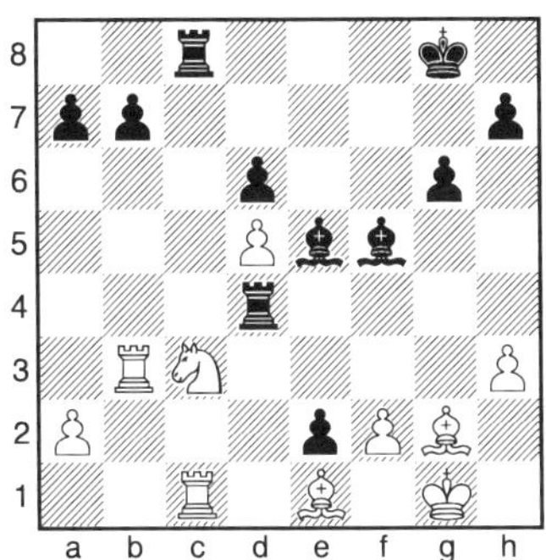

28...♗f4?!

Hier verpasst Schwarz das wunderschöne und direkt tödliche 28...♖xc3!! 29.♖bxc3 ♖d1 30.♖c4 ♗b2-+ (Tal).

29.♘xe2 ♖xc1 30.♘xd4 ♖xe1+ 31.♗f1 ♗e4 32.♘e2 ♗e5 33.f4 ♗f6 34.♖xb7 ♗xd5 35.♖c7 ♗xa2 36.♖xa7 ♗c4 37.♖a8+ ♔f7 38.♖a7+ ♔e6 39.♖a3 d5 40.♔f2 ♗h4+ 41.♔g2 ♔d6 42.♘g3 ♗xg3 43.♗xc4 dxc4 44.♔xg3 ♔d5 45.♖a7 c3 46.♖c7 ♔d4 0-1

1 AP für 21...♘f4.

1 TP, 1 RP und 1 PP für 21...♘f6.

UT02.14

Zaragatski, Ilja (2517)

Rafiee, Makan (2334)

Bundesliga 2020

16...♗xd5?!

Dieser Abtausch ist nicht gut für Schwarz, da die weiße Dame sofort aktiv ins Zentrum gelangt. Positionelle Spielertypen (wie Theoretiker und Reflektoren) können gut einschätzen, welche Figuren abgetauscht werden sollten.

16...♗a6! wäre das richtige Herangehen gewesen. Schwarz kann mit ♖fd8 und ♘f6 schnell die Figuren ins Spiel bringen und der ♘c4 ist immer unter Druck. Nach beispielsweise 17.♖c1 ♘f6 steht Schwarz klar besser.

17.♕xd5 ♕e6

1) 17...f4 wäre der für Aktivspieler und Pragmatiker typische Ansatz, mit dem Schwarz versucht, seine Probleme konkret zu lösen.

2) 17...♖fd8 18.♕xf5 ♕xe2?? funktioniert nicht wegen 19.♖fe1+-.

18.♖fd1 ♘f6 19.♕xe6 fxe6 20.♗xf6 gxf6 21.a4

Weiß hat die Kontrolle und es wird nur auf zwei Ergebnisse gespielt.

1 RP und **1 TP** für 1....♗a6.

1 PP und **1 AP** für 1....♗xd5 nebst f4.

UT02.15

1 AP und **1 RP** für Antwort **1.**

1 TP und **1 PP** für Antwort **2.**

UT02.16

1 RP und **1 TP** für Antwort **1.**

1 PP und **1 AP** für Antwort **2.**

UT02.17

1 TP für Antwort **1.**

1 PP für Antwort **2.**

1 AP für Antwort **3.**

1 RP für Antwort **4.**

UT02.18

1 PP und **1 AP** für Antwort **1**.

1 TP und **1 RP** für Antwort **2**.

UT02.19 Caro–Kann

1 AP und **1 PP** für die Entscheidung 0-0-0.

1 RP und **1 TP** für die Entscheidung 0-0.

UT01.20 Sweschnikow

1 TP und **1 RP** für die Antwort ‘mit Weiß’.

1 AP und **1 PP** für die Antwort ‘mit Schwarz’.

Quellenverzeichnis

Müller, Karsten und Engel, Luis, *Spielertypen*, Joachim Beyer Verlag 2020

Meyer, C.D. & Müller, Karsten, *Magische Endspiele*, Joachim Beyer Verlag 2020

Lars Bo Hansen, *Foundations of Chess Strategy*, GAMBIT 2005

Lars Bo Hansen, *Secrets of Chess Endgame Strategy*, GAMBIT 2006

ChessBase Magazin

ChessBase Nachrichten (www.chessbase.de)

CORR Database 2015/2018

Dworetsky, Mark, *Die Endspiel Universität*, 5. Auflage 2021

Flores Rios, Mauricio, *Chess Structures*, Quality Chess 2015

Mega Database 2022

Meyer, C.D. & Müller, Karsten, *Magie der Schachtaktik*, Joachim Beyer Verlag 2018

Müller, Karsten, *Endgame Corner* (www.ChessCafe.com)

Nalimov Endgame Tablebases

NEW IN CHESS

Plisetsky, Dmitry & Voronkov, Sergey, *Russians vs Fischer*, Moscow ChessWorld 1994

Sadler & Regan, *Zeitenwende im Schach*, New in Chess 2019

Schachmagazin 64

www.schachbundesliga.de

Über die Autoren

Karsten Müller

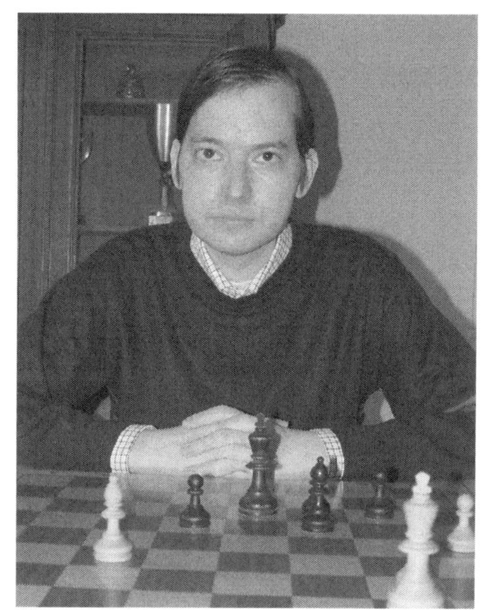

Dr. Karsten Müller wurde am 23. November 1970 in Hamburg geboren. Er studierte Mathematik und promovierte 2002. Von 1988 bis 2015 spielte er für den 'Hamburger SK' in der Bundesliga und 1998 errang er den Großmeister-Titel. Der vielbeschäftigte und weltweit anerkannte Endspiel-Experte wurde 2007 als 'Trainer des Jahres' vom Deutschen Schachbund ausgezeichnet. Er gehört dem Typus der 'Aktivspieler an, ist als Autor und Trainer jedoch eher dem der 'Theoretiker' zuzuordnen.

Zusammen mit Frank Lamprecht ist er Autor der hochgeschätzten Werke *Secrets of Pawn Endings* (2000) und *Fundamental Chess Endings* (2001).

Zusammen mit Martin Voigt schrieb er *Danish Dynamite* (2003),

mit Wolfgang Pajeken *How to Play Chess Endgames* (2008),

mit Raymund Stolze *Zaubern wie Schachweltmeister Michail Tal* sowie *Kämpfen und Siegen mit Hikaru Nakamura* (2012).

Aufmerksamkeit fand auch Müllers Buch *Bobby Fischer, The Career and Complete Games of the American World Chess Champion* (2009) sowie besonders auch seine exzellente Serie von ChessBase-Endspiel-DVDs Schachendspiele 1-14.

Müllers beliebte Rubrik *Endgame Corner* erschien unter *www.ChessCafe.com* von Januar 2001 bis 2015, seine Rubrik *Endspiele* im *ChessBase Magazine* seit 2006.

Im Joachim Beyer Verlag sind bereits 13 seiner Bücher erschienen:

Schachtaktik, *Positionsspiel*, *Verteidigung* (zusammen mit Merijn van Delft), *Schachstrategie* (zusammen mit Alex Markgraf), *Italienisch mit c3 und d3* (zusammen mit Georgios Souleidis), *Magie der Schachtaktik* und *Magische Endspiele* (zusammen mit C.D. Meyer), *Spielertypen* (zusammen mit Luis Engel), *Die Endspielkunst der Weltmeister* (Band 1 + 2), *Die besten Kombinationen der Weltmeister* (Band 1 + 2, zusammen mit Jerzy Konikowski), sowie *Bobby Fischer, 60 beste Partien*.

Luis Engel

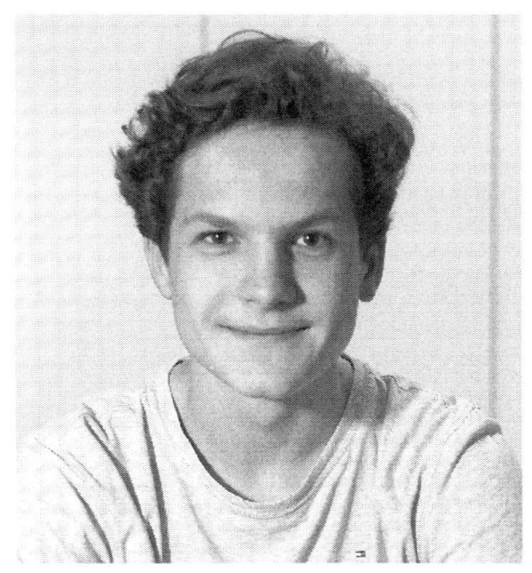

Luis Engel wurde am 14. Oktober 2002 in Hamburg geboren. Zusammen mit seinem Zwillingsbruder Robert trat er 2011 in den Hamburger SK ein und spielt für seinen Verein seit der Saison 2017/18 in der Bundesliga. Im Oktober 2019 erfüllte er seine 3. GM-Norm und ist aktuell nach Vincent Keymer der zweitjüngste Großmeister in Deutschland. Im Jahr 2020 gewann Luis die Deutsche Meisterschaft der Herren und 2021 das 'German Masters'. Im Gegensatz zu Karsten Müller ist Luis Engel vom Spielertyp Pragmatiker. Aktuell studiert er in Hamburg Jura.

Makan Rafiee

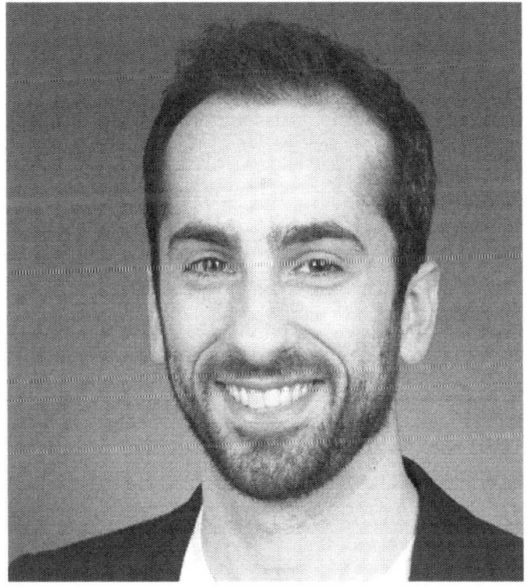

Makan Rafiee wurde am 03. Juni 1991 in Kassel geboren. Er studierte Mathematik und Informatik an der Georg-August-Universität Göttingen und ist seitdem als Berater in der IT-Sicherheit mit Schwerpunkt auf Kryptographie tätig. Makan begann bereits im Alter von vier Jahren mit Schach und trägt seit 2015 den FM-Titel. Seit 2017 spielt er beim FC Bayern München in der ersten Bundesliga. So wie Karsten Müller ist auch Makan Rafiee ein Aktivspieler.